国家出版基金项目

NATIONAL PUBLICATION FOUNDATION

国家出版基金资助项目

“十三五”国家重点出版物出版规划项目

农地制度改革与流转研究

丛书主编 洪名勇

农地“三权分置”及实现路径研究

洪名勇◎等著

中国财经出版传媒集团

中国财政经济出版社

图书在版编目（CIP）数据

农地“三权分置”及实现路径研究 / 洪名勇等著
. -- 北京：中国财政经济出版社，2020. 12
（农地制度改革与流转研究 / 洪名勇主编）
国家出版基金资助项目 “十三五”国家重点出版物出版规划项目
ISBN 978 - 7 - 5223 - 0267 - 6

Ⅰ. ①农… Ⅱ. ①洪… Ⅲ. ①农地制度 - 研究 - 中国
Ⅳ. ①F321. 1

中国版本图书馆 CIP 数据核字（2020）第 261710 号

责任编辑：段 钢　　　　责任印制：史大鹏
封面设计：孙俪铭　　　　责任校对：胡永立

中国财政经济出版社 出版
URL：http：//www. cfeph. cn
E - mail：cfeph@ cfeph. cn

社址：北京市海淀区阜成路甲 28 号 邮政编码：100142
营销中心电话：010 - 88191522
天猫网店：中国财政经济出版社旗舰店
网址：https：//zgczjjcbs. tmall. com
北京财经印刷厂印刷 各地新华书店经销
成品尺寸：170mm × 240mm 16 开 13. 25 印张 240 000 字
2020 年 12 月第 1 版 2020 年 12 月北京第 1 次印刷
定价：68. 00 元
ISBN 978 - 7 - 5223 - 0267 - 6
（图书出现印装问题，本社负责调换，电话：010 - 88190548）
本社质量投诉电话：010 - 88190744
打击盗版举报热线：010 - 88191661 QQ：2242791300

国家出版基金资助项目
“十三五”国家重点出版物出版规划项目
农地制度改革与流转研究
全国文化名家暨“四个一批人才资助项目”
国家自然科学基金资助项目（71673605）

序

土地是财富之母、发展之基、民生之本，关系国计民生。土地问题不仅是关系我国现代化进程中的重大经济问题，而且也是一个社会问题、政治问题，关系到国家的兴衰成败。对于农业发展、农村发展和农民增收而言，土地不仅是财富的重要源泉，而且还为人们提供了生活、生产及行为活动的空间。从财富生产的视角来看，土地要素发挥作用的大小，不仅取决于土地禀赋的具体情况，而且还取决于土地要素与其他生产要素的配置效果与配置效率。而这种配置效果、配置效率的高低与土地制度安排密切相关，因为土地制度安排激励有关行为主体土地配置要素的投入，不同要素的投入将影响土地资源的产出结果与效率。正因为如此，对于农业发展、农村发展和农民增收来讲，土地制度是最为根本的制度安排。就中国土地制度对发展的影响而言，不同土地制度安排的绩效是不一样的。

新中国成立之初，由于封建土地制度的废除和农民土地产权制度的建立，农民将自己的资源及劳动力时间配置到生产活动之中，短期内使单位土地资源的产出大幅度增加，实现了中国农业快速增长。农民土地入股自愿、退社自由的制度安排，不仅给农民充分的资源配置权，而且农民还拥有用手投票权和用脚投票权，这给合作社经营主体足够的经营压力，使其在竞争中将更多的时间、精力投入到经营之中。结果，土地合作社超越了土地农民产权制度安排，推进了中国农业持续发展。在人民公社土地产权制度安排下，人民公社负责人的前途与经营无关，公社负责人完全没有经营、管理好公社的动力和压力。在人民公社土地产权制度安排下，中国农业生产停滞不前，不少地区农村面临生存危机。为了使生活于村庄之内的村民能够生存，安徽凤阳县小岗村的18位农民才会在知道自己面临非常严重的政治惩罚时，仍然以“托孤”的方式，冒险在土地承包责任书上按下鲜红手印，实行包产到户。正是这一“包”推进了农地产权制度创新，不仅赋予农民耕地要素、劳动时间、品种选择等进行灵活配置的权利以及对生产过程的控制权，而且还赋予农民生产剩余的财产索取权。这一制度安排激发了农民生产积极性，提高了土地资源配置的效率，解决了中国农民的吃饭问题，促进了农业生产发展和农村经济繁荣。

对于学习和研究经济学的人来讲，我们都知道，在一定条件下，土地、资本和劳动力投入都会呈现出边际报酬递增递减规律。与土地要素投入一样，如果其他条件不变，某一制度安排也有边际报酬递增递减规律。不可否认，以土地产权制度为核心的承包制在解决农民吃饭问题、减少贫困及促进农业农村发展中起了巨大作用。随着市场环境的变化和人们认知心理及观念等的变化，农地家庭承包制的边际报酬也由递增走向递减。因此，从20世纪80年代中期开始，国家选择贵州湄潭、江苏苏南、广东南海、北京顺义等地进行农地制度改革试点。在这些地区进行的农地制度改革试验取得了丰硕成果，不少成功经验得到国家认可并在全国推广。我们知道，中国制度改革走了一条渐进之路，农地制度改革也一样。针对农地制度运行中存在的具体问题，我国走了一条渐进改革之路。近年来，在农地“三权分置”政策之下，各地区结合本区域的实际情况，在推进农地流转方面做了许多工作。农地流转一方面促进农地由“资源”向“资产”、农村闲置“资金”向“资本”、农户身份由“农民”向“股民”的变化，推进农地制度安排的创新；另一方面，在农地制度改革与创新过程中出现一些新情况、新问题，需要学术界进行总结和研究。例如，农地流转空间规律性、农地“三权分置”的路径、农地流转与非就业的内在逻辑、农地流转与农民增收、农地抵押贷款、城乡土地制度分割带来的危害、农地流转过程对农民权益损害，等等。这些问题迫切需要我们进行理性反思与探讨。更何况从2013年以来中央一号文件均用相当的篇幅对农地制度改革与流转进行了阐述，习近平总书记在党的十九大报告中明确指出：“深化农村土地制度改革，完善承包地‘三权’分置制度。保持土地承包关系稳定并长久不变，第二轮土地承包到期后再延长30年”。可见，党和国家高度重视农地制度改革与创新。因此，对农地制度与流转问题进行深入、全面、系统研究是我们义不容辞的责任，正是基于这一认知，瞄准农地制度改革与流转中存在的重大现实与理论问题，我们组织有关学者、专家对此进行深入研究，形成了系列成果。这些成果以“农地制度改革与流转研究”丛书形式，由中国财政经济出版社出版发行，意义重大。本套丛书的出版不仅得到各位专家、学者的支持，而且还得到中国财政经济出版社的支持，没有他们的努力，丛书是不可能入选国家“十三五”重点出版物出版规划项目和国家出版基金资助项目的。在此，对他们的支持和努力表达最诚挚的感谢！

洪名勇

2019年12月

目　录

第一章 导 论

继党的十八届三中全会对农地产权制度提出改革思路之后，2014 年的中央一号文件首次提出农地“三权分置”改革，2015 年至今的中央一号文件反复强调推进农地“三权分置”改革。本章就农地“三权分置”改革的背景、研究思路及方法、研究框架及创新进行介绍。

第一节 研究背景

英国古典政治经济学家威廉·配第的名言“劳动是财富之父，土地是财富之母[①]”，充分表明了在以农业经济为主的社会中，土地与劳动是决定经济增长的关键[②]。在古代，小农经济长期占据着经济发展的主导地位[③]，土地是小农赖以生存的根本和国民财富的重要源泉；在当今，土地问题依旧是关乎国计民生的重大问题，其重要性丝毫未有减弱[④]。自新中国成立以来，国家极为重视土地问题，为了更好地让生产关系适应生产力的发展，几经改革了我国的土地产权制度，其大致历经了个体私有制、农业合作社、人民公社化和家庭联产承包责任制四个阶段[⑤]，从而在不断的探索中确立了我国农村土地的基本经营制度，即农村土地农民集体所有、坚持家庭经营基础性地位及坚持稳定土地承包关系。

众所周知的是，农地所有权和承包经营权“两权分离”的家庭联产承包责任制在一定程度上提高了我国的农业生产效率。同时，也显著地提高了我国农民

---

① 马克思：《资本论》（第一卷），人民出版社 1972 年版，第 57 页。

② 洪名勇：《知识经济挑战传统理论》，《财经科学》，1998 年第 5 期。

③ 温锐、范博：《近百年来小农户经济理论与实践探索的共识与前沿——“小农·农户与中国现代化”学术研讨简论》，《中国农村经济》，2013 年第 10 期。

④ 刘屹轩、闵剑、刘忆：《“三权分置”下农地经营权抵押融资风险辨识与评价——基于结构方程模型的实证研究》，《宏观经济研究》，2019 年第 1 期。

⑤ 韩长赋：《中国农村土地制度改革》，《农业经济问题》，2019 年第 1 期。

拥有土地生产的积极性。然而，“两权分离”的家庭联产承包责任制下的农地资源以分散化经营为主的模式却严重制约了农地资源的利用效率，为我国农村地区的经济发展水平提高带来了一定的不利影响。进一步，伴随着我国工业化、城镇化进程的深入推进，大量农村剩余劳动力离开农村而转移进城，从第一产业转移到第二、第三产业就业。相当一部分农户把土地流转给他人经营，这就使农民出现了分化，承包农户不经营自己农地的情况越来越多。自 2011 年，农地流转呈现出加速趋势，农地流转主体呈现出多元化趋势，农地“三权分置”成为社会各界关注的热点话题①。

理论研究认为，进行过细分的地权结构可以通过作用于农业生产要素的经济效率来影响现代农业的发展②。然而，在“两权分离”的相关政策和法律框架下，相关经营的主体转入土地的权益无法得到全面保护，积极性不能够得到充分发挥，这些均严重制约着我国农业现代化的进程。因此，农村土地所有权、承包权和经营权的“三权分置”是时代发展的必然结果，是实现我国农业现代化的必由之路。从本质上看，农地流转就是承包权和经营权的分离，就是农地承包人把原本属于自己的经营权以无偿或者有偿的方式让渡给他人的过程。当然，国家出台相关农地流转政策不断加强对承包人相关权益保护，从而让其更好地让渡自身拥有的经营权。从现实情况看，只要出现农地流转现象，就存在土地所有权、承包权和经营权的分离问题，就存在转入农地经营者的权益保护问题。

党和政府决策层认识到了农地“三权分置”的重要性和必要性。2013 年 7 月 23 日，习近平总书记在视察武汉农村产权交易市场时强调：“完善农村基本经营制度，要好好研究农地所有权、承包权、经营权三者之间的关系。”习近平总书记首提农村土地“三权分置”具有重大的理论和现实意义。2014 年中央一号文件《中共中央　国务院　关于全面深化农村改革　加快推进农业现代化的若干意见》正式以国家政策的形式发布。农地“三权分置”体现了我国国家治理能力和治理水平在农地制度领域的进一步提升，是中国特色“三农”理论的重大创新，为实现城乡协调发展、全面建成小康社会提供新的理论支撑③。

农地“三权分置”是在“两权分离”的基础上进行的又一次变革，而不是

---

① 廖洪乐：《农地“两权”分离和“三权”分置的经济学与法学逻辑》，《南京农业大学学报（社会科学版）》，2020 年第 5 期。

② 李宁、何兴邦、王舒娟：《地权结构细分视角下中国农地产权制度变迁与改革：一个分析框架的构建》，《中国农村观察》，2017 年第 2 期。

③ 韩长赋：《土地“三权分置”是中国农村改革的又一次重大创新》，《光明日报》，2016 年 1 月 26 日。

对原有改革成果的否定，代表了未来农地制度改革的基本方向①。承包经营权流转的农民家庭越来越多，土地承包权主体同经营权主体发生分离，这是我国农业生产关系变化的新趋势。此外，我国人多地少的矛盾十分突出，户均耕地规模仅相当欧盟的四十分之一、美国的四百分之一，然而，"人均一亩三分地、户均不过十亩田"，是我国许多地方农业的真实写照②。因此，要不断探索农村土地集体所有制的有效实现形式，落实集体所有权、稳定农户承包权、放活土地经营权，加快构建以农户家庭经营为基础、合作与联合为纽带、社会化服务为支撑的立体式复合型现代农业经营体系③。

第二节 研究思路和研究方法

一、研究思路

习近平总书记于2013年7月23日视察武汉农村产权交易市场时首提农地要由所有权和承包经营权"两权分离"向所有权、承包权和经营权"三权分置"转变，同时基于我国基本国情和农情现状为背景，来说明农地进行"三权分置"的必要性。本书使用CiteSpace软件可视化我国农村土地产权研究现状及演化路径及基于"三权分置"下转入视角来探析人力资本健康、教育对我国农地经营权流转的影响。此外，马克思主义土地产权分置及实现的基础理论表明，早在马克思主义时代就要求土地产权进行分离，从而促使生产关系更好地适应生产力的发展。当然，也应结合我国改革开放以来农地产权分置和实现的历史线索和演进与马克思土地产权分置和实现相呼应。针对我国农地"三权分置"及近期实践，即不同区域农地"三权分置"及不同产权实现的主要做法、具体效果、主要经验和存在问题，表明我国农地产权（三权）实现存在三种障碍和"四重约束"。然而，增加农地权利束来实现农地产权（三权）分置，要考虑产权路径、现实需求、政策路径及扩大农地产权实现的选择集，相应地给出破解农地"三权分

---

① 管洪彦、孔祥智：《农村土地"三权分置"的政策内涵与表达思路》，《江汉论坛》，2017年第4期。

② 习近平：《在参加十三届全国人大二次会议河南代表团审议时讲话》，《人民日报》，2019年3月8日。

③ 习近平：《论坚持全面深化改革》，中央文献出版社2018年版，第71页。

置”及实现的可行措施。定性分析和定量分析相结合，让本书内容更加丰富、更加具有可靠性和理论性。

二、研究方法

（一）文献综述法

学术界围绕农村土地产权问题涌现了大量的学术成果。例如，农村土地产权制度的发展不仅能够有效促进农村劳动力非农转移，解放农村生产力，推动农村经济发展①，还能促进农业持续增长②。但在农村土地产权制度改革的过程中，要加强对耕地的保护，使农民的利益得到有效保障③。并且要保证农民与土地产权之间能够有效结合，强化农民土地产权④。

目前关于农村土地产权研究主要是基于理论分析和经验研究，尚未对已有成果进行系统性梳理和计量分析。为了弥补已有研究的不足，本书以 CNKI 收录的 1984～2019 年有关农村土地产权的期刊论文为样本，基于 CiteSpace 对我国农村土地产权研究现状及演化路径知识图谱分析，识别出国内关于农村土地产权的研究现状、发展脉络、热点和前沿趋势，以期为更加深入地开展农村土地产权研究提供理论参考。

（二）实证分析法

农地经营权流转既有转入也有转出，而且学术界对农地经营权流转的影响因素研究已相当成熟。本书使用贵州省湄潭县、金沙县、息烽县和镇宁县 4 县 490 户农户调查数据，基于“三权分置”下转入视角探析人力资本健康、教育对农地经营权流转的影响。已有相关文献从不同方面对农地经营权流转影响因素进行了探析，为本书写作奠定了一定的基础。不过，相关成果虽然对农地经营权流转因素进行了大量详细研究，但是却没有将其放在“三权分置”下转入视角来进

① 刘晓宇、张林秀：《农村土地产权稳定性与劳动力转移关系分析》，《中国农村经济》，2008 年第 2 期。

② 冀县卿、钱忠好：《改革 30 年中国农地产权结构变迁：产权视角的分析》，《南京社会科学》，2010 年第 10 期。

③ 黄祖辉、黄宝连、顾益康、王丽娟：《成都市城乡统筹发展中的农村土地产权流转制度创新研究》，《中国土地科学》，2012 年第 1 期。

④ 窦祥铭：《产权视角下中国农村土地制度变迁的实证分析——以皖西北太和县为考察对象》，《农村经济》，2013 年第 3 期。

行分析。此外，虽然相关文献研究了人力资本教育对农地经营权流转的影响，但是学者之间也存在一定分歧，因此，本书有必要使用贵州省一手调研数据进行相关的研究，体现一定的区域特色性。众所周知，健康是人力资本的最重要构成要素之一。尽管有学者研究农地经营权流转对农户福利效应健康存在一定的影响，但是却没有分析健康作为一种重要因素如何来影响农地经营权流转，因此，本书首次考虑人力资本健康对农地经营权流转的影响。总之，本书通过“三权分置”下转入视角，来解释人力资本健康、教育和农地经营权流转之间的关系，以期丰富在本领域的相关研究。

（三）理论分析法

马克思土地分置理论认为，在土地私有产权制度下，土地产权中的一项或几项权能与土地终极所有权相分离并独立运作；在土地公有产权制度下，土地终极所有权与使用权、占有权的分离，从而形成土地所有者与使用者、占有者的分离的多元化土地产权主体格局①。此外，本书进一步分析马克思产权的实现理论。同时，本书对农地产权（三权）实现的三种障碍、农地产权（三权）实现困难的“四重约束”及增加农地权利束都进行了相应的理论分析。

（四）案例分析法

农地产权制度的变革与广大农民的利益息息相关，改革开放后，我国许多地区对产权分置的实践进行了积极探索，形成了很多可载于史册的经典案例。本书以我国安徽省凤阳县小岗村“家庭联产承包责任制”、山东省平度市“两田制”、贵州省湄潭县“湄潭试验”、东部沿海地区“反租倒包”及贵州省六盘水市“三变改革”五个典型案例为例，探析了不同地区农地产权分置的实践路径。

在探索农地制度“三权分置”改革的过程中，全国很多地方都进行了大胆的实践。本书以珠三角地区的土地股份合作制、贵州省湄潭县的土地承包经营权有偿退出、上海市松江区的家庭农场、四川省崇州市的“农业共营制”、湖北省宁乡县的“土地合作经营模式”、山东省、河南省等地的“土地托管制度”及贵州省六盘水市的“三变改革”七个典型案例为例，探析了不同地区农地“三权分置”及不同产权实现的主要做法。

① 洪名勇：《论马克思的土地产权理论》，《经济学家》，1998 年第 1 期。

第三节　研究基本框架

本书共分为9章。第一章是导论，讲述农地“三权分置”研究背景、研究思路和方法、研究基本框架及创新与不足。第二章是基于CiteSpace的我国农村土地产权研究现状及演化路径知识图谱分析，从而可视化我国农村土地产权研究的现状和进展以及基于“三权分置”下转入视角来探析人力资本健康、教育对我国农地经营权流转的影响，从而得出农户身体健康状况越好越有利于促进农地经营权转入，农户受教育水平越高越会抑制农地经营权转入相关结论。第三章是基础理论部分，讲述了马克思主义土地产权分置及实现理论。第四章是农地产权分置与实现：改革开放以来历史线索与演进，讲述了农地产权分置的历史线索、政策演进路径及不同地区农地产权分置的实践路径。第五章是农地“三权分置”的近期实践，讲述了不同区域农地“三权分置”及不同产权实现的主要做法、具体效果、主要经验和存在问题。第六章是农地产权（三权）实现的“拦路虎”：三种障碍分析，即基于制度视角的农地产权实现障碍、基于农户行为能力视角的农地产权实现障碍和基于利益相关者视角的农地产权实现障碍。第七章是农地产权（三权）实现困难的原因：“四重约束”，即农地产权权利束的约束、农地产权不完全约束、农地产权配置机制的约束及农地产权实现选择集约束。第八章是增加农地权利束：农地产权（三权）实现的政策路径，即增加权利束是农地产权实现的产权路径、增加权利束是农地产权实现的现实需求、农地产权实现的政策路径及扩大农地产权实现的选择集。第九章是政策建议：破解农地“三权分置”及实现的可行措施，即促进农地“三权分置”的政策建议及促进农地产权实现的政策建议。

第四节　创新与不足

一、创新

（一）系统总结马克思土地产权分置及实现理论

在土地私有产权制度下，土地产权中的一项或几项权能与土地终极所有权相分离并独立运作；在土地公有产权制度下，土地终极所有权与使用权、占有权的分离，从而形成土地所有者与使用者、占有者的分离的多元化土地产权主体格局①。同时，本书进一步分析了马克思土地产权的实现理论。

（二）系统总结我国改革开放以来农地产权分置与实现的历史线索和演进

本书对改革开放以来农地产权制度变革的历史进行梳理，阐述了党和国家在应对农地产权制度的应用过程中出现的各类问题，所做出的一系列政策调整，并通过典型案例说明我国农地制度在不同时期的表现形式和变化情况。农地产权的形式不但决定农村资源的利用方式和利用效率，而且在我国改革开放的历史中也扮演重要的角色，影响国家的发展。在历史的种种选择中，无论农地制度如何变化，都是在探索当时经济社会发展水平下释放土地生产力、提高农民收入水平的最佳方案，都是为了农民群体的最根本利益而服务的。

针对中华人民共和国成立后出现的农业生产的问题，我国农民自发进行农地产权制度的改革，因实施效果明显、影响力巨大，小岗村采取的“包工到组”和“联产承包责任制”的生产模式逐渐得到推广，农村土地所有权和承包经营权分开在国家层面被认可，并形成法律。农村土地被允许合法流转后，山东省平度市、贵州省湄潭县和珠三角地区等地均做出了各类大胆尝试。但随着经济发展和城乡二元结构的变化，农村土地“两权分置”的形式逐渐难以满足农村发展需要，于是国家提出土地“三权分置”改革，其中以贵州省六盘水市“三变改革”为代表的成功实践说明了“三权分置”的必然性和有效性。

（三）系统总结不同区域农地“三权分置”及不同产权实现

本书归纳了到目前为止我国农地“三权分置”的几类主要做法，说明了“三权分置”的可行性和具体效果，并据此总结了“三权分置”在实践过程中的主要模式和存在的问题。无论是经济水平较高的“珠三角”和“长三角”地区，还是农业大省河南省、山东省，以及土地碎片化较严重的贵州省、湖北省等地，均有“三权分置”的成功实践，农地所释放出的活力，不但适应我国农业现代化的发展要求，而且推动了我国城乡一体化发展。土地经营权出租、入股、互换、托管代耕等多种实现形式也体现了“三权分置”制度灵活多样的特点。但在实践过程中仍然存在确权不完全、违背农户流转意愿、承包户和经营者利益分

① 洪名勇：《论马克思的土地产权理论》，《经济学家》，1998 年第 1 期。

配不公、经营权“变现难”等问题。

（四）系统分析农地产权（三权）实现的障碍、实现困难的原因及实现政策路径

本书基于制度视角、农户行为能力视角和利益相关者行为这三个视角分析了我国农地产权（三权）实现的“拦路虎”；通过对农地产权权利束的约束、农地产权权力不完全约束、农地产权配置机制的约束和农地产权实现选择集约束来探析我国农地产权（三权）实现困难的“四重约束”；同时，提出要增加农地权利束进行农地产权（三权）实现的政策路径的分析。

（五）首次考虑人力资本健康对农地经营权流转的影响

虽然部分研究对农地经营权流转因素进行了大量详细研究，但是却没有将其放在“三权分置”下转入视角来进行分析。此外，虽然相关文献研究了人力资本教育对农地经营权流转的影响，但是学者之间也存在一定分歧，因此，本书有必要使用贵州省一手调研数据继续进行相关的研究，体现一定的区域特色性。众所周知，健康是人力资本的最重要构成要素之一。尽管有学者研究农地经营权流转对农户福利效应健康存在一定的影响，但是却没有分析健康作为一种重要因素如何来影响农地经营权流转，因此，本书首次考虑了人力资本健康对农地经营权流转的影响。

（六）可视化我国农地产权相关研究

目前关于农村土地产权研究主要是基于理论分析和经验研究，尚未对已有成果进行系统性梳理和计量分析。为了弥补已有研究的不足，本书以 CNKI 收录的 1984 ~ 2019 年有关农村土地产权的期刊论文为样本，基于 CiteSpace 对我国农村土地产权研究现状及演化路径知识图谱分析，识别出国内关于农村土地产权的研究现状、发展脉络、热点和前沿趋势，以期为更加深入地开展农村土地产权研究提供理论参考。

二、不足

（一）实证研究不具有普适性且存在主观性

本书基于“三权分置”下转入视角的人力资本健康、教育对农地经营权流

转影响研究结论和启示是立足于贵州省湄潭县、金沙县、息烽县和镇宁县四县调研数据进行相关分析得到的，有一定的区域局限性，是否适用于其他地区仍有待商榷，但本书结论和启示借鉴意义却是不容小觑的。也需要指出，本书存在一定的不足之处，如农户身体健康状况是在农户自评健康基础之上得到的，这在很大程度上具有人为主观性，需要在以后调研和研究之中进行相应注意。

（二）农地产权（三权）文献的可视化综述研究仅立足于国内研究现状

本书仅以 CNKI 收录的 1984～2019 年有关农村土地产权（三权）的期刊论文为样本，基于 CiteSpace 对我国农村土地产权研究现状及演化路径知识图谱分析，识别出国内关于农村土地产权的研究现状、发展脉络、热点和前沿趋势，以期为更加深入地开展农村土地产权研究提供理论参考。然而本书却没有进行相关农村土地产权（三权）的外文相关文献的可视化分析。

（三）促进农地产权（三权）实现的政策建议不完全可行

尽管本书就促进农地“三权分置”和农地产权实现给出了一些可行的措施，但是这些措施是否完全能够促进农地产权（三权）实现还有待时间和实践的检验，因而这些政策建议的可行性情况是本书的一大不足之处。

第二章 农地“三权分置”可视化分析与实证分析

本书基于CNKI收录的1984~2019年农村土地产权的期刊论文为样本，使用CiteSpace软件对我国农村土地产权研究现状及演化路径进行可视化分析，从而识别出我国国内关于农村土地产权研究现状、发展脉络、热点和前沿趋势，以期为深入开展农村土地产权研究提供理论参考。众所周知，农地经营权流转既有转入也有转出，而且学术界对农地经营权流转的影响因素研究已相当成熟。本书利用贵州省湄潭县、金沙县、息烽县和镇宁县4县490户农户调查数据，基于“三权分置”下转入视角探析人力资本健康、教育对农地经营权流转的影响。Pearson相关性检验表明，人力资本健康和农地经营权转入具有“同向性”相关，而人力资本教育和农地经营权转入具有“反向性”相关。同时，构建Logistic模型进行实证研究，基准回归结果表明，农户身体健康状况越好越有利于促进农地经营权转入，农户受教育水平越高进而会抑制农地经营权转入。稳健性检验结果总体上证实了Logistic基准回归结果具有稳健性。

第一节 我国农村土地产权研究现状及演化路径知识图谱分析

在坚持土地集体所有和家庭承包经营的原则下，我国土地制度实现了在农民和集体之间有效分割土地权利，让国家、集体和农民三者之间的土地利益关系得到了较好的处理，在较短的时间内，能够通过土地制度创新和改革来推动农业发展[①]。2015年，习近平总书记强调要不断完善土地承包相关的法律法规，让土地

① 高圣平：《论农村土地权利结构的重构——以〈农村土地承包法〉的修改为中心》，《法学》，2018年第2期。

能够合法有序流转，提高土地的利用效率，实现规模化经营[①]。在农村人口大量向城市转移的大背景下，我国农地流转规模也在不断扩大。从1984年中央一号文件开始，农地逐渐向种植能手转移，土地承包期也一般在15年以上，这也使联产承包责任制得到了一定的巩固，农民也能更加放心。随后，政府在农村土地产权方面一直是高度重视的。党的十八届三中全会强调，要持续推进农地产权制度创新。2018年12月全国人大常委会第七次会议修订通过，2019年1月开始实施的《农村土地承包法》从法律层面为农地产权提供了法律依据[②]，农地产权研究逐渐开始深入。农地产权制度是农村根本性制度安排[③]。对农地产权的研究，一方面不仅可以促进经济增长，推进经济结构转型和减缓贫困，也有利于将农地产权制度改革的经验上升为国家意志，成为国家制度安排的重要组成部分；另一方面也可以丰富现代产权理论的研究素材，完善现代产权理论，丰富马克思主义土地制度理论以及制度变迁理论[④]。

较多的学者围绕着农村土地产权问题进行了探讨和研究。例如，农村土地产权制度的发展不仅能够有效促进农村劳动力非农转移，解放农村生产力，推动农村经济发展[⑤]，还能促进农业持续增长[⑥]。但在农村土地产权制度改革的过程中，要加强对耕地的保护，使农民的利益得到有效保障[⑦]。并且要保证农民与土地产权之间能够有效结合，强化农民土地产[⑧]。目前学术界关于农村土地产权的研究主要是基于理论分析和经验研究，暂时没有对农村土地产权进行系统性梳理和计量分析的文献。因此，本书基于现有文献的不足，以CNKI收录的有关农村土地产权的期刊论文为样本，时间限定为1984～2019年，通过Citespace对我国农村土地产权研究现状进行分析，希望可以挖掘出我国农地产权研究领域的发展脉络以及前沿趋势，从而为更深入地开展农村土地产权研究提供一定的理论参考。

---

① 《习近平就做好耕地保护和农村土地流转工作作出重要指示》，新华社2015年5月26日。

② 洪名勇：《农地产权何以落地》，《社会科学报》，2019年7月18日。

③ 洪名勇：《贵州农村土地承包经营制度改革的基本线索》，《贵州日报》，2019年1月27日。

④ 洪名勇：《贵州农村土地承包经营制度改革和贡献》，《贵州日报》，2018年12月11日。

⑤ 刘晓宇、张林秀：《农村土地产权稳定性与劳动力转移关系分析》，《中国农村经济》，2008年第2期。

⑥ 冀县卿、钱忠好：《改革30年中国农地产权结构变迁：产权视角的分析》，《南京社会科学》，2010年第10期。

⑦ 黄祖辉、黄宝连、顾益康、王丽娟：《成都市城乡统筹发展中的农村土地产权流转制度创新研究》，《中国土地科学》，2012年第1期。

⑧ 窦祥铭：《产权视角下中国农村土地制度变迁的实证分析——以皖西北太和县为考察对象》，《农村经济》，2013第3期。

一、概念界定

（一）产权的概念

产权概念一直是备受争议的。《牛津法典大辞典》将“产权”定义为存在任一客体之中或者之上的完全权利，内涵极其广泛，里面包括占有权、使用权和消费权以及其他财产有关的权利的集合体。在经济学领域，科斯认为产权主要是指产权主体对其所拥有的财产的一组权利，并且也可能存在某种情况，产权主体可能会拥有某项产权，但不一定会拥有相应的财产①。德姆塞茨主要分两个角度来定义产权，即经济功能角度和社会功能角度，认为产权既可能有利于人们也有可能会损害人们的利益。并且产权可以作为一种社会工具，使人们可以形成一种合理的预期②。阿尔钦认为在政府和市场共同作用下，由于某种经济物品存在多种用途，因此能够进行选择的权利就是产权。这种产权不仅仅只是指产权主体对自己财产支配和处理的权利，还会涉及相关责权利等关系③。马克思则从产权的基本含义出发，表示产权主要是围绕着产权主体对作为客体的财产所拥有的一系列权利或关系，是归属于自己的，具有很强的排他性的。主要包括以下含义：第一，产权首先是一种经济权利和经济关系；第二，产权开始是依靠习惯或当事人共同认同的行为方式来维护和实现的，后来上升为一种法权关系；第三，产权关系体现了人与人之间的关系，产权尤其是所有权是所有制关系的法律基础④。从前面的各个学者的观点我们可以看出，产权是由所有制决定的，产权是财产主体对财产所拥有的排他性、归属性的权利，追根溯源主要是指人们之间存在的经济权利关系。产权可以客观地反映出经济权利或者经济关系，并且通过相应的法律法规获得了法权的形式。

（二）农村土地产权的概念

农村土地产权（简称农地产权）是农村土地所有权演变和发展的必然结果。

① 经济学消息报：《诺贝尔经济学奖得主专访录——评说中国经济与经济学发展》，中国计划出版社1995年版。

② 德姆塞茨：《所有权、控制与企业——论经济活动的组织》（第一卷），经济科学出版社1999年版。

③ 科斯：《财产权利与制度变迁》，上海三联书店、上海人民出版社1994年版。

④ 马克思：《马克思恩格斯全集》（第46卷上），人民出版社1979年版。

随着农村经济社会的发展，农村土地所有权逐渐分离派生出各种权益。并且，通常所说的农村土地所有权实质上主要是指农村土地的最终所有权或者所有者产权。换句话说，农村土地产权逐渐开始受到关注，并且成为农村土地所有权在市场经济中独立运作。从产权理论出发，我们可以看出农村土地产权关系主要是指由于农村土地的存在以及以此为基础而形成的一系列受到国家法律保障的行为性关系。农村土地产权制度是以农村土地为依托，来界定以土地为基础的各方利益主体之间在农村土地利用方面的关系或者利益的行为规范。我国现行的农村土地产权制度关系到我国社会稳定和发展，是中国特色社会主义制度的重要组成部分。因此，对我国农村土地产权研究现状及演化路径知识图谱分析，识别出国内关于农村土地产权的研究现状、发展脉络、热点和前沿趋势，以期为更加深入地开展农村土地产权研究提供理论参考，是具有很强的现实意义的。

二、数据来源和研究方法

（一）数据来源

本书数据的选择主要是依据“大部分重要论文通常都会集中刊发在少数核心期刊”的布拉德福文献离散规律①，以中国知识基础设施工程数据库（China National Knowledge Infrastructure，CNKI）为数据库。CNKI是目前国内中文期刊文献规模最大的信息集成平台。主要检索条件设定如表2－1所示，农地产权涵盖内容广泛，本书利用农地产权或农村土地产权为关键词进行检索。由于数据存在一定的重复性，因此在数据进行处理的过程中，需要保证“精准”，换句话说，要将数据进行筛选，保证数据质量。一方面，考虑到硕博论文和会议论文可能会在不同期刊发表，还有部分图书作为研究成果进行出版，相关内容也在不同期刊发表，因此，为了避免数据的重复性，不做单独分析②。另一方面，由于数据库之间存在交叉内容，并且收录范围也不一致，因此会对文献逐一核对，删掉重复文献。同时，对包括“期刊目录”“会议记录”“书评”“重要通知”等边缘信息进行剔除。最终分析样本量为1 773篇文献。

---

①　徐迎迎、魏瑞斌：《基于研究主题的文献计量三大定律的实证分析——以“开放存取”为例》，《情报科学》，2015年第11期。

②　刘光阳：《CiteSpace国内应用的传播轨迹——基于2006～2015年跨库数据的统计与可视化分析》，《图书情报知识》，2017年第2期。

表 2-1 主要检索条件

检索科目	检索内容及结果
获取时间	2020 年 7 月 21 日
检索时间范围	1984~2019 年
数据库	EI 来源期刊、核心期刊、CSSCI、CSCD
文献类型	期刊论文
检索关键词	农地产权或农村土地产权
检索结果	1773 条

（二）研究方法

CiteSpace 是美国学者陈超美博士带领团队研发出来的一款信息数据可视化分析软件，运行机制是基于共引分析理论和寻径网络算法，以知识域为对象进行科学计量，将知识单元或知识群之间的机构、网络、演化或衍生等隐性复杂关系以可视化的形式呈现，期望可以将某学科演化的潜在动力机制直观地分析出来，从而实现对学科发展前沿进行科学预测的目的①。

近年来，基于文献计量的科学知识图谱方法被学者广泛地应用于研究农村土地的发展趋势、研究热点及前沿，为开展相关研究奠定了基础。例如，张露、张俊飚等（2015）通过 Cite SpaceⅢ软件对农业碳排放研究文献进行梳理，期望挖掘出碳排放研究领域的演进趋势和研究热点②；张苗、兰梦婷等（2017）借助科学知识图谱方法梳理国外土地利用研究进展，发现其研究主题主要呈现从微观到中观再到宏观的演化特点③；陈江涛、吕建秋（2018）借助 Citespace 软件梳理了 2006~2016 年关于农技推广的研究文献，并从多个方面对我国农技推广发展提出相应的建议④；皮婷婷、郑逸芳等（2020）以 1998~2019 年关于农地制度研究的相关文献为研究对象，深入分析我国农地制度研究领域的发展现状及可能存

① 王佃利、王铮：《国外公共价值理论研究的知识图谱、研究热点与拓展空间——基于 SSCI（1998~2018）的可视化分析》，《中国行政管理》，2019 年第 6 期。

② 张露、张俊飚、童庆蒙、郭晴：《农业碳排放研究进展：基于 CiteSpace 的文献计量分析》，《科技管理研究》，2015 第 21 期。

③ 张苗、兰梦婷、陈银蓉、袁凯华：《国外土地利用与碳排放知识图谱分析——基于 CiteSpace 软件的计量分析》，《中国土地科学》，2017 年第 3 期。

④ 陈江涛、吕建秋：《基于知识图谱的我国农技推广的研究现状及热点分析》，《科技管理研究》，2018 年第 4 期。

在的问题，并在此基础上提出相关建议①；许恒周、刘源（2020）通过 CiteSpace 对我国农地确权领域相关文献进行梳理，希望可以减少后续研究的主观性，不断拓展知识图谱分析方法的研究领域②。

根据以上学者的研究，本书基于美国德雷塞尔大学陈超美博士开发的可视化分析软件 CiteSpace③ 对我国农村土地产权研究现状及演化路径进行知识图谱分析，通过对关键词、机构和作者合作网络、文献和期刊共被引等计量分析并结合突现词探测等方法希望能准确定位出我国农地产权研究领域的研究热点和前沿。

三、文献计量分析

（一）文献发表情况

本书主要是从年度发表文献的统计分析结果来了解各年度文献的发表情况以及总体的变化趋势。图 2-1 中显示出了关于农地产权的发文量。从发文情况来看，1992～2019 年年均发文量为 62.86 篇。可能是由于早期我国农地产权制度经历四次重大变革：土地改革运动、初级农业合作化运动、高级农业合作化和人民公社运动、家庭联产承包经营改革都是以政府为主导的强制性制度变迁，因此相关的文献研究较少。1990 年的《关于切实减轻农民负担的通知》和 1991 年的《农民负担费用和劳务管理条例》开始逐渐意识到农民负担之重，并且逐渐转向帮农民减负，重视农民土地权益④。但是 1992～1997 年年均发文量也仅为 14.33 篇，相关研究仍然比较缺乏。直到 1998 年 8 月《中华人民共和国土地管理法》将“土地承包经营期限为 30 年”的土地政策写入法律，相关研究呈现爆发式增长的趋势：2000～2009 年发文量达到 695 篇，占样本文献总量的 39.49%，2009 年发文量达到峰值为 121 篇。2009 年之后处于波动下降的趋势，2017 年达到最低值 58 篇。可能是因为 2017 年《中共中央　国务院关于深入推进农业供给侧结构性改革　加快培育农业农村发展新动能的若干意见》中提出要落实农村土地集

---

① 皮婷婷、郑逸芳、许佳贤：《国内农地制度研究的文献计量与可视化分析——基于 1998～2019 年中国知网 CSSCI 数据库》，《世界农业》，2020 年第 4 期。

② 许恒周、刘源：《我国农地确权研究的热点分析与演化路径——基于 CiteSpace 的知识图谱分析》，《干旱区资源与环境》，2020 年第 2 期。

③ 夏恩君、宋剑锋：《开放式创新研究的演化路径和热点领域分析——基于科学知识图谱视角》，《科研管理》，2015 年第 7 期。

④ 彭小辉、史清华：《农业政策变化的发生机理：基于多重制度逻辑视角——以农村税费改革为例》，《中国软科学》，2016 年第 6 期。

体所有权、农户承包权、土地经营权“三权分置”方法。学术界对农村土地产权的研究逐渐转移到了“三权分置”上。从年度发文量来看，我国农地产权的研究受政策影响较深，具有很强的趋向性和滞后性①。

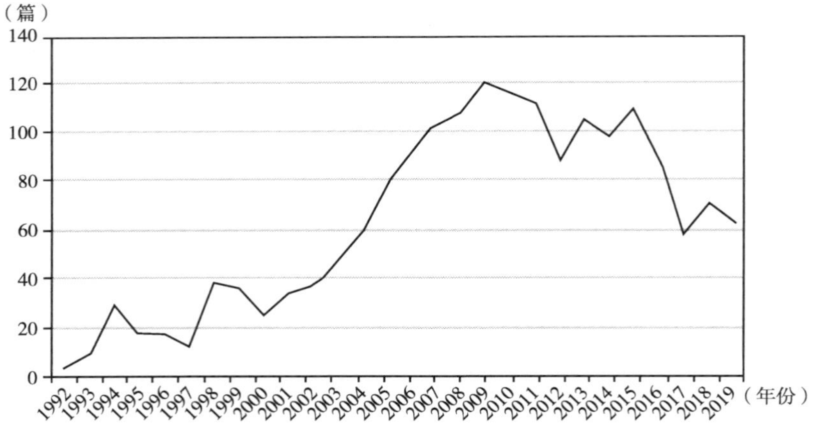

图 2－1　农地产权研究年度文献数

研究成果在期刊上的分布情况，一定程度上能反映特定研究领域的理论和实践价值，分析其分布情况为开展该领域文献搜集和前期知识积累提供了方向。根据统计，我国农地产权研究的 1 773 篇样本论文在核心期刊上发表了 1 205 篇，占比 67.96%；中国社会科学引文索引（CSSCI）567 篇，占比 31.98%；EI1 篇，占比 0.06%。这些表明我国农地产权研究领域具有较高的理论和实践价值。从样本论文的集中情况来看，发文量最高的前 10 期刊发文量为 455，占比 25.62%。从期刊发文量来看，发文量最高的期刊依次为《农村经济》《农业经济问题》《农业经济》，发文量分别为 106 篇、75 篇和 66 篇。而发文量为 10 篇以下的主要有《经济社会体制比较》和《河南师范大学学报（哲学社会科学版）》等期刊。虽然农地产权研究领域逐渐成为学者高度重视的研究领域，但是论文在期刊上集中度不高，我国农地产权研究尚未形成稳定的期刊群和代表性期刊。如图 2－2 所示，从样本论文的学科分布来看，农地产权研究在知识图谱上呈现出经济学、法学、金融、城市经济和社会学等多学科相互融合的特征，相关研究主要集中在基础研究（社科）、政策研究（社科）、行业指导（社科）、基础与应用

① 胡春阳、刘秉镰、廖信林：《中国区域协调发展政策的研究热点及前沿动态——基于 CiteSpace 可视化知识图谱的分析》，《华南师范大学学报（社会科学版）》，2017 年第 5 期。

基础研究（自科）等学科领域①。

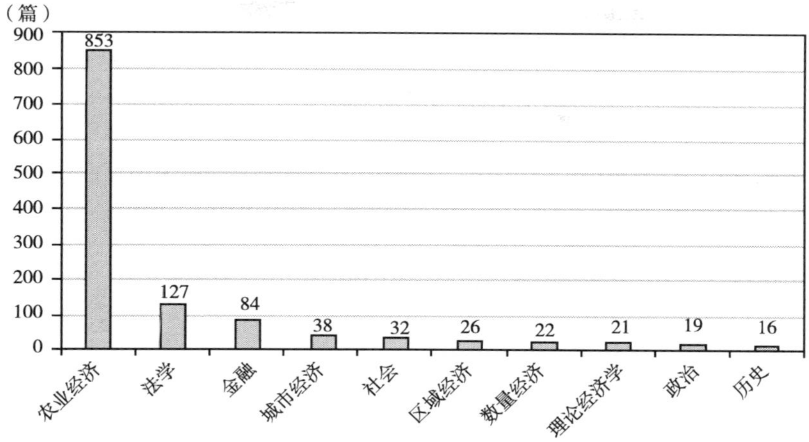

图 2-2 农地产权研究学科领域分布

（二）高被引文献分析

根据引文分析原理，文献被引用的频次越高，该文献的学术认可度就越高，学术价值就越显著。通过对高频应用文献的分析，有利于把握住该领域的研究热点②。本书选取了农地产权被引频次前十名的文献，具体如表 2-2 所示。

表 2-2 农地产权高频被引文献（前 10 篇）

作 者	篇 名	刊 名
叶剑平、蒋妍、丰雷	《中国农村土地流转市场的调查研究——基于2005 年 17 省调查的分析和建议》	《中国农村经济》
钱忠好	《农村土地承包经营权产权残缺与市场流转困境：理论与政策分析》	《管理世界》
高圣平	《新型农业经营体系下农地产权结构的法律逻辑》	《法学研究》
张红宇	《中国农村土地产权政策：持续创新——对农地使用制度变革的重新审判》	《管理世界》
沈守愚	《论设立农地发展权的理论基础和重要意义》	《中国土地科学》

① 刘记飞、刘兰杰、葛秋萍：《国内知识转移研究的文献计量分析》，《情报科学》，2013 年第 9 期。

② 文庭孝、刘晓英：《基于引文分析的我国研究者信息获取能力评价研究》，《图书与情报》，2011 年第 6 期。

续表

作　者	篇　　名	刊　名
许恒周、郭忠兴	《农村土地流转影响因素的理论实证研究——基于农民阶层分化与产权偏好的视角》	《中国人口·资源与环境》
韩俊	《中国农村土地制度建设三题》	《管理世界》
黄贤金、尼克·哈瑞柯、鲁尔特·卢本、曲福田	《中国农村土地市场运行机理分析》	《江海学刊》
钟文晶、罗必良	《禀赋效应、产权强度与农地流转抑制——基于广东省的实证分析》	《农业经济问题》
赵之帆	《城市化背景下农村宅基地有偿使用和转让制度初探》	《农业经济问题》

通过表 2-2 可以看出，我国农村土地产权研究存在很多具有影响力和权威性的学者，他们在很多权威性期刊如《中国农村经济》《管理世界》《法学研究》《中国土地科学》等发表了相关的文章。例如，沈守愚（1998）强调构建农地发展权制度的重要性，认为这是农民利益的根本，是社会主义市场经济发展的需要，是促进土地有效利用的关键，是能够造福子孙后代的①；张红宇（1998）认为正是因为明晰的产权界定以及较好的制度环境，中国农地制度才能够不断创新，并且，在创新农地制度的同时，也要将政府既有的农地政策落实到实处，保证农地产权边界和制度安排能够得到法律等强制力的保障②；韩俊（1999）认为要不断完善和巩固家庭联产承包责任制，并且要逐渐能够适应整个社会经济的发展，保证农村土地利用效率能有效提高③；赵之枫（2001）强调要不断推进宅基地制度建设，这样不仅能够推进城市化的发展，还能促进农村基础设施建设以及耕地利用效率的提高，尤其强调可以从经济手段来进行调控④；黄贤金等（2001）对农村土地市场的构成及存在的问题进行了分析，认为我国农产品市场发展滞后，并且必须逐步重视商品市场交易条件的具备，不断推进农村土地市场的发展⑤；钱忠好（2002）认为正是因为我国承包经营不完全性的存在影响了农

---

① 沈守愚：《论设立农地发展权的理论基础和重要意义》，《中国土地科学》，1998 年第 1 期。

② 张红宇：《中国农村土地产权政策：持续创新——对农地使用制度变革的重新评判》，《管理世界》，1998 年第 6 期。

③ 韩俊：《中国农村土地制度建设三题》，《管理世界》，1999 年第 3 期。

④ 赵之枫：《城市化背景下农村宅基地有偿使用和转让制度初探》，《农业经济问题》，2001 年第 1 期。

⑤ 黄贤金、尼克·哈瑞柯、鲁尔特·卢本、曲福田：《中国农村土地市场运行机理分析》，《江海学刊》，2001 年第 2 期。

民土地的供求关系，因此，建议在物权理论的基础上，加快推进我国农地商品化，规范农地承包经营制度，使我国农地产权制度能够打破发展“瓶颈”，走得更远①；叶剑平等（2006）基于2005年的17省农村土地调查的数据，分析我国农地流转市场发现，我国农地流转市场发展较慢，具有显著的区域差异，这主要是因为产权因素和制度因素影响了我国农地流转市场的发展②；许恒周（2011）基于江苏省实地调研数据，利用Logistic模型分析农民职业分化与产权偏好和农地流转三者之间的关系，发现教育年限、职业类别和非农就业技能以及地权稳定性对农地流转具有正向影响，而年龄则存在负向影响，农业劳动力人数以及是否拥有抵押权对农地流转决策选择影响不显著③；钟文晶等（2013）在“农户土地产权—农地禀赋效应—农地流转行为”概念模型的基础上，探讨和分析了抑制农地流转的内在机理，主要是因为农户的禀赋效应容易抑制农地流转，因为农村土地对于农民来说已经属于人格化财产是不可替代的，而要想促进农民增收、实现农民的土地权益、促进农地流转就要不断赋予农民土地财产权和将农地资本化④；高圣平（2014）认为要以厘清农地产权结构为前提才能推动新型农业经营体系的构建和完善。在坚持土地公有制不变的前提下，农村土地产权结构的构建要建立在保证集体土地所有权的基础上，从对农村土地利用关系的角度出发，实现农村土地承包关系的持久稳定⑤。

对高频被引文献进行分析后发现，关于农地产权的研究重点集中于农村土地流转、土地承包经营权、农地产权、农村土地制度、农地流转等方面。被引频次较高，也表明这些文献所研究的问题、所获得的学术关注度较高，引发的学术讨论和后续研究也较多，有可能成为该领域的研究热点。

（三）高产出作者及合作关系分析

对高产作者及合作关系进行分析，其中，节点代表作者；节点外有轮环环绕，表示发文数量；节点字体大小代表作者中心性；节点间连线代表合作关系，

---

① 钱忠好：《农村土地承包经营权产权残缺与市场流转困境：理论与政策分析》，《管理世界》，2002年第6期。

② 叶剑平、蒋妍、丰雷：《中国农村土地流转市场的调查研究——基于2005年17省调查的分析和建议》，《中国农村观察》，2006年第4期。

③ 许恒周、郭忠兴：《农村土地流转影响因素的理论与实证研究——基于农民阶层分化与产权偏好的视角》，《中国人口·资源与环境》，2011年第3期。

④ 钟文晶、罗必良：《禀赋效应、产权强度与农地流转抑制——基于广东省的实证分析》，《农业经济问题》，2013年第3期。

⑤ 高圣平：《新型农业经营体系下农地产权结构的法律逻辑》，《法学研究》，2014第4期。

连线越粗，代表合作次数越多，分析包括665个网络节点、201条连线，网络密度为0.0009，表示整体分布较为分散。其中，罗必良、钱忠好、李宁、洪名勇、胡新艳、仇童伟、曲福田、蒋占峰和杨继瑞等作者在农地产权研究领域不仅发文量高，而且论文发表的期刊层次较高，这些作者对该领域具有重要影响，但作者合作网络密度仅为0.0009，表明我国农地产权研究的网络结构依然不成规模（见图2－3）。

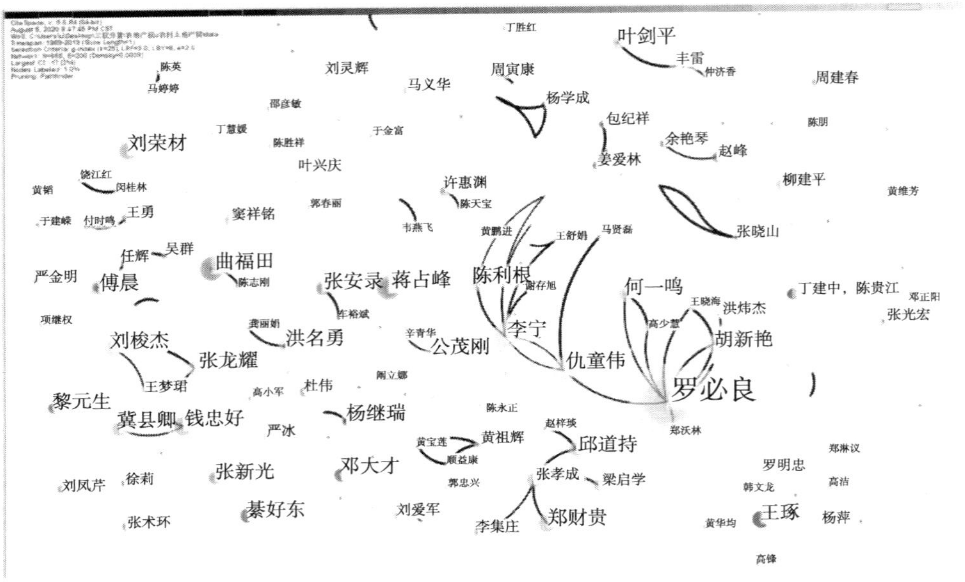

图2－3　农地产权研究者合作网络示意图

核心作者是一个研究领域的中坚力量，不仅可以引领研究主题未来的发展方向，还可以对研究领域的研究人员产生极大的影响。基于普莱斯定律核心作者群初选测评体系包含发文量和被引量两类指标，根据公式发文量的评判标准为[①]：

$$P \geq K(P) \tag{2-1}$$

依据普莱斯定律，其计算方法为：

$$K(P) = 0.749\sqrt{Max(P)} \tag{2-2}$$

其中，K(P)表示核心作者候选人的最低发文量，即发文量不少于K(P)的

---

① 王坤、王京安、陈天明、汤月：《国内外技术机会研究的脉络、流派与趋势》，《南京工业大学学报（社会科学版）》，2019年第2期。

作者构成核心作群体；Max(P) 表示发表文献数量最多的作者所发表的文献数量。

本书中，发文最高的是28篇（罗必良），即 Max(P)=28，从而计算出K(P)=3.96。根据取整原则，发表论文数量为4篇及4篇以上的作者入选核心作者群。基于指标要求，核心作者群分布如表2-3所示。研究农地产权核心作者群，如果研究较为活跃，就有可能会引发学术界对农地产权的强烈关注和热烈探讨，因此对核心作者群的分析是有利于追踪该领域的发展脉络的[①]。

表2-3　研究农地产权核心作者群分布情况

篇数	核心作者群分布
28	罗必良
14	钱忠好
12	李宁、洪名勇
10	胡新艳、仇童伟、曲福田、蒋占峰、杨继瑞
7	黄祖辉、刘荣材、柳建平、张安录、綦好东、张龙耀
6	陈利根、冀县卿、刘俊杰、王琢、傅晨、郑财贵、何一鸣、邱道持、叶剑平、丰雷
5	张孝成、公茂刚、张新光、邓大才、丁建中、陈贵江
4	窦祥铭、梁启学、黎元生、赵峰、张晓山、杜伟、张光宏

（四）研究机构合作统计分析

农地产权领域研究机构的合作网络图谱如图2-4所示。研究机构作为某主题研究领域的支撑力量，基础设施完善，人才丰富，对研究结果会有一定的保障。研究机构直接代表着该研究领域的支撑力量，对于农地产权问题这一庞大而复杂的理论和现实问题，必须拥有基础夯实的研究力量才能对研究结果的数量和质量有所保障。

从农地产权研究领域高产机构及其发文情况来看，发表论文数量在10篇及以上的机构有15家，发表论文数量共有265篇，占样本论文总量的14.95%。华南农业大学经济管理学院的发文量居首位，为42篇；随后就是华中农业大学经济管理学院和西北农林科技大学经济管理学院发文量均为27篇；再就是华中农业大学社会学系为25篇，如表2-4所示。从节点间连线来看，连接强度最强的

① 杨静、路思：《回眸与展望：国内档案信息化理论发展现状与特征分析——基于国内核心期刊的文献计量研究》，《档案学通讯》，2014年第6期。

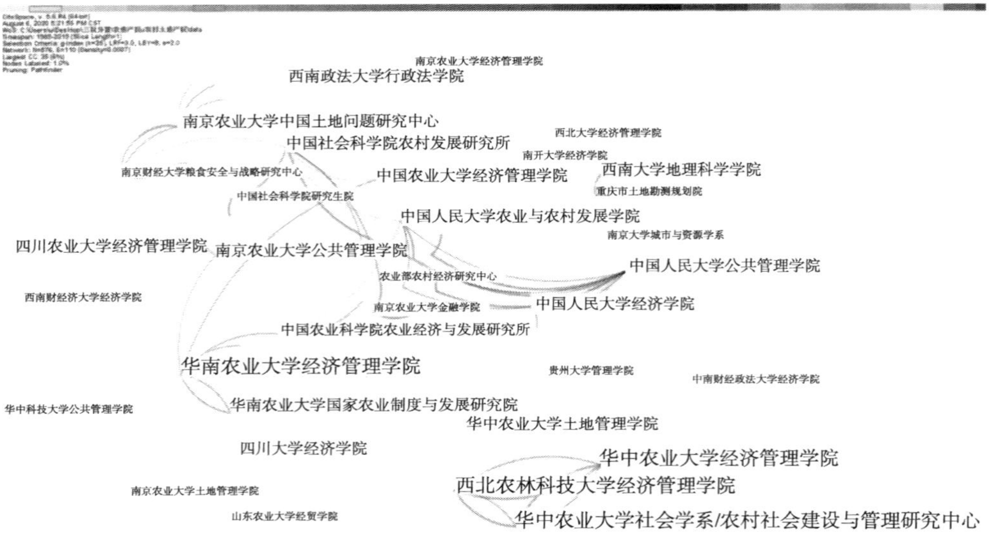

图 2-4 关于“农地产权”研究机构分布示意图

是华南农业大学经济管理学院，连接线数量最多的是以中国人民大学农业与农村发展学院为中心的较稳定的核心研究机构群。并且，发文量比较突出的研究机构中，经管院校是研究的主要力量。同时，从作者及机构共现网络结构图谱来看，作者及机构共现网络密度仅为 0.0009，表明作者及机构网络结构关系不够紧密，作者、机构之间缺乏必要的合作。从合作关系来看，各科研机构的合作有待进一步加强。从地域图谱来看（如表 2-4 所示），在 270 家高产机构中，东部地区共有 11 家机构，而中部和西部仅有 4 家和 5 家，地域分布上极不平衡客观上也限制了该领域研究的发展。

表 2-4 农地产权研究机构（发文量前二十）

序号	研究机构	所属地区	发文量（篇）
1	华南农业大学经济管理学院	东部地区	42
2	华中农业大学经济管理学院	中部地区	27
3	西北农林科技大学经济管理学院	西部地区	27
4	华中农业大学社会学系	中部地区	25
5	南京农业大学中国土地问题研究中心	东部地区	19
6	华南农业大学国家农业制度与发展研究院	东部地区	16
7	中国人民大学公共管理学院	东部地区	16

续表

序号	研究机构	所属地区	发文量（篇）
8	四川大学经济学院	西部地区	15
9	中国人民大学经济学院	东部地区	13
10	中国人民大学农业与农村发展学院	东部地区	12
11	华中农业大学土地管理学院	中部地区	12
12	西南政法大学行政法学院	西部地区	11
13	西南大学地理科学学院	西部地区	10
14	中国社会科学院农村发展研究所	东部地区	10
15	南京农业大学公共管理学院	东部地区	10
16	四川农业大学经济管理学院	西部地区	9
17	中国农业大学经济管理学院	东部地区	9
18	山东农业大学经贸学院	东部地区	8
19	中南财经政法大学工商管理学院	中部地区	7
20	南京农业大学经济管理学院	东部地区	6

（五）关键词统计分析

关键词作为文献收录和索引的重要标识，是对文献全文中心内容的高度概括。对农地产权研究领域的关键词进行共现关系分析以及关键词强度分析，就能大致分析出该研究领域的研究热点和前沿趋势。因此，采用 CiteSpace 对 1984 ~ 2019 年样本文献进行关键词共现分析，得到我国农地产权关键词共现知识图谱。基于我国农地产权关键词共现知识图谱，对关键词之间的共现关系以及关键词强度进行分析，得出 20 组农地产权关键词聚类，如表 2 – 5 所示。

表 2 – 5　关键词中心性比较

序号	频次	中心性	关键词
00	215	0.1	农地产权
01	136	0.12	土地产权
02	127	0.2	农地产权制度
03	102	0.1	产权
04	101	0.09	土地流转
05	98	0.03	农村土地
06	81	0.15	农村土地产权制度

续表

序号	频次	中心性	关键词
07	76	0.16	农村土地产权
08	69	0.04	产权制度
09	69	0.35	农村土地制度
10	64	0.1	农地流转
11	63	0.08	农地制度
12	57	0.06	土地所有权
13	56	0.02	土地制度
14	52	0.15	制度变迁
15	47	0.04	农地产权结构
16	40	0.07	制度创新
17	39	0.06	农地确权
18	37	0.07	土地产权制度
19	32	0.01	“三权分置”

如表2－5所示，频次高于100的关键词是“农地产权”“土地产权”“农地产权制度”“产权”“土地流转”等，关键词中心性超过0.1的有“农村土地制度”“农地产权制度”“农村土地产权”“农村土地产权制度”“制度变迁”“土地产权”“农地产权”“产权”“农地流转”等。根据关键词频次和中心性可知，关于农地产权的关键词较为集中，主要集中在农地产权、农地制度、农地流转研究等方面，且尚未形成其他更多的相关主题，由此可以进一步推断出，关于农地产权的研究还相对不足，研究的主题较为单一，尚未从更多方向或者延伸角度进行深入关注。

本书利用Brust Terms进行突变词探测，采用逐年切片的方式，得到20个主要的突变词，如图2－5所示。其中“土地增值收益”“产权风险”“非正式制度”“农地确权”“正式制度”“区片综合地价”“农地无偿转包”“农地产权结构”“同地同权”“宪法秩序”等关键词突变时间早，其中持续时间最长的是“产权风险”，这也意味着这些关键词是我国农地产权早期研究的重要组成部分；“土地所有权”“土地产权关系”“农村土地产权制度”“土地使用权”“两田制”“所有权主体”“农地产权制度改革”“农地所有权”突变时间较晚，但是也具有较高的突变强度，是我国农地产权研究领域关注度较高、较前沿的研究主题。

关键词时区图能够显示出该领域在研究时段的研究重点，其中圆圈大小主要是根据首次出现关键词的时间进行频数累计。图2－6和图2－7中的关键词连线平滑、持续，这说明了农地产权的研究具有一定的延续性。

Keywords	Year	Strength	Begin	End	1984~2019年
土地增值收益	1984	6.4609	1984	1993	
产权风险	1984	7.3967	1984	2003	
非正式制度	1984	5.8658	1984	1992	
农地确权	1984	5.1829	1984	1993	
正式制度	1984	5.9809	1984	1992	
区片综合地价	1984	6.6767	1984	1995	
农地无偿转包	1984	7.7381	1984	1997	
农地产权结构	1984	8.3177	1984	2000	
同地同权	1984	6.5397	1984	1993	
iv-probit模型	1984	5.5074	1984	1997	
宪法秩序	1984	5.9234	1984	1992	
土地所有权	1984	18.6749	1992	2001	
土地产权关系	1984	6.9064	1992	2001	
农村土地产权制度	1984	10.0835	1993	2001	
土地使用权	1984	7.1026	1993	2002	
两田制	1984	5.2987	1993	2001	
所有权主体	1984	8.6779	1993	2002	
农地产权制度改革	1984	4.8362	1994	2001	
农地所有权	1984	6.2968	1996	2007	
失地农民	1984	5.2847	2006	2013	

图 2-5　农地产权相关突变词

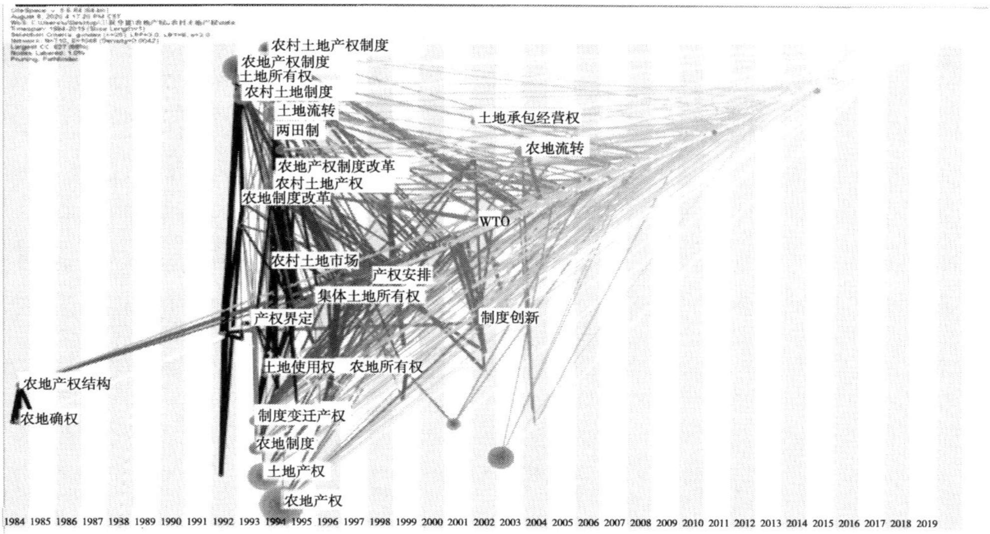

图 2-6　农地产权研究关键词时区示意图

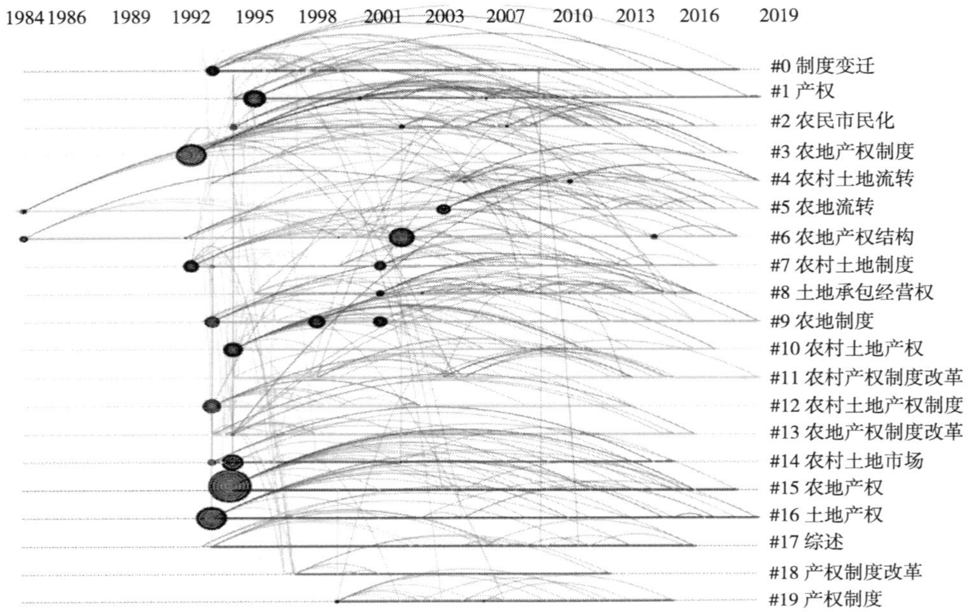

图 2-7 农地产权时间节点示意图

参考时区图并结合典型文献，对我国农地产权研究进行分析。

1. 承包经营开始时期（1984～1992 年）

1984～1992 年是农地承包经营开始时期，农村土地逐渐被允许合法流转到市场中，农地“所有权”和“承包经营权”开始分离。1984 年，中央一号文件强调“土地承包期一般到 15 年以上”，使农民的土地承包经营权进一步得到巩固，随后连续五年中央发布的一号文件都在强调“家庭联产承包责任制”，并且在全国推行“包产到户”[①]；1985 年，国家开始取消对农村主要农产品的统购统销政策，使农民手中的承包经营权开始放活[②]；1986 年，《中华人民共和国民法通则》提出了“农民承包经营权”，并且强调要予以保护，也就从法律层面保护了农村改革成果[③]；1988 年通过的《中华人民共和国宪法修正案》指出“任何组织或者个人不得侵占、买卖或者以其他形式非法转让土地。土地的使用权可以依

① 李燕凌：《县乡政府农村公共产品供给政策演变及其效果——基于中央“一号文件”的政策回顾》，《农业经济问题》，2014 年第 11 期。

② 郑风田、普蓂喆：《我国粮食储备主体结构及其优化研究》，《价格理论与实践》，2016 年第 9 期。

③ 王建泽：《民法总则》，北京大学出版社 2009 年版。

照法律规定转让”，此项规定奠定了土地使用权流转的法律依据[①]；1991 年 11 月，党的十一届八中全会通过《中共中央关于进一步加强农业和农村工作的决定》，会议肯定了“家庭联产承包责任制为主，统分结合”的经营方式，对个体经济、私营经济、乡镇企业等经济形态予以支持，会议指出，要长期坚持家庭联产承包为主的责任制，不断完善“统分结合”的经营制度，壮大集体经济实力，发展农村商品经济[②]；1992 年，邓小平同志“南方谈话”对“姓‘资’姓‘社’”的问题予以了一锤定音的解答，解放了人们的思想，坚定了全国改革开放的步伐。“南方谈话”肯定了农业经济发展中对承包经营权的灵活运用，农村经济也逐步向市场经济迈进。在此期间，随着家庭联产承包责任制的稳定和深化，农村土地产权研究逐渐开始。

2. 农地产权发展时期（1993～2002 年）

农村土地流转增多，由土地流转带来的诸多问题得到党和国家重视。新的《土地管理法》等一系列法律法规对土地流转工作进行规范。1993 年，第八届全国人大第一次会议通过的《宪法修正案》将“家庭承包经营”写入《宪法》，以家庭承包经营为主的责任制有了法律保障，解决了多年来的争论，使该项制度成为我国一项基本的经济制度。同年，党中央、国务院发布《关于当前农业和农村经济发展的若干政策措施》，将农户所承包的耕地在第一轮承包期到期后再延长 30 年。该文件还首次提倡“增人不增地，减人不减地”，对土地承包合同、承包期、经营权流转等方面做出规定，“家庭联产承包责任制”变得更加稳定和完善[③]。1997 年 8 月，党中央、国务院提出的承包土地“大稳定，小调整”的奠定了土地承包经营权总体发展基调，在土地承包期延长 30 年不变的前提下，要求及时向农户颁发土地承包经营权证书，并对土地流转制度做出具体规定。1998 年，第九届全国人大常务委员会第四次会议修订通过的《土地治理法》将“土地承包经营期限为 30 年”写入《土地管理法》，同年 10 月，党的十五届三中全会审议通过的《中共中央关于农业和农村若干重大问题的决定》将家庭联产承包责任制的表述改为“家庭承包责任制”，赋予农民有保障的“土地使用权”，并以此来促进农地的流转，鼓励土地多种形式的经营。1999 年 1 月，党中央、国务院第四次提出延长承包期 30 年，要求承包合同书和土地承包经营权证签发到

① 农业部农村经济研究中心当代农业史研究室：《中国土地改革研究》，中国农业出版社 2000 年版。

② 郑有贵：《10 次中共中央全会通过的农业决议与当代中国“三农”政策演变》，《当代中国史研究》，2001 年第 5 期。

③ 阎庆民：《农村土地产权抵质押创新的实现路径》，中国经济出版社 2015 年版。

户。1999 年 3 月，第九届全国人代会第二次会议通过的《宪法修正案》将“农村集体经济组织实行家庭承包经营为基础、统分结合的双层经营体制”写入宪法，这也是我国农村基本经营制度法律地位得以正式确立的标志。2000 年，“十五”规划建议要加快农村土地法制化建设，稳定现有的农村土地经营制度。2001 年，《关于做好农户承包地使用权流转工作的通知》强调要在依法、资源、有偿的基础上促进农村土地流转，保证农民合法的土地权益。2002 年的《中华人民共和国农村土地承包法》（以下简称《农地承包法》）对土地承包的范围、对象、期限等进行具体规定，农民具有了更大的自主决定土地使用方式和流转方向的权利，集体逐渐丧失了对土地的决定权。《农地承包法》的颁布使土地流转有了强制力保证实施，也能让农民的土地权益落实到实处。

3. 产权制度规范时期（2003～2012 年）

我国农地流转逐渐规范化，相关法律法规对农地流转的方式、范围等作出了详细的规定和说明。2004 年，中央一号文件也反复强调“三农”问题的重要性，在坚持双层经营体制的前提下，对土地征用制度以及失地农民保障问题作出了相应的规定。2005 年，《农村土地承包流转管理方法》针对当时的农村土地流转的实际情况，对土地承包经营权的流转进行了较为详细的规定和说明，在一定程度上给予了农民更多的自主权。2006 年，农业税和传统的“三提五统”被取消，农民的负担减少了。2007 年，《中华人民共和国物权法》将土地承包经营权定性为“用益物权”，对土地承包经营权做了详细的说明，承包者可以通过相应的程序申请产权证，并且可以依法流转自己的土地。这不仅可以提高农民的生产积极性，还可以促进土地流转，提高土地流转收益①。2008 年，党的十七届三中全会强调，要建立健全土地承包经营流转市场，鼓励农民参与到流转市场，政府也应该制订相应的政策法规，保证土地承包经营流转市场的正常运转。农地流转的有序进行能够为适度规模经营提高土地保证，并且有利于农业产业结构的转型升级，提高农民收入。2011 年，《国务院办公厅关于积极稳妥推进户籍管理制度改革的通知》指出，农民自身的承包地如果处于流转过程，政府是不能强制性干预的。并且，政府一直不断建立健全农地制度，保证农地流转市场的有序发展，使农民愿意将土地流转出来，获得更多的经济收益方式。随着城镇化进程的加快，农村剩余劳动力转移开始进城务工，农地流转速度逐渐加快，农地“承包权”与“经营权”分离的情况也越发突出。

---

① 孙宪忠：《中国物权法总论》，法律出版社 2014 年版。

4. “三权分置”创新时期（2013 年及以后）

2013 年，农村土地权利将被分为“集体所有权”“农户承包权”“土地经营权”的构想开始出现，并在年末中央农村工作会议上明确下来，主要是强调了“三权分置”的基本方向，农户有较大的自由来流转自己的土地[①]。2014 年，《关于引导农村土地承包经营权有序流转　发展农业适度规模经营的意见》指出，要在坚持农村土地集体所有的基础上，推进承包权和经营权的分离，推进所有权、承包权和经营权“三权分置”、经营权流转的格局形成[②]。2016 年，《关于落实发展新理念　加快农业现代化实现全面小康目标的若干意见》中指出，要将农村土地承包关系稳定下来，集体所有权要落到实处，将农户的承包权稳定下来和经营权放活，促进“三权分置”格局的完善。后续出台的《关于完善农村土地所有权　承包权　经营权分置办法的意见》也指出，要推进所有权、承包权和经营权“三权分置”格局的形成，将土地经营权放活[③]。2017 年，《中共中央　国务院关于深入推进农业供给侧结构性改革　加快培育农业农村发展新动能的若干意见》中也提到要落实农村土地集体所有权、农户承包权和土地经营权“三权分置”方法，促进农业农村的发展。2018 年，《关于实施乡村振兴战略的意见》提到，要不断建立健全农村承包地“三权分置”制度，在落实集体土地所有权的基础上，保护农户的承包权和土地经营权，这为农村宅基地的深入改革提供了方向。2019 年，《中共中央　国务院关于坚持农业农村优先发展　做好“三农”工作的若干意见》指出，要坚持落实集体所有权、稳定农户承包权和放活土地经营权的相关法律法规，促进农民土地权益能够得到有效保障，愿意将土地流转到市场中。并且，强调要力争在 2020 年落实好宅基地使用权登记颁证工作，稳步推进农村宅基地制度改革，完善制度设计，切实将农村宅基地盘活。

四、总结

根据我国研究文献的知识图谱分析，我们进行以下总结：

第一，目前我国农地产权研究依然是处于高热度的。该研究领域的文献数量相对较多，期刊发表度较高，研究机构和研究人员规模也较大，这些不仅有利于

① 鞠成伟：《改革开放以来中国乡民土地权利的体制塑造》，《华东政法大学学报》，2018 年第 6 期。

② 刘征峰：《农地“三权分置”改革的私法逻辑》，《西北农林科技大学学报（社会科学版）》，2015 年第 5 期。

③ 王廷勇、杨遂全：《承包经营权再分离的继承问题研究》，《农村经济》，2017 年第 1 期。

该领域的持续发展，也可以吸引更多其他领域的学者进行研究；从发文期刊及学科领域分布情况来看，农地产权研究具有较高的理论和实践价值，相关研究主要集中在基础研究（社科）、政策研究（社科）、行业指导（社科）、基础与应用基础研究（自科）等学科领域。但论文在期刊上集中度不高，我国农地产权研究尚未形成稳定的期刊群和代表性期刊；从作者和机构发文情况来看，华南农业大学经济管理学院的发文量居首位，随后就是华中农业大学经济管理学院和西北农林科技大学经济管理学院，再就是华中农业大学社会学系，共同构成我国农地产权研究领域的代表性研究机构。罗必良、钱忠好、李宁、洪名勇、胡新艳、仇童伟、曲福田、蒋占峰和杨继瑞等作者对我国农地产权研究领域具有重要影响。但作者及机构共现网络分析表明，作者机构网络结构关系不够紧密，作者、机构之间缺乏必要的合作，这也是制约我国农地产权理论研究发展的重要因素。

第二，我国农地产权问题的研究过程经历了从宏观到微观、概念到具体、理论到经验的过程。通过对关键词的分析，可以发现我国农地产权研究主要分为四个时期：承包经营开始时期、农地产权发展时期、产权制度规范时期和“三权分置”创新时期。并且随着农地制度的不断完善，农地产权的概念逐渐开始清晰，我国农地产权改革也逐渐步入正轨。

目前，在乡村振兴战略背景下，乡村社会治理结构正处于关键的转型期，必须进行体制机制创新，强化乡村振兴制度性供给。学术界对农村土地产权的研究现在主要是集中在产权制度，认为农地产权的研究和分析是进行乡村社会治理研究的基础。但是由于产权制度在我国一直是模糊的，再加上土地承包到期延长等政策的逐步落实，农地产权问题愈发重要。因此，基于这样的背景下，本书希望通过对农地产权期刊文献的梳理，吸引更多的学者和专家对农地产权问题进行更深入细致的研究，以期在扎实的理论基础上，为农地产权制度改革提供新的思路和政策性指导意见。

第二节 “三权分置”视角下健康、教育与农地经营权流转

农地经营权流转既有转入也有转出，并且学术界对农地经营权流转的影响因素研究已相当成熟。在这一节，我们从人力资本的视角，探讨人力资本健康、教育对农地经营权流转的影响。

一、引言和问题提出

马克思在其著作《资本论》中曾引用英国古典政治经济学家威廉·配第的著名论断，“劳动是财富之父，土地是财富之母[①]”。对于中国这样一个以农立国的农业大国，土地的重要性是不言而喻的。在古代，小农经济长期占据着经济发展的主导地位[②]，土地是小农赖以生存的根本和国民财富的重要源泉；在当今，土地问题依旧是关乎国计民生的重大问题，其重要性丝毫未有减弱[③]。新中国成立以来，国家极为重视农民土地问题，为了使生产关系更好地适应生产力的需要，几经改革我国农地产权制度，大致历经了个体私有制、农业合作社、人民公社化和家庭联产承包责任制这几个阶段[④]。尤其是以“包干到户，包产到户”的家庭联产承包责任制实现了农地集体所有权和农地承包经营权的“两权分离”，显著地提高了我国的农业生产效率[⑤]，是中国农业取得举世瞩目成就的重要原因[⑥]。具体来看，1979 年“包产到户，包干到户”的生产队仅有 1.1%，到 1983 年实行家庭联产承包经营制度的生产队高达 97% 以上[⑦]，对 1978 ~ 1984 年中国农业增长贡献达到 46.89%，大约相当于此时期投入增加的总效应[⑤]。然而，“两权分离”的家庭联产承包责任制度不仅在初期存在农地使用权排他性弱、农地交易权受到严格限制和农地收益权极为有限等不足[⑧]，在很大程度上致使农民基于承包合同获得的权利尺度范围比较狭窄，而且随着我国现代化建设步入新起点，城乡经济格局出现了重大改变，我国家庭联产承包责任制逐渐显现出各种弊端：农地细碎化问题尚未解决，仅仅依附于小规模土地开展农业生产经营活动[⑨]；分

① 马克思：《资本论》（第一卷），人民出版社 1972 年版，第 57 页。

② 温锐、范博：《近百年来小农户经济理论与实践探索的共识与前沿——“小农·农户与中国现代化”学术研讨简论》，《中国农村经济》，2013 年第 10 期。

③ 刘屹轩、闵剑、刘忆：《“三权分置”下农地经营权抵押融资风险辨识与评价——基于结构方程模型的实证研究》，《宏观经济研究》，2019 年第 1 期。

④ 韩长赋：《中国农村土地制度改革》，《农业经济问题》，2019 年第 1 期。

⑤ 林毅夫：《制度、技术与中国农业发展》，上海三联书店、上海人民出版社 1994 年版，第 94 页。

⑥ 冀县卿、钱忠好：《中国农业增长的源泉：基于农地产权结构视角的分析》，《管理世界》，2010 年第 11 期。

⑦ 杜润生：《当代中国的农业合作社》（上），当代中国出版社 2002 年版。

⑧ 冀县卿、钱忠好：《中国农地产权制度改革 40 年——变迁分析及其启示》，《农业技术经济》，2019 年第 1 期。

⑨ 张建雷、席莹：《关系嵌入与合约治理——理解小农户与新型农业经营主体关系的一个视角》，《南京农业大学学报（社会科学版）》，2019 年第 2 期。

散经营导致农地流转信息不对称，从而不能很好适应市场经济发展需要[①]；以自耕农承包经营权为核心的土地权利体系，难以适应和有效应对人地分离下耕作权的规范和保护[②]；土地资源无法体现其经济价值和资源属性，阻碍了城镇化进程，影响了现代农业经济的发展[③]；小块田地经营不利于农业科技水平的提高，增加了农业经营的成本[④]等。总而言之，家庭联产承包责任制下的农地资源以分散化经营为主的模式严重制约了农地资源的利用效率，为我国农村地区的经济发展水平进一步提高带来了一定的不利影响。

同时，伴随着我国工业化、城镇化进程的深入推进，大量农村剩余劳动力离开农村转移进城，从第一产业转移到第二、第三产业就业。相当一部分农户把土地流转给他人经营，使农民出现了分化，承包农户不经营农地的情况越来越多[⑤]，因此，逐渐形成了农地承包主体和经营主体分离。为了克服家庭联产承包责任制的弊端和顺应广大农户切身利益需要，我国开始进行农村耕地所有权和承包经营权“两权分离”向农村耕地所有权、承包权和经营权“三权分置”的探索。作为我国农地制度又一大创举，“三权分置”始于2013年习近平总书记视察武汉农村产权交易所时提出，2014年中央一号文件正式以国家政策的形式发布。农地“三权分置”体现了我国国家治理能力和治理水平在农地制度领域的进一步提升，是中国特色“三农”理论的重大创新，为实现城乡协调发展、全面建成小康社会提供新的理论支撑[⑥]。“落实集体所有权，稳定农户承包权，放活农地经营权”，旨在不改变农村集体土地所有权性质及以家庭承包经营为基础、统分结合的双层经营体制的前提下，清除农地流转障碍，激活农地承包权的财产价值，释放农地经营权抵押、担保、入股、流转等权能[⑦⑧]。此外，农地经营权抵押、担保、入股、流转等权能已经在多地开展试点，极大地促进了农地资源的集约化和管理效率巨大提升。

---

① 周敏、雷国平、匡兵：《信息不对称下的农地流转“柠檬”市场困境——以黑龙江省西城村例证》，《华中农业大学学报（社会科学版）》，2017年第4期。

② 刘守英：《以“三权分置”重构农地权利体系》，《农村经营管理》，2016年第11期。

③ 李敏飞：《试论农地优化配置的制度性因素——以新制度经济学为视角》，《福建论坛（人文社会科学版）》，2012年第1期。

④ 梁红卫：《基于农民专业合作社的农地规模经营模式探讨》，《经济纵横》，2010年第4期。

⑤ 韩长赋：《“三权分置”改革是重大制度创新》，《人民日报》，2014年12月22日。

⑥ 韩长赋：《土地“三权分置”是中国农村改革的又一次重大创新》，《光明日报》，2016年1月26日。

⑦ 蔡立东、姜楠：《农地“三权分置”的法实现》，《中国社会科学》，2017年第5期。

⑧ 管洪彦、孔祥智：《“三权分置”中的承包权边界与立法表达》，《改革》，2017年第12期。

土地经营权是土地承包经营权的派生权利，是农村土地“三权分置”制度的创新和亮点所在①，其承载着更深层次的价值内涵，更具有重要的实践价值。如果说，集体所有权的核心是处置权，农户承包权的核心是财产权，土地经营权的核心是收益权，那么“三权分置”下的土地经营权具有丰富的实践，如经营权流转、经营权互换、经营权共享和经营权模式创新等②。此外，农地经营权流转一直都是学术界研究的热点，为了促进农地经营权流转，众多学者从教育、人力资本的角度进行分析，普遍认为教育能够促进农地经营权流转，进一步认为受教育年限越长越倾向选择书面契约③④；但是，农业培训作为教育的重要组成部分具有一定的特殊性，作为一种“沉没成本”，可能对农地经营权转入产生阻碍作用⑤。因此，教育如何影响农地经营权流转？同时，健康作为人力资本的重要构成要素⑥⑦，健康会影响以及如何影响农地经营权流转？本书试图从“三权分置”下转入视角探析人力资本健康、教育和农地经营权流转的关系，以期更好地促进农地经营权流转。

二、分析视角、文献回顾和理论假设

（一）分析视角

理论研究认为，进行过细分的地权结构可以通过作用于农业生产要素的经济效率来影响现代农业的发展⑧。然而，在“两权分离”的相关政策和法律框架下，相关经营的主体经营转入土地的权益无法得到全面保护，积极性不能够得到充分发挥，严重制约着我国农业现代化的进程。因此，农村土地所有权、承包权和经营权的“三权分置”是时代发展的必然结果，是实现我国农业现代化

---

① 张广辉、方达：《农村土地“三权分置”与新型农业经营主体培育》，《经济学家》，2018 年第 2 期。

② 张红宇：《准确把握农地“三权分置”办法的深刻内涵》，《农村经济》，2017 年第 8 期。

③ 洪名勇：《信任、空间距离与农地流转契约选择研究》，《江西财经大学学报》，2017 年第 1 期。

④ 洪名勇：《空间、声誉与农地流转契约选择研究》，《江西财经大学学报》，2018 年第 5 期。

⑤ 王兴稳、钱忠好：《教育能促进农地承包经营权流转吗——基于江苏、湖北、广西、黑龙江 4 省 1120 户农户的调查数据》，《农业技术经济》，2015 年第 1 期。

⑥ S. J. Mushkin, 1962, “Health as an Investment”, The Journal of Political Economy, 70: 129 – 157.

⑦ 刘国恩、William H. Dow、傅正泓、John Akin：《中国的健康人力资本与收入增长》，《经济学（季刊）》，2004 年第 4 期。

⑧ 李宁、何兴邦、王舒娟：《地权结构细分视角下中国农地产权制度变迁与改革：一个分析框架的构建》，《中国农村观察》，2017 年第 2 期。

的必由之路。从本质上看，农地的流转就是承包权和经营权的分离，就是农地承包人把原本属于自己的经营权以无偿或者有偿的方式让渡给他人的过程。当然，国家出台相关农地流转政策不断加强对承包人相关权益保护，从而让其更好地让渡自身拥有的经营权属性。从现实情况看，只要出现农地流转现象，就存在土地所有权、承包权和经营权的分离问题，就存在转入农地经营者的权益保护问题。因此，无论是从本质上看还是从现实情况出发，我国的农地“三权分置”的实质就是对“两权分离”中的农地承包经营权分离独立出经营权，在一定程度上需要做好对承包人经营权让渡的保护及对农地经营者相关权益保护。

进一步，从我国农村土地“三权分置”政策演变路径上看，国家层面出台的相关文件或者《意见》（见表2-6），在政策上包含三个方面的内容：第一，要坚持农地集体所有权的根本地位，这是由我国社会主义性质和制度决定的，是不可以改变的。不过，要注意的是农地集体所有和集体经济是两个不同的概念，即集体经济除了农地以外，还包括森林、山岭、草原、荒地、滩涂等资源性资产，以及经营性资产和非经营性资产①。第二，严格保护农地承包权，农地承包权是农户作为集体组织成员而天然获得的权利。第三，加快放活农地经营权。《意见》和相关文件最大贡献就是首创了“农地经营权人”这个概念，意指农地经营权流转关系中的转入方，即农地的具体经营者，如果农地没有流转，经营权不可能从承包经营权中分离而独立，则为“农地承包经营权人”而不是“农地经营权人”。基于以上相关分析，明晰了“三权分置”主要的创新和亮点就是农地经营权作为一项权利独立出来，而农地经营权人即农地的转入方则至关重要。因此，本书立足于“三权分置”下转入视角来进行农地经营权流转的相关研究。

表2-6　农村土地“三权分置”政策演变路径

时间	文件名称或讲话	相关内容
2013年12月23日	习近平总书记在中央工作会议上的讲话	要不断探索农村土地集体所有制的有效实现形式，落实集体所有权、稳定农户承包经营权、放活土地经营权；完善农村基本经营制度，需要在理论上回答一个重大问题，就是农民土地承包权和土地经营权分离问题

① 孔祥智：《“三权分置”的重点是强化经营权》，《中国特色社会主义研究》，2017年第3期。

续表

时间	文件名称或讲话	相关内容
2014 年 1 月 02 日	中共中央　国务院关于全面深化农村改革　加快推进农业现代化的若干意见（中发〔2014〕1 号）	在落实农村土地集体所有权的基础上，稳定农户承包权，放活土地经营权，允许承包土地的经营权向金融机构抵押融资。有关部门要抓紧研究提出规范的实施办法，建立配套的抵押资产处置机制，推动修订相关法律法规
2015 年 12 月 31 日	中共中央　国务院关于落实发展新理念　加快农业现代化实现　全面小康目标的若干意见（中发〔2016〕1 号）	稳定农村土地承包关系，落实集体所有权，稳定农户承包权，放活土地经营权，完善“三权分置”办法，明确农村土地承包关系长久不变的具体规定
2016 年 10 月 30 日	中共中央办公厅　国务院办公厅关于完善农村土地所有权承包经营权分置办法的意见	完善“三权分置”办法，不断探索农村土地集体所有制的有效实现形式，落实集体所有权，稳定农户承包权，放活土地经营权，充分发挥“三权”的各自功能和整体效用，形成层次分明、结构合理、平等保护的格局
2016 年 12 月 31 日	中共中央　国务院关于深化推进农业供给侧结构性改革　加快培育农业农村发展新动能的若干意见（中发〔2017〕1 号）	落实农村土地集体所有权、农户承包权、土地经营权“三权分置”办法。大力培育新型农业经营主体和服务主体，通过经营权流转、股份合作、代耕代种、土地托管等多种方式，加快发展土地流转型、服务带动型等多种形式规模经营
2017 年 10 月 27 日	决胜全面建成小康社会，夺取新时代中国特色社会主义伟大胜利	巩固和完善农村基本经营制度，深化农村土地制度改革，完善承包地“三权分置”制度。发展多种形式适度规模经营，培育新型农业经营主体，健全农业社会化服务体系，实现小农户和现代农业发展有机衔接
2018 年 1 月 02 日	中共中央　国务院关于实施乡村振兴战略的意见（中发〔2018〕1 号）	完善农村承包地“三权分置”制度，在依法保护集体土地所有权和农户承包权前提下，平等保护土地经营权。农村承包土地经营权可以依法向金融机构融资担保、入股从事农业产业化经营
2019 年 1 月 03 日	中共中央　国务院关于坚持农业农村优先发展　做好“三农”工作的若干意见（中发〔2019〕1 号）	完善落实集体所有权、稳定农户承包权、放活土地经营权的法律法规和政策体系。健全土地流转规范管理制度，发展多种形式农业适度规模经营，允许承包土地的经营权担保融资
2020 年 1 月 02 日	中共中央　国务院关于抓好“三农”领域重点工作确保如期实现全面小康的意见（中发〔2020〕1 号）	完善农村基本经营制度，鼓励发展多种形式适度规模经营，健全面向小农户的农业社会化服务体系。制定农村集体经营性建设用地入市配套制度

资料来源：均摘自中共中央发布的相关文件，作者整理所得。

（二）文献回顾

农地经营权及相关研究是一个热点话题，无论从理论层面还是在实践层面一些学者都做了大量的研究。从农地经营权所具有的权能来看，研究主要集中在四个方面：一是农地经营权的抵押权能[①]；二是农地经营权的担保权能[②]；三是农地经营权的入股权能[③]；四是农地经营权的流转权能[④]。本书主要研究“三权分置”下转入视角人力资本健康、教育对农地经营权流转的影响，涉及最后一个方面，因此，后续的文献回顾也将就此而展开。

概念的界定既是开展学术研究的前提，也是进行学术对话的基础[⑤]。农地经营权从农地承包经营权分置出来成为一项独立的权利后，其性质是用益物权，但有别于传统的用益物权，更确切地说是权利用益物权[⑥]。而农地经营权流转是指农地的实际耕种者对承包者承包的农地具有占有、使用和收益的权利。当然，相关学者对农地经营权流转的影响因素开展了丰富的研究，主要集中在三个领域。

一是影响农户农地经营权流转的个人及家庭因素。就性别而言，男性农户对农地经营权转入的意愿并不强烈[⑦]，而女性农户却对农地经营权转入表现出浓厚兴趣[⑧]。教育作为人力资本的重要构成部分，学者普遍认为受教育年限越长越有利于促进农地经营权流转[⑨⑩]，也有部分学者认为受教育年限越长并不会有利于

---

① 安海燕、洪名勇：《农户和农业主体对土地承包经营权抵押贷款政策的态度》，《西北农林科技大学学报（社会科学版）》，2016 年第 2 期。

② 王珏、范静：《农地经营权担保有效性与借款人还款表现——一个基于“资产主导型”农地经营权抵押贷款的证据》，《农业技术经济》，2019 年第 10 期。

③ 肖鹏：《土地经营权入股的合伙模式研究》，《中国土地科学》，2017 年第 5 期。

④ 王珊、洪名勇、吴昭洋、何玉凤：《不同农地经营权流转方式的空间依赖性分析》，《中国土地科学》，2018 年第 8 期。

⑤ 郑淋议、张丽婧、洪名勇：《小农经济研究述评：几个重大问题辨析》，《西北农林科技大学学报（社会科学版）》，2019 年第 3 期。

⑥ 蔡立东、姜楠：《承包权与经营权分置的法构造》，《法学研究》，2015 年第 3 期。

⑦ 丁涛：《农户土地承包经营权流转意愿研究——基于 Logistic 模型的实证分析》，《经济问题》，2020 年第 4 期。

⑧ 朱文珏、罗必良：《劳动力转移、性别差异与农地流转及合约选择》，《中国人口·资源与环境》，2020 年第 1 期。

⑨ 洪名勇：《信任、空间距离与农地流转契约选择研究》，《江西财经大学学报》，2017 年第 1 期。

⑩ 洪名勇：《空间、声誉与农地流转契约选择研究》，《江西财经大学学报》，2018 年第 5 期。

农地经营权流转[①]，尤其是农户的农业培训教育[①]。詹和平和张林秀（2009）研究表明，农户家庭保障水平越好转出农地经营权越高、农地转出面积也越大，有越多农业劳动力的农户家庭转入农地经营权概率越大，反之非农劳动力较多的农户家庭农地经营权转出则较多[②]。许恒周等（2012）认为，农户之间阶层的分化扩大了农户之间经济收入等方面的差异，从而在农地经营权流转过程中对农户流转的意愿产生一定的影响[③]。游和远等（2013）通过现实中农地经营权流转对农户福利的效应集中在收入增加，而对成员健康和保障的改善却没有带来应有的正面效应，从而在一定程度上不利于农地经营权流转[④]。

二是农地经营权流转的社会保障因素。在众多影响因素中，社会保障因素对农地经营权流转也极其重要。陈剑波（2006）认为，在社会保障制度不完善的条件下，农地在保障农户失业、基本生存等方面发挥着重要作用[⑤]。申卫红（2015）的研究表明，农村社会保障缺位导致陕北农地经营权流转出现供求不足和交易费用高，不利于农地经营权的有效流转，进而影响农地经营权流转的配置效率[⑥]。邹宝玲等（2017）的研究表明，农地相关福利保障阻碍了农地经营权转出，不过其阻碍作用受到了正式保障而不断强化，呈现出正式保障较弱状态导致农地福利保障存在长期滞留的现象[⑦]。

三是地方政府在农地经营权流转制度实施过程中的作用。一部分学者认为地方政府在农地经营权流转中扮演多种角色，是农地经营权流转的服务者，也是主导、决策和协调者[⑧]，能够弥补农地经营权流转市场配置的缺陷[⑨]，预防农地流

---

① 王兴稳、钱忠好：《教育能促进农地承包经营权流转吗——基于江苏、湖北、广西、黑龙江 4 省 1120 户农户的调查数据》，《农业技术经济》，2015 年第 1 期。

② 詹和平、张林秀：《家庭保障、劳动力结构与农户土地流转——基于江苏省 142 户农户的实证研究》，《长江流域资源与环境》，2009 年第 7 期。

③ 许恒周、郭玉燕、石淑芹：《农民分化对农户农地流转意愿的影响分析——基于结构方程模型的估计》，《中国土地科学》，2012 年第 8 期。

④ 游和远、吴次芳、鲍海君：《农地流转、非农就业与农地转出户福利——来自黔浙鲁农户的证据》，《农业经济问题》，2013 年第 3 期。

⑤ 陈剑波：《农地制度：所有权问题还是委托——代理问题？》，《经济研究》，2006 年第 7 期。

⑥ 申红卫：《社会保障视角下陕北农地经营权流转探析》，《西安财经学院学报》，2015 年第 1 期。

⑦ 邹宝玲、仇童伟、罗必良、李尚蒲：《农地福利保障如何影响农地转出——基于制度保障与社区保障调节效应的分析》，《上海财经大学学报》，2017 年第 3 期。

⑧ 吴越：《地方政府在农村土地流转中的角色、问题及法律规制——成都、重庆统筹城乡综合配套改革试验区实证研究》，《甘肃社会科学》，2009 年第 2 期。

⑨ 王雪琪、曹铁毅、邹伟：《地方政府干预农地流转对生产效率的影响——基于水稻种植户的分析》，《中国人口·资源与环境》，2018 年第 9 期。

转市场主体在利益驱使下导致生态和社会效益负外部性出现[①]。不过，相关学者在实地调研时反映，由于地方政府在农地经营权流转中存在角色缺位和越位现象，造成农地经营权流转时有问题发生[②]。

已有相关文献从不同方面对农地经营权流转影响因素进行了探析，为本书的写作奠定了一定基础。不过，相关成果虽然对农地经营权流转因素进行了大量详细研究，但是却没有将其放在“三权分置”下转入视角来进行分析。此外，虽然相关文献研究了人力资本教育对农地经营权流转的影响，但是学者之间也存在一定分歧，因此，本书有必要使用贵州省一手调研数据继续进行相关的研究，体现一定的区域特色性。众所周知，健康是人力资本的最重要构成要素之一。尽管有学者研究农地经营权流转对农户福利效应健康存在一定的影响，但是却没有分析健康作为一种重要因素如何来影响农地经营权流转，因此，本书首次考虑了人力资本健康对农地经营权流转的影响。总之，本书通过“三权分置”下转入视角，来解释人力资本健康、教育和农地经营权流转之间的关系，以期丰富在本领域的相关研究。

（三）理论假设

费雪在1906年发表的《资本的性质与收入》一文中首次提出人力资本的概念，并将其纳入经济分析的框架中。此后，越来越多的学者开始研究人力资本对经济发展的影响，尤其是对人力资本构成要素健康和教育的研究。当然，为了更加全面地分析农地经营权流转的影响因素，相关学者将教育引入农地经营权流转分析之中，从而引起了学术界和政策界的极大反响。农地经营权流转取决于市场主体对农地需求，作为市场主体之一的农户，健康和教育在很大程度上代表着农户自身体力和智力，而农地流转与农户自身体力和智力水平息息相关。人力资本理论认为健康和教育在一定程度上是可以相互替代的[③]，不过，健康和教育两者本质上又是不同的。农户接受的教育包括普通教育和相关的职业技能培训，此外，农户所受教育是分阶段的，尽管现在一直强调“活到老，学到老”，这对普通农户来说是不可能的，同时笔者进行实地入户调研和农户交流时也得到同样的

---

① 王红婵：《农地流转中的政府主导作用探析》，《福建论坛（人文社会科学版）》，2012年第5期。

② 席景奇：《地方政府在农村集体土地流转中的角色分析》，《兰州大学学报（社会科学版）》，2013年第5期。

③ 李珍珍、封进：《教育对健康的影响——基于上海家庭调查数据的研究》，《中国劳动经济学》，2006年第4期。

回答。然而，体力好（健康）的农户可以很好地从事农业活动，体力差（不健康）的农户很难甚至不能从事农业活动，因而农户对自身健康投资必须是持续的。由于农户对健康和教育的作用机制不同，因此，有必要基于“三权分置”下转入视角分开考虑人力资本重要构成要素健康和教育对农户农地经营权流转的影响。

健康是农户从事一切正常活动的前提，健康与经济地位存在一种梯度相关关系[①]。然而，非健康状态会增加农户劳动的负作用，更有甚者，剧烈的健康冲击直接可能导致农户丧失劳动[②]。众所周知，由于社会保障的不健全，农地才是可提供劳动机会和收入、保障基本生存所需的关键因素，此时农地价值极高[③]，因而农地作为农户保障性财产，对保障农户相关权益具有最基础的作用。当农户拥有健康的身体，农户倾向转入更多的农地进行适度规模经营[④]，形成农业生产的规模效益，从而增加农户的农业收入。当然，如果农户身体健康状况出现问题，不能从事一些基本的农业生产活动时，农户会考虑以有偿的方式转出农地经营权，获得的收益能够在一定程度上满足农户自身和家庭的最基本生活保障。基于此，提出：

假设1：农户身体越健康越对农地经营权转入有促进作用。

通常来讲，农户接受的教育包含普通教育和进行相关的职业技能培训。鉴于调研的实际情况，本书农户教育仅仅是农户接受的普通教育，不包含相关职业技能培训。教育对农地经营权流转的可能影响在于：其一，相较于受教育程度较低的农户，受教育程度较高的农户，常常对农业相关新技能接受能力较强，农地的生产经营水平较高，农地的生产效率较高，生产成本较低，农地生产净收益较高，从而刺激农户在农地经营权流转市场上的农地需求。其二，相较于受教育程度较低的农户，受教育程度较高的农户，非农就业能力相对较强，更有可能在非农就业市场上获得就业机会，获得更高的非农就业薪酬。为获得更高的收入，在农业劳动者劳动时间一定的条件下，农民有可能会转出土地，进而抑制农地经营

---

① Thurston, R. C., Kubzansky, L. D., Kawachi, I., Berkman, L. F, 2005, “Is the Association between Socioeconomic Position and Coronary Heart Disease Stronger in Women than in Men?” *American Journal of Epidemiology*, (1): 57–65.

② 游和远、吴次芳、鲍海君：《农地流转、非农就业与农地转出户福利——来自黔浙鲁农户的证据》，《农业经济问题》，2013年第3期。

③ 王亚楠、纪月清、徐志刚、钟甫宁：《有偿VS无偿：产权风险下农地附加价值与农户转包方式选择》，《管理世界》，2015年第11期。

④ 杨璐璐：《乡村振兴视野的新型职业农民培育：浙省个案》，《改革》，2018年第2期。

权转入。

借鉴王兴稳和钱忠好（2015）人力资本教育对农地经营权流转的理论分析成果①，本书“三权分置”下转入视角教育对农地经营权流转的理论分析见图 2 - 8 和图 2 - 9。在图 2 - 8 中，MR_0代表农户初始受教育水平的农业边际净收益曲线，Q_{in}代表转入户初始的农地经营规模，W_0代表农户初始教育水平下的非农就业的预期工资曲线。MR_0和 W_0相交于 E_0点②，此时，农户的最优经营规模为 Q_0，从而实现了收益的最大化，农户转入农地经营权的面积为 $Q_{in}Q_0$。

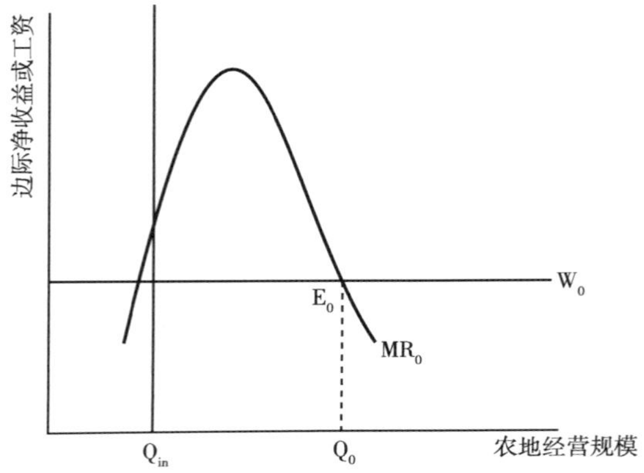

图 2 - 8　教育对农地经营权转入影响示意图 1

在图 2 - 9 中，MR_1代表农户受教育水平提高以后的农业边际净收益曲线，W_1、W_2、W_3分别表示农户受教育水平提高后三种可能的非农就业预期工资曲线。第一，当 W_0变化为 W_1时，MR_1和 W_1相交于 E_1点，农户的最优农地经营规模为 Q_1。为了实现收益的最大化，农户的转入面积由 $Q_{in}Q_0$增加至 $Q_{in}Q_1$，增加转入面积为 Q_0Q_1，此时，教育促进农户农地经营权转入。第二，当 W_0变化为 W_2时，MR_1和 W_2相交于 E_2点，农户的最优农地经营规模仍为 Q_0，农户将维持原有的转入土地规模 $Q_{in}Q_0$，此时，教育对农户农地经营权转入不会产生影响。第三，当 W_0变化为 W_3时，MR_1和 W_3相交于 E_3点，农户的最优农地经营规模为 Q_3。为了实现收益的最大化，农户的转入面积由 $Q_{in}Q_0$减少至 $Q_{in}Q_3$，减少转入面积为 Q_3Q_0，此时，教育具有抑制农户农地经营权转入。基于此，提出：

① 王兴稳、钱忠好：《教育能促进农地承包经营权流转吗——基于江苏、湖北、广西、黑龙江 4 省 1120 户农户的调查数据》，《农业技术经济》，2015 年第 1 期。

② 为何是 E_0点而不是左边交点说明：根据微观经济学生产函数的相关知识，左边的交点位于生产函数的第一阶段，因而不能成为农地经营的最优规模点，后面农地经营最优规模点亦是如此。

假设 2：教育对农户农地经营权转入具有不确定性。

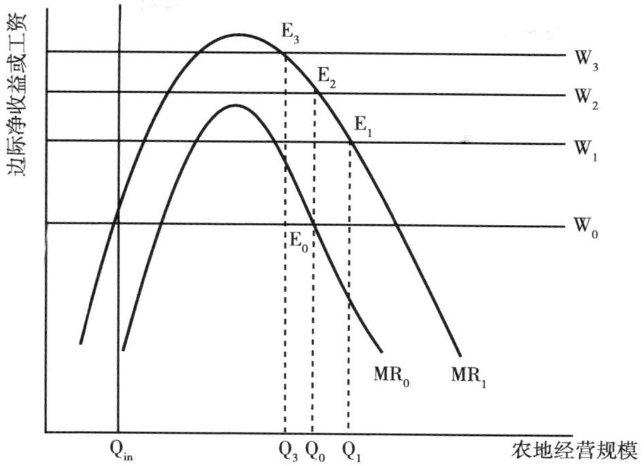

图 2-9　教育对农地经营权转入影响示意图 2

三、数据来源、变量选取和模型选择

（一）数据来源

为了考察“三权分置”下转入视角健康、教育对农地经营权流转的影响，2019 年 11 月至 12 月，贵州大学经济学院和贵州大学农村土地制度创新研究中心相关专业的博士研究生和硕士研究生在贵州省湄潭县、金沙县、息烽县和镇宁县进行了入户调查。湄潭县是改革开放后国家确定的第一批农地产权制度改革试验区，金沙县是贵州省委省政府确定的农地产权制度改革试点县，息烽县是农业部确定为全国农村土地承包经营权流转规范化管理和服务试点县，镇宁县是贵州省少数民族布依族和苗族聚居之地，区域的选取均具有一定的代表性。此次调研采用的是配额抽样方法，选择有农地经营权流转的农户作为调研对象，共发放问卷 550 份，回收问卷共 507 份，问卷回收率达到 92.18%。对出现明显错误、相关内容重复及与本书研究主题不符等问卷进行作废处理，最终获得有效问卷 490 份，问卷有效率达到 96.65%。

为了确保调查资料和数据的真实性，没有采取传统的发放问卷、回收问卷，而是编制好调查问卷，由研究人员亲自带队深入农户家里，并通过调查人员亲自提问和填写调查问卷。这样的调查方法的好处：一是直接和农户面对面交流，可以提高调查问卷的真实性和保证问卷质量；二是调查人员立马回收调查后的问卷，可以减少问卷的回收时间。当然，这种方法还是存在耗费大量的人力和财力等缺陷。

为了考察农户的健康状况和受教育水平，问卷设计了"受访者的自评健康状况"和"受访者的受教育水平"等问题，并实证检验健康和教育对农地经营权转入的影响。

（二）变量选取

由于健康和教育是人力资本的最重要构成因素，因此，本书核心解释变量为农户身体健康状况和受教育水平。其中身体健康状况的获取，调查时向农户提问"您的身体健康状况怎么样?"，然后主要依据农户自评健康回答进行问卷的填写，存在一定的主观性，但这也是农户基于对自身健康状况最基本的了解，有一定的可靠性；农户受教育水平依据农户真实的受教育水平进行填写。

为了提高回归结果的可靠性，本书还引入了一系列控制变量。其主要包括农户个体特征、家庭状况和政府作用三个维度。其中，农户个体特征涵盖性别、年龄、民族、婚姻、是否是党员和是否是村干部；家庭状况主要包括家里有几个人、外出务工人数和家庭年收入；政府作用包括政府的相关补贴和政府相关农地经营权流转政策获取难易程度。贵州省早就在全国实行"增人不增地，减人不减地"的政策，尽管相关研究表明地权稳定性对农地经营权流转产生显著的影响①，因此，并不需要考虑这一因素。最后，考虑到各地的经济发展水平和地理状况等不一样，有必要引入地区虚拟变量。自变量的设置及相关描述见表 2 - 7。

表 2 - 7　自变量设置及描述

维度	变量	变量说明	平均值	标准差
人力资本	健康（X1）	1 = 健康；0 = 不健康	0.669	0.471
	教育（X2）	0 = 文盲；1 = 小学；2 = 初中；3 = 高中；4 = 大专及以上	1.355	0.819
个体特征	性别（X3）	1 = 男；0 = 女	0.684	0.466
	年龄（X4）	岁	54.696	11.363
	民族（X5）	1 = 汉；0 = 少数民族	0.741	0.439

① 刘一明、罗必良、郑燕丽：《产权认知、行为能力与农地流转签约行为——基于全国 890 个农户的抽样调查》，《华中农业大学学报（社会科学版）》，2013 年第 5 期。

续表

维度	变量	变量说明	平均值	标准差
	婚姻（X6）	0＝未婚；1＝已婚；2＝离异；3＝丧偶	1.096	0.458
	是否是党员（X7）	1＝是；0＝否	0.104	0.306
	是否是村干部（X8）	1＝是；0＝否	0.137	0.383
家庭状况	家里有几个人（X9）	个	4.780	2.007
	外出务工人数（X10）	个	1.463	1.268
	家庭年收入（X11）	Ln（1＋家庭年收入）	10.677	0.987
政府作用	相关补贴（X12）	Ln（1＋相关补贴）	4.059	3.292
	政策发布获取难易（X13）	1～5＝不难～难	3.414	1.229
地区虚拟变量	调研县域（X14）	湄潭＝1；金沙＝2；息烽＝3；镇宁＝4	2.416	1.131

（三）模型选择

由于因变量农地经营权是否转入（Y）是个二值变量，因此，适合使用二元 Logistic 模型。借鉴鲍威斯和谢宁《分类数据分析和统计方法》中的相关计量模型①，本书所使用的模型为：

$$\text{logit}(p) = \ln(p/1-p) = \beta_0 + \beta_1 X_1 + \beta_2 X_2 + \cdots + \beta_n X_n \qquad (2-3)$$

其中，β_0为常数项，β_1，β_2，…，β_n为函数的系数，X_1，X_2，…，X_n为相应的解释变量，P 为农户转入农地经营权的概率。

四、统计性描述和实证分析

（一）统计性描述

问卷调查汇总显示（见表 2－8），农地经营权转入 174 户，占比约为 35.51%；农地经营权转出 316 户，占比约为 64.49%。其中，镇宁县的农户转入农地经营权有 78 户，占比高达 65.55%；金沙县、息烽县和湄潭县的农户转入农地经营权有 43、24 和 29 户，占比分别约为 31.39%、24% 和 21.64%。总体上，农地经营权的转出意愿要高于转入的意愿，可能的原因是随着城市化和工业化的

① 鲍威斯、谢宁：《分类数据分析的统计方法》，社会科学文献出版社 2009 年版。

进程加速，农户越来越想要转变自耕农身份，把农地经营权流转出去，从事非农就业①；而镇宁县农地经营权转入的比例较高主要原因在于镇宁是少数民族布依族和苗族聚居地，相对封闭，受外来文化的影响较少，从而导致农户一般以务农为生，农户更加千方百计地获得更多的农地，进行适度规模经营，获取更多的农业收入，进而促进了农地经营权转入②。

表 2-8　农地经营权流转的相关情况

	湄潭		金沙		息烽		镇宁		总计	
转入	29	21.64%	43	31.39%	24	24%	78	65.55%	174	35.51%
转出	105	78.36%	94	68.61%	76	76%	41	34.45%	316	64.49%
总计	134	100%	137	100%	100	100%	119	100%	490	100%

对农地经营权转入户健康状况统计性描述发现（见表 2-9），174 户转入农地经营权中，身体自评健康的有 152 户，占比约为 87.36%，从而在统计学意义上验证了假设 1，即农户身体越健康越有利于促进农地经营权转入；分县域来看，湄潭、金沙、息烽和镇宁农地经营权转入户分别有 19、29、18 和 66 户身体是健康的，分别占比约为 65.52%、67.44%、75% 和 84.62%，都大于 65%，进一步分县域验证了农户身体越健康越有利于促进农地经营权转入的假设 1。

表 2-9　农地经营权转入户的健康状况

	湄潭		金沙		息烽		镇宁		总计	
健康	19	65.52%	29	67.44%	18	75%	66	84.62%	152	87.36%
不健康	10	34.48%	14	32.56%	6	25%	12	12.38%	42	12.64%
总计	29	100%	43	100%	24	100%	78	100%	174	100%

对农地经营权转入户受教育水平统计性描述发现（见表 2-10），174 户转入农地经营权中，初中及以下的受教育水平的农户有 167 户，占比约 95.98%；而高中及以上受教育水平的农户有 7 户，占比约 4.02%。从而在统计学意义上表明，农户的受教育水平越高越不利于促进农地经营权转入，符合理论分析假设 2 的第三种情形；同时，湄潭、金沙、息烽和镇宁初中及以下学历的农户分别有 29、40、22、和 76 户，分别占比 100%、93.12%、91.67% 和 97.44%，都大于

① 韩长赋：《“三权分置”改革是重大制度创新》，《人民日报》，2014 年 12 月 22 日。
② 洪名勇：《信任、空间距离与农地流转契约选择研究》，《江西财经大学学报》，2017 年第 1 期。

90%，而高中及以上学历的农户分别有 0、3、2 和 2 户，分别占比约为 0、6.88%、8.33% 和 10%，同样也表明受教育水平越高越不利于农地经营权转入，符合理论分析假设 2 的第三种情形。

表 2－10　　农地经营权转入户的受教育水平

	湄潭		金沙		息烽		镇宁		总计	
文盲	0	0%	7	16.28%	0	0%	10	12.82%	17	9.77%
小学	22	75.86%	20	46.51%	15	62.50%	43	55.13%	100	57.47%
初中	7	24.14%	13	30.23%	7	29.17%	23	29.49%	50	28.74%
高中	0	0%	2	4.65%	2	8.33%	2	2.56%	6	3.45%
大专及以上	0	0%	1	2.23%	0	0%	0	0%	1	0.57%
总计	29	100%	43	100%	24	100%	78	100%	174	100%

通过对农地经营权转入户健康状况和受教育水平进行统计性描述，从而验证了假设 1，尽管否定了理论分析得出的假设 2，但是相应地验证了假设 2 理论分析的第三种情形，即农户的受教育水平越高越抑制农地的经营权转入。不过，这仅仅是统计学上得到的结果，不能证实因变量和自变量之间的因果性，因此，有必要进一步实证研究。

（二）实证分析

1. 相关性检验

郭军华等（2010）认为因变量和自变量之间符合“同向性”或“反向性”假设，并且采用皮尔逊（Pearson）相关系数检验方法①。利用 SPSS17 软件进行相关性检验（已控制地区虚拟变量 X14）可得到相关性结果（见表 2－11）。

对相关性结果分析发现，在 10% 的显著水平上，健康和农地经营权是否转入的相关性系数为 0.141，呈现正相关，从而验证了假设 1，即农户身体越健康越有利于促进农地经营权转入。在 10% 的显著水平上，教育和农地经营权是否转入的相关系数为 －0.072，呈负相关，即农户的受教育水平越高越不利于农地经营权转入，从而验证了假设 2 理论分析的第三种情形。进一步分析发现，在 5% 的显著水平上，年龄、民族、婚姻、是否是党员和农地经营权是否转入呈负相关；在 1% 的显著水平上，家里有几个人、家庭年收入和农地经营权是否转入

① 郭军华、倪明、李帮义：《基于三阶段 DEA 模型的农业生产率研究》，《数量经济技术经济研究》，2010 年第 12 期。

表 2-11 皮尔逊（Pearson）相关性检验结果

	Y	X1	X2	X3	X4	X5	X6	X7	X8	X9	X10	X11	X12	X13
Y	1													
X1	0.141***	1												
X2	-0.072***	0.141***	1											
X3	0.046	-0.012	0.209**	1										
X4	-0.120***	-0.282***	-0.207***	0.100**	1									
X5	-0.340***	-0.208***	0.097***	0.068	0.146***	1								
X6	-0.118***	-0.061	-0.069	-0.097***	0.183***	0.043	1							
X7	-0.099**	-0.041	0.277***	0.059	0.016	0.049	-0.013	1						
X8	0.047	0.002	0.210***	0.128***	0.030	0.029	-0.063	0.472**	1					
X9	0.162***	0.081	-0.083	0.019	0.047	-0.123***	-0.122***	-0.079	-0.062	1				
X10	0.072	0.058	-0.090**	0.006	0.093**	-0.170**	-0.017	-0.061	-0.021	0.528***	1			
X11	0.124**	0.110**	0.088	0.027	-0.066	-0.093**	-0.005	0.067	0.057	0.326***	0.478***	1		
X12	-0.034	-0.055	-0.113**	0.009	0.249***	-0.061	0.057	0.012	0.005	-0.033	-0.020	-0.07	1	
X13	0.076	-0.166***	-0.181***	-0.117***	0.109**	-0.039	-0.009	-0.186***	-0.238***	0.105**	0.076	0.006	0.057	1

注：*、**、*** 分别表示在 1%、5%、10% 水平上显著。

呈正相关。当然，相关性分析仅仅解释了因变量和自变量之间的“同向性”或者“反向性”的相关关系，因此，需要进行实证检验来具体分析影响农地经营权转入的因素。

2. 回归结果与分析

（1）健康、教育。

在控制地区虚拟变量后，模型1只引入健康、教育两个核心变量，模型2在模型1的基础之上考虑了农户的个体特征，模型3又加入了家庭因素，模型4进一步加入了政府因素（见表2－12）。回归结果显示，健康、教育均通过了显著性水平检验。具体来看，健康与农地经营权是否转入的系数均为正，表明农户身体越健康越有利于促进农地经营权转入，从而验证了假设1。当农户拥有健康的身体时，基于“理性人”假设，农户会不断扩大农地经营规模，然而农户自身承包的农地面积是有限的，因此，农户只有转入农地进行适度规模经营尽可能获取更多的农业收益。不过，教育对农地经营权是否转入的系数均为负，表明农户的受教育水平越高越不利于促进农地经营权转入，从而验证了假设2理论分析的第三种情形。农民受教育水平提高，会增强农户就业能力，此外，农地容纳的劳动力是有限的，这样就增加了农户非农就业选择机会的概率，进而刺激农户在农地流转市场上的农地供给，促使农户不断转出农地。并且由于农地的经营规模较小，导致农业收益是有限的，农户教育水平越高，外出进行非农就业收益可能越远远大于转入农地适度规模经营收益，因而农户倾向于转出农地经营权而不是转入农地经营权，这恰恰与王兴稳和钱忠好（2015）研究结果相反，即转入户受教育水平越高越有利于促进农地经营权转入①，可能的解释是两者研究的区域经济发展水平、地理状况等不同导致结果存在巨大差异。

（2）农户个体特征。

在模型2中，民族与是否是党员通过了1%的显著水平，系数分别是－1.489和－1.196，表明拥有少数民族身份农户有利于促进农地经营权转入，党员身份却不利于农地经营权转入。少数民族的农户受外来文化的影响较少，且相对封闭，导致农户一般以务农为生，这时农户更加千方百计地获得更多的农地，进行适度规模经营，进而促进了农地经营权转入②。尽管一般认知要求党员发挥带头作用转入更多的农地进行经营，但是农地经营权转入在很大程度上既有利于农户

---

① 王兴稳、钱忠好：《教育能促进农地承包经营权流转吗——基于江苏、湖北、广西、黑龙江4省1120户农户的调查数据》，《农业技术经济》，2015年第1期。

② 洪名勇：《信任、空间距离与农地流转契约选择研究》，《江西财经大学学报》，2017年第1期。

自身获取最基本的财产保障，也有利于通过转入农地经营权进行适度规模经营获取规模效益，因此，党员农户只能把这些益处让给非党员农户，从而发挥党员的表率作用。婚姻和是否是村干部通过了5%的显著水平，系数分别是-0.593和0.780，表明婚姻状况越不好越不利于农地经营权转入，村干部身份有利于农地经营权转入。当农户婚姻失败或者经历丧偶的婚姻状况时，家庭在一定程度出现了破碎会让农户考虑远离家乡，转出农地经营权，进行非农就业，这样可以获取比耕作农地更多的收入。村干部一般具有“领头羊”的作用①，为了让农户转入农地经营权而获取相应农业效益，需要村干部发挥示范作用，进而村干部身份有利于促进农地经营权转入。农户性别通过了10%的显著水平，系数为0.390，表明男性农户有利于促进农地经营权转入。众所周知的是，从事农业生产活动是需要一定体力的和相关农用机械的操作，因此，相较于女性农户，男性农户更加适合农业生产活动，进而男性农户更加可能转入农地经营权，不过这却与丁涛②（2020）、朱文珏和罗必良③（2020）的研究结论相反，即女性农户更加有利于农地经营权转入。

（3）家庭状况。

在模型3中，家里有几个人通过了1%的显著水平，系数为正，表明家里人数越多越有利于促进农地经营权的转入。由于家里人数越多在一定程度上反映家里劳动力越多，且农户家庭自身所承包的农地面积是一定的，因此，为了不让劳动力处于闲置状态，则会相应地转入农地经营权，进行适度规模经营，这样既可以处置家里闲散的劳动力也可以获取一定农业经营的规模效益。外出务工人数和家庭年收入通过了5%的显著水平，系数分别为-0.126和0.275，表明外出务工人数越多越不利于农地经营权转入，而家庭年收入越多越有利于促进农地经营权转入。既然家庭外出务工人数很多，那么家里从事农业生产的劳动力就很少，一方面自身家庭承包的农地面积就可以满足需求，另一方面选择外出务工在一定程度上表明从事非农就业的收入要远远高于从事农业收益，因此，只可能会促使农户转出农地经营权而不是转入农地经营权。当然，家庭年收入越多则表明农户家里越有更多的资本去从事农业活动，会相应转入农地经营权，做到农地经营的适

---

① 洪名勇、何玉凤：《论“领头羊”在农户农地流转中的带动作用》，《江西社会科学》，2020年第6期。

② 丁涛：《农户土地承包经营权流转意愿研究——基于Logistic模型的实证分析》，《经济问题》，2020年第4期。

③ 朱文珏、罗必良：《劳动力转移、性别差异与农地流转及合约选择》，《中国人口·资源与环境》，2020年第1期。

度规模效应，从而获取更多的农业收益。

（4）政府作用。

政策发布获取难易通过了10%的显著水平，系数为正（参见模型4），说明政府政策发布获取越难则越有利于促进农户农地经营权转入。在信息不对称的情况下，农户认为越是容易获取政府发布相关农地流转政策信息越说明政策可靠性和价值性有待商榷，因而并不会在真正意义上刺激农户农地经营权转入；相反，农户获取政府发布信息越难越表明政策有其应有的价值性，进而会在一定程度上促进农户农地经营权转入。

表2-12 基准回归结果

变量	模型1	模型2	模型3	模型4
健康	0.718*** (0.215)	0.373* (0.232)	0.315* (0.196)	0.387* (0.242)
教育	-0.246** (0.120)	-0.227* (0.134)	-0.246* (0.146)	-0.232* (0.137)
性别		0.390* (0.237)	0.402* (0.240)	0.437* (0.242)
年龄		-0.014 (0.010)	-0.015 (0.010)	-0.015 (0.011)
民族		-1.489*** (0.233)	-1.510*** (0.241)	-1.519*** (0.244)
婚姻		-0.593** (0.302)	-0.536* (0.310)	-0.507 (0.311)
是否是党员		-1.196*** (0.456)	-1.261*** (0.463)	-1.206*** (0.463)
是否是村干部		0.780** (0.308)	0.813*** (0.307)	0.910*** (0.316)
家里有几个人			0.163*** (0.062)	0.154** (0.063)
外出务工人数			-0.216** (0.108)	-0.223** (0.109)
家庭年收入			0.275** (0.128)	0.271** (0.129)

续表

变量	模型 1	模型 2	模型 3	模型 4
政府补贴				-0.024 (0.033)
政策发布获取难易				0.169* (0.094)
地区虚拟变量	已控制	已控制	已控制	已控制
常数	-0.764*** (0.226)	1.648** (0.712)	-1.719 (1.490)	-2.258 (1.546)
N	490	490	490	490

注：*、**、*** 分别表示 10%，5%，1% 水平上显著；括号内值为标准误。

3. 稳健性检验

因为“农户转入农地经营面积占农地经营面积之比”为连续变量，适合采用 OLS 模型进行估计①，因此，本书借鉴朱文珏和罗必良（2020）的做法进行稳健性检验②。在控制地区虚拟变量后，模型 5 只引入健康、教育两个核心变量，模型 6 在模型 5 的基础之上考虑了农户的个体特征，模型 7 又加入了家庭因素，模型 8 进一步加入了政府因素。稳健性检验结果见表 2-13。

在模型 5 中，人力资本健康和教育分别通过了 1% 和 5% 的显著性水平检验，系数分别为 0.157 和 -0.055，影响方向和基准回归结果保持一致。在模型 6 中，在考虑个体特征以后，教育通过了 10% 的显著性水平检验，系数为 -0.045，影响方向和基准回归结果保持一致，而健康却没有通过显著性水平检验。在模型 7 中，进一步考虑家庭因素以后，教育通过了 10% 的显著性水平检验，系数为 -0.047，影响方向和基准回归结果保持一致，而健康却没有通过显著性水平检验。在模型 8 中，又加上政府因素以后，健康和教育都通过了 10% 的显著性水平检验，系数分别为 0.075 和 -0.046，影响方向和基准回归结果保持一致。因此，总体上表明模型具有一定的稳健性。

① 阮娴静：《研发组织战略背景下合作伙伴与创新绩效关系研究》，《技术经济与管理研究》，2018 年第 11 期。

② 朱文珏、罗必良：《劳动力转移、性别差异与农地流转及合约选择》，《中国人口·资源与环境》，2020 年第 1 期。

表 2－13 稳健性检验结果

变量	模型 5	模型 6	模型 7	模型 8
健康	0.157*** (0.046)	0.071 (0.045)	0.065 (0.045)	0.075* (0.045)
教育	−0.055** (0.026)	−0.045* (0.027)	−0.047* (0.027)	−0.046* (0.027)
性别		0.077* (0.045)	0.074* (0.045)	0.082* (0.045)
年龄		−0.003 (0.002)	−0.003 (0.002)	−0.003 (0.002)
民族		−0.335*** (0.047)	−0.331*** (0.048)	−0.330*** (0.048)
婚姻		−0.085* (0.045)	−0.072 (0.045)	−0.068 (0.045)
是否是党员		−0.198*** (0.076)	−0.202*** (0.076)	−0.192** (0.076)
是否是村干部		0.147** (0.060)	0.152** (0.060)	0.171*** (0.060)
家里有几个人			0.030*** (0.012)	0.029** (0.012)
外出务工人数			−0.040** (0.020)	−0.041** (0.020)
家庭年收入			0.049** (0.024)	0.048** (0.024)
政府补贴				0.005 (0.043)
政策发布获取难易				0.033* (0.017)
地区虚拟变量	已控制	已控制	已控制	已控制
常数	0.324*** (0.049)	0.809*** (0.132)	0.783 (0.774)	0.687 (0.709)
N	174	174	174	174

注：*、**、*** 分别表示 10%，5%，1% 水平上显著；括号内值为标准误。

五、结论和启示

本书基于“三权分置”下转入视角探析健康、教育和农地经营权流转之间的关系，并利用贵州省湄潭县、金沙县、息烽县和镇宁县4县调研数据对影响农地经营权流转（转入）因素进行实证研究。统计性描述发现，农户身体健康状况越好越有利于促进农地经营权转入，农户受教育水平越高越不利于农地经营权转入。皮尔逊（Pearson）相关性检验表明，农户身体健康状况和农地经营权是否转入符合“同向性”相关，农户受教育水平和农地经营权是否转入符合“反向性”相关。基准回归结果更加证实了假设1和假设2理论分析的第三种情形，即农户身体健康状况越好越有利于促进农地经营权转入，农户受教育水平越高越不利于农地经营权转入。本书进一步使用OLS模型进行稳健性检验，结果表明，总体上，健康、教育显著地影响农地经营权流转（转入），表明基准回归方程所得到的结论是可信的。

尽管学术界和政界对农地经营权流转影响因素研究不胜枚举，但是基于“三权分置”下转入视角分析，教育基础上进一步考虑农户身体健康状况和农地经营权流转在国内属于首次。因此，基于以上研究可以得出以下启示：不断重视健康、教育和农地经营权流转之间的关系。为了促进农地经营权转入，要重视农户身体健康状况。当然，农户自身健康状况改善既需要农户自身养成相应良好的生活习惯，也需要国家政府层面不断重视，政府不仅要为农户创造美好的人居生活环境，而且要建立健全相应的医疗卫生体系及完善相关医疗健康保险政策，让农户身体健康得到多重保障。尽管农户受教育水平越高越不利农地经营权转入，但是这并不表明为了促进农地经营权转入而不让农户接受更高和更好的教育以及相关教育培训。教育在农户那里可能作为一种“沉没成本”，甚至会抑制农地经营权转入。不过，为了农户自身更好的发展、国家更好实现脱贫攻坚和乡村振兴相衔接，要不断重视农户自身的教育水平提高。最后，本书研究结论和启示是立足于贵州省湄潭县、金沙县、息烽县和镇宁县4县调研数据进行相关分析得到的，有一定的区域局限性，是否适用于其他地区仍有待商榷，但本书结论和启示借鉴意义是不容小觑的。同时还需要指出本书存在一定的不足之处，如农户身体健康状况是在农户自评健康基础之上得到的，在很大程度上具有人为主观性，这需要在以后调研和研究之中进行改进。

第三章　农地“三权分置”的基础理论

从制度理论或者产权理论的视角来看，作为财产的产权既可以分离或者分置，也可以集中在一起由同一个产权主体行使。对于农地产权而言，同样如此。那么，农地产权为什么要分置？我们有必要从理论进行分析，以便于我们更好地理解农地“三权分置”政策，顺利推进农地“三权分置”的落实落地。

第一节　马克思主义视角的农地“三权分置”

马克思主义理论深入研究和分析了土地产权分离与结合问题；习近平总书记对于农地“三权分置”也进行了较多的重要论述，这些都是指导农地“三权分置”改革的理论基石。

一、马克思土地产权分离与结合理论[①]

（一）马克思的土地权能理论

理论是不断发展的，就马克思生活的时代来讲，还没有提出“产权”这一概念。但学术界对与产权相关的概念或者理论进行了研究，如所有权、使用权等。马克思也一样，虽然马克思没有明确论述“产权”或者“土地产权”这一范畴，但如果用今天产权理论去研读马克思的经典著作如《资本论》《资本论及手稿》等，我们就会发现，事实上，马克思对“产权”或者“土地产权”进行了较为深入的研究。对此，一些现代产权理论学者也认可，例如，S. 佩乔维奇在《马克思、产权学派和社会演变过程》中对比马克思的产权理论和产权学派

① 洪名勇：《论马克思的土地产权理论》，《经济学家》，1988 年第 1 期。

的产权理论时承认：“马克思是第一位有产权理论的社会科学家[①]”。可以说，马克思对产权问题的研究是系统的、科学的。马克思就土地产权分离与结合方面进行的研究，是马克思产权理论体系的重要组成部分。

马克思笔下的土地产权，是指由终极所有权及所有权衍生出来的占有权、使用权、处分权、收益权、出租权、转让权、抵押权等权能组成的权利束。

土地终极所有权，又称为单纯的所有权或法律上的所有权，在一些特殊场合，马克思又称为最高的所有权或股权，是指土地终极所有权主体把土地当作他的意志支配领域而加以保持，排斥他人并得到社会公认的权利。马克思认为，土地终极所有权的前提是“一些人垄断一定量的土地，把它作为排斥其他一切人的、只服从自己私人意志的领域[②]”。这既表明了土地终极所有权的排他性，又表明了土地客体的归属关系。引申一步说，不管土地产权权能的多少和土地产权权能的结合与分离情况，以及实际运行状况如何，土地客体无论是以法律上或者意志上来讲，最终它都是属于土地终极所有权主体所有，这一点是毫无异议的。

土地占有权是指经济主体实际掌握、控制土地的权利。马克思在《公社和以公社为基础的所有制解体的原因》中说：“实际的占有，从一开始就不是发生在对这些条件的想象的关系中，而是发生在对这些条件的能动的、现实的关系中，也就是实际上把这些条件变为自己的主体活动的条件[③]”。这段话表明了土地占有关系和土地占有权的含义。因为，按照马克思的理论，在原始公社时期，公社的财产主要是土地财产，对财产的占有，主要是指对土地财产的占有。相应地，占有土地的经济主体就享有土地占有权。例如，原始公社内的个人和大共同体内部的小共同体就享有土地占有权，而在资本主义土地私有产权制度下，租地农场主同样也享有土地的占有权。马克思的论述告诉我们，土地占有权来自现实中的社会经济关系，而不是来自个人意志，这就决定了它同土地终极所有权是同一产权束内的两项不同权能，两者是有区别的。在土地私有产权制度下，土地终极所有权与土地占有权最明显的区别是终极所有权主体处在直接生产过程之外，占有权主体则直接参加生产过程。在土地公有产权制度中，土地终极所有权主体拥有最初和最终处分权，占有主体一般拥有使用权。过去认为土地终极所有权与占有权的区别在于终极所有权只具有法律意义，而占有权仅具有经济意义是欠妥的。

---

① S. 佩乔维奇：《马克思、产权学派和社会演变过程》；J. C. 伍德：《卡尔·马克思经济学》第4卷，伦敦，克鲁姆·赫尔姆出版公司1988年版，第240页。

② 马克思：《资本论》（第三卷），人民出版社2004年版，第695页。

③ 《马克思恩格斯全集》（第46卷）（上），人民出版社1979年版，第493页。

马克思在分析租地农场主的收入分割为地租和利润时指出，地租作为土地终极所有权的实现形式从表面上看“是个法律因素，而不是经济因素①”，其实这里有深刻的经济背景；同时，土地占有权并非仅具有经济意义而一点都不具备法律属性，马克思看来，在实行货币地租时，占有并耕种一部分土地的隶属农民和土地所有权主体之间的传统的合乎习惯法的关系，“必然会转化为一种契约规定的、按成文法的固定规则确定的纯粹的货币关系②”。这说明，土地占有权和占有关系不仅是实际的经济关系，而且同样具有法律规则的属性。因此，区分土地终极所有权与占有权，仅用法律标准或经济标准是不够的，应根据不同情况，从法学和经济学的结合上去寻找原因。

土地使用权是土地使用者根据一定的规则对一定土地加以实际利用的权利，是土地产权中最重要的权能之一。对此，马克思在《资本论》《剩余价值理论》等著作中作了许多精辟的论述，只不过马克思的许多论述并没有具体指明的是土地使用权，土地使用权在《资本论》中多隐含于字里行间，当然也有明确指出的时候。他在论述土地使用者与土地所有者之间的关系时就曾明确使用过“土地的使用权③”这一范畴。

土地处分权是指土地所有者在事实上或法律上决定怎样安排、处分土地的权利，它既是土地所有权运行的表现形式，又是土地产权束中较重要的权能。按照马克思的观点，土地处分权又分为最初处分权和最终处分权两个层次。土地的最初处分权是指土地未进入生产过程之前，土地所有者享有决定将自己的土地是用于出租、自用或抵押的权利。土地的最终处分权发生在土地所有者把土地出租给他人使用，并在租约期满之后。马克思告诫说：“不要忘记，在通常以 99 年为期的租约期满以后，土地以及土地上的一切建筑物，以及在租佃期内通常增加一两倍以上的地租，都会从建筑投机家或他的合法继承人那里，再回到原来那个土地所有者的最后继承人手里④”。马克思的论述不仅说明土地租约期满以后，租佃人没有权利处分从土地所有者或其他土地合法产权人那里租佃来的土地，有权处分土地的仅是土地所有者，而且还表明了土地产权是可以继承的。土地可以设定继承权，这种继承权不仅是指土地终极所有者的继承，而且也可以是土地占有权、使用权等产权权能的继承。

---

① 《马克思恩格斯全集》（第 26 卷）（Ⅱ），人民出版社 1974 年版，第 526 页。
② 马克思：《资本论》（第三卷），人民出版社 2004 年版，第 902 页。
③ 马克思：《资本论》（第三卷），人民出版社 2004 年版，第 714 页。
④ 马克思：《资本论》（第三卷），人民出版社 2004 年版，第 876 页。

马克思认为，土地收益权是指土地产权主体依据自己享有的相应权能而获得一定收益的权利。例如，土地所有者凭借自己对土地的终极所有权权能而拥有索取租金的权利，租地农场主依据自己在一定时期内对土地的占有权、使用权等权能而取得经营利润的权利等。

土地出租权是马克思论述最多的土地产权权能，无论是在《资本论》第三卷之中，还是在《剩余价值学说史》内，他都在研究土地出租权问题。实际上，土地所有者把自己的土地出租给租地农场主或小农耕种这一事实，本身就说明土地产权包含土地出租权这一权能。与土地出租权的论述形成鲜明对比的是马克思对土地抵押权的论述则要少得多，但这并不影响马克思土地产权权能理论的完整性。马克思说：“他究竟是自己收取地租，还是必须再把它付给一个抵押债权人，这不会在租地农场本身的经营上引起任何变化①”。可见，在后一种场合，土地所有者的土地已经被抵押出去，土地抵押权作为土地产权的一项权能已为马克思所论及。

土地转让权主要包括两个方面：一是土地所有者有权把自己的所有权转让他人。二是土地其他产权权能的产权主体，在一定条件下，也享有对相应产权进行转让的权利。例如，租地农场主在租约有效期内还可以将土地再出租等。

（二）马克思土地产权分离理论

所有的土地产权权能既可以全部集中起来，由一个产权主体行使，又可以从中分离出一项或几项权能，独立运作。但是这种分离和独立运作并不是任意的和无规则的，其基本原则是：分离和独立后的土地产权既要在经济上获得实现，又要使土地产权的分离和独立形成新的经济关系；否则，这种分离和独立就没有一点积极意义。

马克思在《政治经济学批判》（1857～1858 年草稿）和《资本论》等著作中，以土地产权主体为纽带，考察了土地产权结合、分离及独立运作的不同情况。归纳起来，主要有以下 3 种典型形式：

1. 全部产权权能结合在一起

土地终极所有权、占有权、使用权、收益权、处分权等权能结合在一起，由一个产权主体行使。它的主要特点是：第一，土地的所有者同时又是土地占有者、使用者、受益者，只有一个产权主体。第二，个人对生产资料的所有权是这

① 马克思：《资本论》（第三卷），人民出版社 2004 年版，第 916 页。

种形式独立发展的基础，土地占有权则是其生产条件。马克思分析的小块土地产权时的情况就是这样，农民同时就是其土地的自由所有者，土地则是其主要生产工具，是农民的劳动和其资本的不可缺少的活动场所。因此，对土地的占有是直接生产者的生产条件之一，而农民对土地的所有权则是其生产方式的最有利的条件，是使其生产方式得以繁荣的条件。第三，对产品的完全产权是土地产权得以彻底实现的经济形式。因此，不仅在小块土地产权制度下不支付任何租金，地租也不表现为剩余价值的一个单独的形式；而且，即使在资本主义土地私有产权制度下，在土地所有者与租地农场主结合在一起的场合，也是不支付地租的。如果硬要说租地农场主为使用这块土地而支付了地租的话，也只能说是他作为资本家欠了他作为土地所有者自己的地租。

2. 土地私有产权制度下的结合与分离

在土地私有产权制度下，土地产权中的一项或几项权能与土地终极所有权相分离并独立运作。这种形式的主要特点是：第一，土地占有权、使用权等权能与土地终极所有权分离，形成土地所有者、占有者、使用者等经济利益根本独立的多元产权主体格局。例如，在封建土地私有产权制度中，土地的终极所有权主体是地主，土地的占有权、使用权主体则是农民。农民作为“直接生产者不是所有者，而只是占有者[①]”，农民为取得占有土地和使用土地的权利，必须以每周的一部分时间，用实际上或法律上属于他自己所有的劳动工具来耕种实际上属于他所有的土地，并以每周的其他几天无代价地在地主的土地上为地主劳动。在这种情况下，虽然土地产权关系必须同时表现为“直接的统治和从属的关系，因而直接生产者是作为不自由的人出现的”，但由于农民本身占有自己的一部分生产资料，即拥有实现自己的劳动和生产自己的生活资料所必需的生产资料的所有权。因此，他不仅能够“独立地经营他的农业和与农业结合在一起的农村家庭工业”，而且这种独立性不会因为这些小农“组成一种或多或少带有自发性质的生产公社而消灭，因为这里所说的独立性，只是对名义上的地主而言的[②]”。第二，各产权主体之间通过某种具体的形式联系起来。例如，在土地出租的场合，承租人与出租人之间通过租赁关系联系起来。马克思指出：“在劳动地租、产品地租、货币地租……这一切地租形式上，支付地租的人都被假定是土地的实际耕作者和实际占有者[③]”。在这一关系中，土地所有者和土地的实际使用者、占有者都是

① 马克思：《资本论》（第三卷），人民出版社 2004 年版，第 896 页。
② 马克思：《资本论》（第三卷），人民出版社 2004 年版，第 893 页。
③ 马克思：《资本论》（第三卷），人民出版社 2004 年版，第 907 页。

经济利益相互独立的产权主体，土地所有者以出租人的身份出现，土地的实际耕作者、占有者以承租人的身份出现，双方通过租赁关系联系起来。又如，在土地用于抵押的场合，则土地抵押权人和抵押人就是通过抵押关系联系起来的。第三，对地租的索取是土地终极所有权借以实现的经济形式。在土地私有产权制度中，土地所有者和使用者是经济利益独立的不同产权主体，土地终极所有权与使用权分离必然要求以一定的形式来实现土地所有者的权益；否则，这种分离的基础和前提也就消失了。在马克思看来，仅从法律意义上来看，土地终极所有权不可能为土地所有者创造任何地租。但这种所有权使土地所有者有权不让别人去经营他的土地，直到经济关系能使土地利用给他提供一个余额为止，土地所有者“必须和兄弟辈的资本家，共分这个剩余①”。因此，不管地租有什么独特的形式，它的所有类型都有一个共同点：对地租的索取是土地终极所有权借以实现的经济形式。

3. 土地公有产权制度下的结合与分离

在土地公有产权制度下，土地终极所有权与使用权、占有权的分离，从而形成土地所有者与使用者、占有者的分离的多元化土地产权主体格局。马克思在研究亚细亚土地公有产权制度时发现土地终极所有权与占有权相分离，形成所有者、占有者相分离的两种情况：一种是在公社内部，公社拥有土地终极所有权、个人拥有占有权，所有权与占有权相分离，土地所有者与占有者相分离。在亚细亚土地产权关系中，“不存在个人所有，只有个人占有；公社是真正的实际所有者②”。因此，土地终极所有权只是作为公共的土地财产而存在。另一种是总合的统一体拥有土地终极所有权，总合的统一体内部的小共同体拥有占有权。马克思写道，在大多数亚细亚的基本形式中，“凌驾于所有这一切小的共同体之上的总合的统一体表现为更高的所有者或唯一的所有者，实际的公社却只不过表现为世袭的占有者③”。同时，马克思还研究了土地国有产权制度下所有权与占有权、使用权相分离的情况。当国家成为土地终极所有权主体时，土地的全部产权是否就由国家这个唯一主体全部行使，不再有其产权权能分离和其他土地产权主体呢？不是的。马克思认为，如果土地产权不再是私有而是像亚洲那样，国家既作为土地所有者，同时又作为主权者而同直接生产者相对立，那么，地租和税赋就会合为一体。在这里，国家就是最高的地主，主权就是在全国范围内集中的土地

① 马克思：《剩余价值学说史》（第2卷），人民出版社1957年版，第191页。
② 《马克思恩格斯全集》（第46卷）（上），人民出版社1979年版，第4814页。
③ 《马克思恩格斯全集》（第46卷）（上），人民出版社1979年版，第473页。

终极所有权。也就是说，在土地国有产权制度取代私有产权制度的场合，仍然存在土地国家终极所有权与直接生产者对土地的占有权、使用权的分离，存在土地所有者与占有者、使用者的分离。

（三）马克思土地产权分离理论的启示

马克思土地产权分离理论告诉我们，农地“三权分置”是有理论基础的。马克思土地产权分离理论不仅过去是科学的，在今天对于推进农地“三权分置”的实践仍然闪耀理论光芒。通过马克思土地产权分离理论我们可以看到，农地产权究竟如何分置，不是凭空臆想的，而是要根据实际情况进行。例如，马克思对不同制度安排背景下土地产权分离的考察就是这样。同时，我们还发现，在推进农地“三权分置”过程中，应该注意到法律意义上的产权与经济意义上的产权分置的重要性。在马克思看来，虽然法权以经济生活为基础，但法权意义上的产权与经济意义上的产权是不一样的。

二、习近平总书记关于农地“三权分置”的重要论述

与马克思关于土地产权分离理论一脉相承，习近平总书记在总结中国农地流转实践经验的基础上，也认为，就农地承包经营而言，不仅承包主体可以与经营主体分离，而且承包权与经营权也是可以分离的。对此，习近平总书记说：“承包经营权流转的农民家庭越来越多，土地承包权主体同经营权主体发生分离，这是我国农业生产关系变化的新趋势①”。可以说，习近平总书记根据中国农业生产关系发展变化的新趋势，提出了农地承包权与经营权可以分置的理论。我们知道，在马克思的分析框架中，财产产权是生产关系的法律表现。回顾产权研究历史，马克思第一次发现了产权、生产关系与法律之间的内在联系，在马克思看来，产权是生产关系的法律表现，从而把握住了产权的本质②。在马克思看来，所有权是所有制的法律用语，而法权关系“根源于物质的生活关系③”。习近平总书记不仅提出了农地产权是可以分离的，而且还设计农地产权分置的具体方案。早在2013年习近平总书记就指出：“落实集体所有权、稳定农户承包权、放

---

① 中共中央党史和文献研究院：《习近平关于“三农”工作论述摘编》，中央文献出版社2019年版，第51页。

② 吴易风：《马克思的产权理论与国有企业产权改革》，《中国社会科学》，1995年第1期。

③ 马克思、恩格斯：《马克思恩格斯选集》第2卷，人民出版社1995年版，第82页。

活土地经营权，加快构建以农户家庭经营为基础、合作与联合为纽带、社会化服务为支撑的立体式复合型现代农业经营体系[①]”。从习近平总书记的论述中可以看，就农地产权而言，我们至少可以将农地产权分置为所有权、承包权和经营权这三项权利。在习近平总书记看来，对于农地产权分置尤其是将农地承包经营权分置为承包权和经营权，不仅是理论的重大突破和创新，而且还是来源于中国农村产权改革的实践需求。对此，习近平总书记2013年到武汉农村综合产权交易所视察时就指出：“深化农村改革，完善基本经营制度，要好好研究农村土地所有权、承包权、经营权三者之间的关系[②]”，“现在顺应农民保留土地承包权、流转土地经营权的意愿，把农民土地承包经营权分为承包权和经营权，实现承包权和经营权分置并行，这是我国农村改革的又一次重大创新[③]”。2017年12月28日，习近平总书记再次强调指出：“土地所有权、承包权、经营权‘三权分置’是重大制度创新和理论创新。要完善承包地‘三权分置’制度，在依法保护集体土地所有权和农户承包权前提下，平等保护土地经营权，理顺‘三权’关系[④]”。2019年，习近平总书记在参加第十三届全国人大二次会议河南代表团审议时又说：“我们要用好深化改革这个法宝。推动人才、土地、资本等要素在城乡间双向流动和平等交换，激活乡村振兴内生活力，巩固和完善农村基本经营制度，完善农村承包地‘三权分置’办法[⑤]”。2017年12月18日，在中央经济工作会议指出：“要坚持和完善农村承包地‘三权分置’制度[⑥]”。习近平总书记不仅强调农地产权可以分置为集体所有权、农民家庭承包权和经营权，而且农地“三权分置”的实现形式是多种多样的，而并非单一的。尤其是不同地区、不同村庄在推进农地“三权分置”实践中，农地“三权分置”有多种实现形式。据新华社北京2020年11月2日电，习近平总书记强调，“要根据实践发展要求，丰富集体所有权、农户承包权、土地经营权的有效实现形式”，只有让农地“三

① 中共中央党史和文献研究院：《习近平关于“三农”工作论述摘编》，中央文献出版社2019年版，第51页。

② 中共中央党史和文献研究院：《习近平关于“三农”工作论述摘编》，中央文献出版社2019年版，第52—53页。

③ 中共中央党史和文献研究院：《习近平关于“三农”工作论述摘编》，中央文献出版社2019年版，第53页。

④ 中共中央党史和文献研究院：《习近平关于“三农”工作论述摘编》，中央文献出版社2019年版，第61页。

⑤ 中共中央党史和文献研究院：《习近平关于“三农”工作论述摘编》，中央文献出版社2019年版，第64页。

⑥ 中共中央党史和文献研究院：《习近平关于“三农”工作论述摘编》，中央文献出版社2019年版，第38页。

权分置”得以有效实现，农村基本经营制度才能“始终充满活力”。

所有权为集体，这不仅是农地“三权分置”的前提，更是坚持和完善农地制度的根本。对此，习近平总书记指出：“坚持农村土地农民集体所有。这是坚持农村基本经营制度的‘魂’。农村土地属于农民集体所有，这是农村最大的制度。农村基本经营制度是农村土地集体所有制的实现形式，农村土地集体所有权是土地承包经营权的基础和本位。坚持农村基本经营制度，就要坚持农村土地集体所有[①]”。在推进农地“三权分置”改革时，之所以强调坚持土地所有权为集体产权而不是私有产权，不仅在于历史私有带来的巨大社会动荡，而且还在于改革过程长期存在的路径依赖[②]，更在于农民集体层次，土地集体所有制凸显更为优越的制度优势：一是延续了历史上长期存在的非正式制度嵌入的自治传统，节约了科层组织的设置成本，降低了农地制度的运行成本；二是照顾了集体化时期遗留的所有权主体混合配置的客观现实，兼顾制度稳定性与制度灵活性，有效避免了强制性制度变迁所带来的可能冲击；三是农民集体是一种双重委托代理治理关系的中间组织，可以有效避免“小农户”与“大政府”和“大市场”进行“多对多”的直接交易，节约诸多交易成本，发挥集体组织“统分结合”的双重优势[③]。

农地承包权属于农民家庭是农地“三权分置”的根本。由于农民家庭在农业生产经营中居于基础性地位，不仅决定农民家庭是土地承包权的主体，而且农民家庭享有土地承包权是农地“三权分置”的根本。对此，习近平总书记在论述农地流转时说：“农民家庭承包的土地，可以由农民家庭经营，也可以通过流转经营权由其他经营主体经营，但不论承包经营权如何流转，集体土地承包经营都属于农民家庭。这是农民土地承包经营权的根本，也是农村基本经营制度的根本[④]”。将承包经营权赋予农民家庭，不仅在于农民家庭具有克服个人利己主义带来的种种问题，农民家庭成员的利他主义倾向节约了组织运行成本，而且还在于改革开放以来农民家庭经营的实践证明其具有强大的生命力和活力。正因为如此，据新华社北京 2020 年 11 月 2 日电，习近平对新时代推进农村土地制度改革、做好农村承包地管理工作作出重要指示，再次强调要“坚持家庭承包经营基

①④　中共中央党史和文献研究院：《习近平关于“三农”工作论述摘编》，中央文献出版社 2019 年版，第 50 页。

②　洪名勇：《路径依赖与农地产权制度创新》，《河北经贸大学学报》，1999 年第 4 期。

③　郑淋议、钱文荣、洪名勇、朱嘉晔：《中国为什么要坚持土地集体所有制——基于产权与治权的分析》，《经济学家》，2020 年第 5 期。

础性地位不动摇”。

放活承包地经营权是关键。农地“三权分置”改革，我们不仅要坚持集体所有权，赋予农民家庭承包经营权，关键还在于要让经营权从农民家庭的“承包经营权”中分置出来，将承包经营权分置为“承包权”和“经营权”。按照马克思的土地产权结合与分离理论，对于分置后的农地承包权和经营权这两种权能，可以集合在一起，由农民家庭行使，也可以分置出来，由不同农民家庭行使；分置之后，要在保持农民家庭拥有承包权的前提下，由农业新经营主体如家庭农场、合作社或者农业企业行使。诚然，经营权从承包经营权分置的过程、分置之后让渡谁、这种让渡是无偿的还是有偿的，如果是有偿，价格是多少，等等，完全要尊重农民家庭意愿，按照市场进行流转。只有这样，才能充分发挥农民家庭和受让者双方的积极性和创造性。早在 2013 年，习近平在山东考察工作结束时就说：“鼓励土地承包经营权在公开市场上向专业大户、家庭农场、农民合作社、农业企业有序流转①”，通过市场流转，放活农地经营权，让具有更多农业经营知识、更有能力经营土地的主体去经营土地，实现土地资源配置效率的最优化。2015 年 5 月，习近平就做好耕地保护和农地流转工作又说：“土地流转和多种形式规模经营，是发展现代农业的必由之路，也是农村改革的基本方向②”。据新华社 2016 年 10 月 30 日报道，中共中央办公厅、国务院办公厅印发了《关于完善农村土地所有权 承包权 经营权分置办法的意见》（以下简称《意见》），该《意见》指出：“各地区各有关部门要充分认识‘三权分置’的重要意义，妥善处理‘三权’的相互关系，正确运用‘三权分置’理论指导改革实践，不断探索和丰富‘三权分置’的具体实现形式。”可以说，《意见》中关于农地“三权分置”的具体安排，将习近平总书记关于农地“三权分置”的重要论述落到实处，对于推进中国农地“三权分置”的实践具有重大理论意义。

第二节 农地“三权分置”的制度基础

从现代产权理论的视角来看，农地产权不仅可以分置，而且产权分置是现代

---

① 中共中央党史和文献研究院：《习近平关于“三农”工作论述摘编》，中央文献出版社 2019 年版，第 49 页。

② 中共中央党史和文献研究院：《习近平关于“三农”工作论述摘编》，中央文献出版社 2019 年版，第 57 页。

产权理论分析的核心内容。

一、从产权界定看产权分置

科斯是现代产权经济学的奠基人或鼻祖，但科斯本人并没有对产权作出明确的定义，1994 年 5 月 10 日下午他在接受《经济学消息报》总编高小勇采访时，对产权的概念作了一个描述性的解释。“我觉得这一点（指在中国关于经济学上的产权概念与法律意义上的产权概念有区别的论点——引者注）难以理解。就我看来，产权是指一种权利。人们享有的权利，包括处置这些桌椅的权利。这个问题就跟我们讨论交易成本时一样，无非是一个术语问题。这意味着应明确人们所享有的权利。比如，你拥有一把椅子，这是什么意思？你能送给别人吗？有时可以，有时却不可以。你还能有什么权利？能把这把椅子搬到另一个地方去吗？有时可以，有时却不可以。但你能说出你能做什么。假如拥有一块土地，你能用它干什么吗？能做的事当然很多呀！这就是你的权利所包含的内容。我没有被这些定义问题纠缠。实际上，如果你说你拥有这把椅子的某项权利，你不能把整个问题集中在你不能做的事情上。我不能把椅子举起来扔出去但我可以做其他事情。我不觉得这些问题很难。在收购另一家企业时，假如你在缔结的合同中明确了你享有的权利，你拥有某一工厂，你能怎么处理？你能被允许怎么处理？你能卖掉这个工厂吗？能卖给任何人吗？有时你能卖给本国人而不能卖给外籍人；有时你也可以卖给外籍人，有时却只能在国家机构批准的情况下卖出。如果收购这种企业，你究竟得到什么权利呢？我认为，在一些经济学家中，产权的定义是简单而又独特的，你能联系某些事物根据法律界定你的权力是什么①”。

张五常（2000）在其名著《佃农理论》中对私有产权进行了界定，他认为私有产权包括三种权利：“使用权（或决定使用权）、自由转让权、不受干预的收入享受权。有了这种权利，所有权（ownership right）是不需要的。我国著名经济学家刘伟教授说：产权是指“人们对财产在社会经济生活运动中存在的各方面的权利，因而产权是包括财产多种权能在内的一种权利结构体系②”。

P. 阿贝尔认为产权包括：“所有权，即排除他人对所有物的控制权；使用权，即区别于管理和收益权的所有物享用和收益权；管理权，即决定怎样和由谁

① 《经济学消息报》编：《诺贝尔经济学奖得主专访录——评说中国经济与经济学发展》，中国计划出版社 1995 年版，第 135—136 页。

② 刘伟、李凤坚：《产权通论》，北京出版社 1998 年版，第 28 页。

来使用所有权的权利；分享残余收益或承担负债的权利，即来自对所有物的使用或管理所产生的收益和成本分享和分摊的权利；对资本的权利，即对所有物的转让使用、改造和毁坏的权利；安全的权利，即免于被剥夺的权利；转让权，即所有物遗赠他人或下一代的权利；重新获得的权利，即重新获得业已失去的资产的可能和制度保障；其他权利，包括不对其他权利和义务的履行加以约束的权利、禁止有害于使用权的权利①”。

不管是科斯对产权的说明，还是张五常、P. 阿贝尔等经济学家对产权的界定，我们都可以看出：产权是一种权利，并且是一种排他性的权利。这种权利必须是可以平等交易的法权，而不是不能进入市场的特权，正因为如此，产权才构成市场机制的基础和运动内容，否则就没有市场经济。同时，产权是一种权利束，它可以分解为多种权利并统一呈现一种结构状态。在现代产权理论的分析框架中，产权不仅包括排他性的所有权、排他性的使用权、收入的独享权、自由的转让权，而且还包括资产的安全权、管理权、毁坏权等。这意味着，“产权束”是非常丰富，“产权束”的每一束产权是可以分置的。

二、从商品属性看产权分置

无论是亚当·斯密的“产权”还是马克思的“产权”，都是从财产或者商品的整体出发去进行研究和探讨的。在研究产权分置的现代产权经济学家中，巴泽尔从商品属性对产权分置的研究是与众不同的。从商品属性这一视角出发，对产权及分置作了一番别具一格的新解释。巴泽尔在《产权的经济分析》一书中这样描述产权，“个人对资产的产权由消费这些资产、从这些资产中取得收入和让渡这些资产的权利或权力构成②”，巴泽尔将产权理解为消费资产、取得收入和让渡资产等权利的集合，说明权利具有不同属性——使用权、支配权、处置权等。巴泽尔将产权的属性化理解为基于资产或者商品的属性而划分的不同权利的集合，人们不再单纯对权利整体做出反应，而是更加关注由商品或资产的属性所派生的一束权利。可见，巴泽尔产权概念的本质是财产所有权整体的分割化、属性化，他真正从理论上把产权确立为财产的属性所有并作了透彻的论证和分析，对各个属性的所有构成巴泽尔产权分析的基础。巴泽尔将产权的属性化理解为基于资产或者商品的属性而划分的不同权利的集合，人们不再单纯对权利整体做出

---

① 刘伟、李凤坚：《产权通论》，北京出版社 1998 年版，第 10—11 页。

② 巴泽尔：《产权的经济分析》，上海三联书店 1997 年版，第 2 页。

反应，而是更加关注由商品或资产的属性所派生的一束权利。可见，巴泽尔产权概念的本质是财产所有权整体的分割化、属性化，他真正从理论上把产权确立为财产的属性所有并作了透彻的论证和分析，对各个属性的所有构成巴泽尔产权分析的基础。将产权当作一个具有分散属性的权利集合，这一点有助于我们进一步区分所有权和产权①。

在巴泽尔看来，其他产权经济学家将资产或商品看作一个整体仍然是粗糙的，他认为“商品具有许多属性，其水平随商品不同而各异②”。相较阿尔钦、德姆塞茨等将产权界定为所有权、转让权、收益权等一束权利，巴泽尔从属性出发认为每一种属性都对应着一种权利。由于商品属性具有多样性，且界定每一种属性都需要支付成本，因而完整界定产权的代价太大，真正意义上的完整产权是不存在的。即使人们愿意支付上述成本，但由于获得信息的难度极大以及人类自身认知的有限性，也是不可能穷尽所有属性的界定。

在界定属性需要成本和属性多样性的基础上，巴泽尔深入分析了经济权利和法律权利的差异。法律通常只对资产本身进行界定，却不对资产属性进行界定，而属性才是影响收益流的关键。但“人们对资产的权利不是永久不变的，它们是他们自己直接努力加以保护、他人企图夺取和政府予以保护的函数③”。因而，产权不是绝对的，是能够通过个人行动来改变的。这导致了法律权利常常与经济权利并不一致，虽然前者的加强有助于后者的增强，但是它并非后者的充分条件或必要条件。法律权利和经济权利的差距，或者说那些没有能够得到清晰界定的属性的命运会是怎样？巴泽尔认为这些属性都进入了公共领域，成为共同财产。这些有价值的资源之所以成为共同财产，除了法律界定的原因外，另一重要原因是所有者主动放弃的。当所有权拥有者认为行使某项属性权利得不偿失时，就会放弃行使，并将这一属性置于公共领域。当然也有一些资产属性是由于信息限制和个人认知能力限制，并没有被所有者认识到。因而在交易资产时，交易双方不可能对交易标的的所有属性进行产权界定，一旦外在情况发生改变，停留在公共领域内部的产权属性的价值增大时，交易双方就会进行“追租”，直到双方为“追租”产生的边际成本等于边际收益时停止④。

---

① 张润锋：《论巴泽尔产权分析的属性基础》，《河北经贸大学学报》，2015 年第 2 期。

② 巴泽尔：《产权的经济分析》，上海三联书店 1997 年版，第 4 页。

③ 巴泽尔：《产权的经济分析》，上海三联书店 1997 年版，第 2 页。

④ 洪名勇、钱龙、唐贤浩：《论巴泽尔产权理论的方法论取向与逻辑起点》，《河北经贸大学学报》，2017 年第 6 期。

值得一提的是，在商品交易过程，人们可能不是转让商品的所有属性，而仅仅只是将一种属性进行转让。在这种情况下，商品的产权就可能被分置，并被配置给不同的产权主体。巴泽尔说：“如果商品的初始所有者只转让商品的一部分属性而保留其余部分，那么来自交换的净得益常常就能增加。采取这种形式的交换导致单一商品的分割的产权：两个或两个以上的人可以拥有同一商品的不同属性①”。在巴泽尔的分析框架中，不仅商品的产权属性化了，而且伴随着商品交易的进行，不同属性的商品被分置后，通过市场交易配置给不同的产权主体。

相对于一般商品而言，农村土地更具有多重属性。农村土地之所以具有多重属性，土地产权的客体是土地。何谓土地，可以从不同视角进行理解。从横向看，土地包括的范围有以下四种观点：一是土地即土壤，亦即地球表面疏松的、有肥力的、可以生长植物的表层部分；二是土地即陆地及其水面，亦即地球表面除海洋之外的陆地及其江河、湖泊、水库、池塘等陆地水面；三是土地即地球表面的纯陆地部分，不包括陆地的水面；四是土地即地球表面，亦即地球的陆地部分和海洋部分都包括在内。陆地中水面是经常变化的，它只是陆地的附属物，广义的土地应该包括陆地中的水面。马克思说过：“只要水流等有一个所有者，是土地的附属物，我们也把它作为土地来理解②”。从纵向看，土地的垂直幅度如何？看法也不相同，大体上有两种观点：一是土地即陆地表面。按这种观点，几乎是把土地看成是平面，从而只看重面积而忽视体积。这种看法，显然只有直观性，这是土地的“平面观”。二是土地是立体的，存在于三维空间之中，从地面起要向上、向下延伸一定的幅度，形成垂直剖面。这是土地的“立体观”。至于土地究竟向上、向下延伸到何等地步，看法又不一致。主要有以下几种观点：第一，英国的《牛津法律大辞典》写道：“一般来说，土地的所有权包括土地的上空和地表下面一直到地球中心的土地，正如一句格言所表述的：土地属谁所有，土地的上空及地下也属谁所有③”。第二，土地的垂直幅度，在地面上以直接作用于地表的气候条件，在地面下以表层岩石、浅地下水为界。第三，应以“生物圈”的上下限作为土地的上下限。这里的“生物圈”是指上至地球的大气层下至地下存在生物（动物、植物、微生物）的圈带（见图3－1）。

① 巴泽尔：《产权的经济分析》，上海三联书店1997年版，第5页。
② 马克思：《资本论》第三卷，人民出版社1975年版，第695页。
③ 《牛津法律大辞典》，光明日报出版社1988年版，第512页。

土地 { 上空 / 地面 / 下空

图 3-1　土地概念图

从土地的自然物质构成来看，土地究竟包含哪些自然物质和物体。这首先取决于土地的水平幅度和垂直幅度的限定；其次涉及对自然物质、物体如何表述；最后涉及对人类活动结果的认识。若土地水平分布限于陆地及内陆水面和海洋，而其垂直分布限于生物圈，则土地的自然物质构成大体如下：①空气；②土壤；③生物（其中的动物指野生动物，人工饲养的动物不是土地的组成部分，而只是土地的间接产品）；④水；⑤砂砾；⑥岩石；⑦矿物。有一种定义，对土地内含的概括是十分广泛的。在马歇尔看来：“土地是指大自然为了帮助人类，在陆地、海上、空气、光和热各个方面所赠与的物质和力量[①]”。伊利和莫尔豪斯认为：“土地一词的含义，就经济学的术语来讲，不仅限于土地的表面；它包含一切天然的资源——森林、矿藏、水源等等在内”，“经济学家所使用的土地这个词，指的是自然的各种力量，或自然资源”[②]。按照这种定义，土地等于自然资源，甚至包括光和热。这样来定义土地，看起来固然使其物质构成大大扩大了，如从劳动是财富之父、土地是财富之母的角度来看，并不为过，但来自本身的组成部分，它们只不过是土地形成的环境条件和发挥土地功能的环境条件。

从人们对土地的认知看，与一般商品或者财产相比，土地是非常复杂的。这一点，不管是从土地包含的空间范围或者是土地的自然物质来看，都是如此。并且土地的用途又是非常广泛的，土地不仅可以作为农业用地，而且还可以作为工业用地，或者交通用地，等等。这样，就让土地的属性非常多。按照巴泽尔的理论，如果不同的属性可以界定不同的产权，那么，土地的产权分置就非常复杂。仅以土地所含自然物质为例，广义地说，土地所含空气、土壤、生物、水、砂砾、岩石、矿物这 7 种物质。对于农业生产而言，只有这 7 种物质均具备且配置合理时，对于农作物的生长才是适宜的。并且，不同农作物对土地尤其是所含物质如土壤、空气、水等的要求是不一样的，尤其是对土壤所含的各种有机质、微观物、矿物质等要求差别非常大。例如，一些农作物喜欢酸性土壤、一些农作物喜欢碱性土壤等，这造成我们对土地属性的分析和评判非常困难。按照巴泽尔的

① 马歇尔：《经济学原理》上卷，商务印书馆 1994 年版，第 157 页。

② 伊利、莫尔豪斯：《土地经济学原理》，商务印书馆 1982 年版，第 13 页、第 19 页。

观点，这些不同属性的产权不仅可以分割，进行不同界定；而且还可以按照不同的价格进行交易。值得注意的是，与一般商品属性的认识、界定和分割相比，对于土地属性的分析要复杂得多、困难得多。因此，即使具有同样成分的土壤，在对不同作物时，有时是适宜的，换成另一种作物时，可能是不适宜。但不管如何，有一点是可以肯定的，即土地具有多种属性，这种属性是可以分割的。从巴泽尔的产权理论看，这种属性是可以分割的，分割之后对于不同属性的产权，可以进行不同的界定和分割。

三、农地“三权分置”的制度逻辑

农地制度甚至成为表征中国社会制度整体样态的基础因素，其演进逻辑不仅是社会制度变革的基本标志，更成为推动社会制度变革的重要力量。中华人民共和国成立以来，我国的农地制度走过了一条从主要服务于实现政治理想到关注提高农业生产效率、从注重农地产权的社会属性到重视其经济属性的演进道路，围绕着农地所有、农业经营及其相互关系这一制度枢纽，不断丰富农地权利类型，经历了不同的发展阶段，先后形成了以下五种类型的农地制度：一是农地农民所有、农民家庭经营的农地制度，在这一土地制度安排下，农地所有权、使用权等全部产权归农民，不存在产权分置问题。二是农地农民所有，集体经营。20 世纪 50 年代中期农业初级合作时期的农地制度就是这样，在这一农地制度安排下，农地所有权归农民家庭，使用权、经营权等归合作社。三是农地集体所有、集体经营。这是就高级社人民公社时期的农地制度安排，在这一农地制度安排下，农地所有权、使用权、经营权等全部归集体，不存在产权分置问题。四是农地集体所有、农民自主的农地制度安排。在这一农地制度安排下，农地所有权归集体、承包权和经营赋予农民家庭。五是农地所有权归集体、经营权从农民家庭的承包经营权中分置出来，赋予新型经营主体或者另外的农民家庭，形成农地所有权、承包权和经营权“三权分置”的农地产权格局。

中国农地制度演进的历史逻辑向我们清晰展示了中国特色农地制度生成和变迁的如下基本经验：一是以发展、完善农地集体所有制为前提，农地集体所有制是农业社会化生产的内在要求，也是中国农地产权制度的核心和基本特征；二是以保障农民的根本利益为依归，农地制度事关农民的根本利益，历史证明，成功的农地制度安排必然具有公平正义的内在属性，必须为实现农民根本利益提供可靠保障①；三是不断推进农地资源配置效率的提升，农地“三权分置”后，通过农地经营权的流转，不仅实现了农地适度规模经营，通过农地适度规模经营提高了农地资源配置效率，而且农地“三权分置”后，通过市场交易方式，将农地经营权交易给能够更好地发挥农地效率的经营主体，从而促进农地经营效率的提升②。

四、农地“三权分置”的法律基础

我们知道，对于土地产权制度来讲，在我国的法律制度框架中，土地产权制度涉及两大部分，即城市土地与农村土地制度。1982 年 12 月 4 日，第五届全国人民代表大会第五次会议通过《中华人民共和国宪法》，经过 1988 年 4 月 12 日第七届全国人民代表大会第一次会议、1993 年 3 月 29 日第八届全国人民代表大会第一次会议、1999 年 3 月 15 日第九届全国人民代表大会第二次会议、2004 年 3 月 14 日第十届全国人民代表大会第二次会议和 2018 年 3 月 11 日第十三届全国人民代表大会第一次会议五次修正后的《中华人民共和国宪法》（以下简称《宪法》）第十条规定，“城市的土地属于国家所有”，“农村和城市郊区的土地，除由法律规定属于国家所有的以外，属于集体所有”。1986 年 6 月 25 日第六届全国人民代表大会常务委员会第十六次会议通过、1988 年 12 月 29 日第七届全国人民代表大会常务委员会第五次会议、1998 年 8 月 29 日第九届全国人民代表大会常务委员会第四次会议和 2004 年 8 月 28 日第十届全国人民代表大会常务委员会第十一次会议、2019 年 8 月 26 日第十三届全国人民代表大会常务委员会第十二次会议 3 次修改后的《中华人民共和国土地管理法》（以下简称《土地管理法》）第九条规定，“城市市区的土地属于国家所有”，“农村和城市郊区的土地，除由法律规定属于国家所有的以外，属于农民集体所有”。从《宪法》和《土地管理法》规定可以看出，对于城市土地实行国有土地所有权制度，对于农村土地则实行集体土地所有权制度。

2002 年 8 月 29 日第九届全国人民代表大会常务委员会第二十九次会议通过、2009 年 8 月 27 日第十一届全国人民代表大会常务委员会第十次会议和 2018 年 12 月 29 日第十三届全国人民代表大会常务委员会第七次会议 2 次修改后《农地承

① 蔡立东、姜楠：《农地“三权分置”的法实现》，《中国社会科学》，2017 年第 5 期。

② 李宁、陈利根、孙佑海：《现代农业发展背景下如何使农地“三权分置”更有效》，《农业经济问题》，2016 年第 7 期。

包法》第九条规定：“承包方承包土地后，享有土地承包经营权，可以自己经营，也可以保留土地承包权，流转其承包地的土地经营权，由他人经营。”从《土地承包法》的规定来看，农民家庭从集体获得承包经营权之后，可以将承包权与经营权集中在一起，由自己来行使，也可以在农民家庭保留承包权的前提下，将土地经营权流转给其他农户进行经营。这一规定可以说首次从法律上对农地“三权分置”进行了规定，为农地“三权分置”提供了法律依据。而2020年5月28日第十三届全国人民代表大会第三次会议通过的《中华人民共和国民法典》不仅对《宪法》《土地管理法》及《土地承包法》等法律中有关土地制度规定进行了充分吸收，而且对农地经营权从承包权中分离出来进行了规定。《中华人民共和国民法典》将农村土地承包经营权界定为用益物权，其第三百三十九条规定：“土地承包经营权人可以自主决定依法采取出租、入股或者其他方式向他人流转土地经营权。”从我国《民法典》规定来看，农民家庭可以通过出租、入股等方式将土地经营权分离出来，给其他经营主体，从而实现农地承包权与经营权的分置。

第四章　农地产权分置与实现：改革开放以来历史线索与演进

改革开放以来，我国经济社会产生的巨大变革既基于生产力的改进，也源于生产关系的不断发展，土地产权制度作为重要的生产关系也随着改革的逐步深入发生着改变。在改革开放初期，家庭联产承包责任制将土地所有权和承包经营权分离，极大地调动了农民的生产积极性，农业产量和农民收入实现了显著提高；随着全国范围内工业化和城镇化程度加深，我国城乡关系也发生变化，大量农民转向非农部门从业，农村闲置土地的流转愈发频繁，流转方式也十分多样。在流转过程中，农民大多都保留了土地的承包权，仅流转土地经营权，在尊重农民流转意愿的前提下，为顺应社会发展，进一步释放农村生产力，党和国家自2014年起开始探索所有权、承包权、经营权“三权分置”的农地经营新模式，鼓励承包户流转土地经营权，并逐渐形成确定的制度。基于以上逻辑，本章就农地“三权分置”的历史线索进行探讨和研究。

第一节　农地产权分置的历史线索

新中国成立初到改革开放，经历了从土地改革到人民公社的“强制性制度改造”过程。以1947年9月《中国土地法大纲》为依据的土地改革在年轻的共和国土地上取得巨大成功，此次土地改革彻底摧毁了封建主义土地制度，农民成为土地的主人。本次土地改革的所有制形式为“农民私有制”，这一制度极快地实现了“耕者有其田”，但也为未来土地进一步改革和社会主义改造留下了制度隐患和改革难度。本次土地改革所释放的农村生产力为国家工业化奠定了基础。

作为重要生产资料，农村土地由“私有”变为“集体所有”，不但是我国社会主义制度的基本规定和宪法的基本要求，也是未来进一步发展农村经济，增加农业产出，促进农业规模化、现代化生产的制度保障。从“一大二公、一平二调”，到“三级所有、队为基础[1]”，再到“集体所有、农户承包经营”等过程，农村土地集体所有制在中国农村最终得以建立。

土地产权制度的多次改革和变迁，最终的目的都是调动农民积极性，让资源配置更合理地布局在农村集体经济中，促进农业产出效率和生产方式的进步，以期尽可能地解决农产品供应不足和农民收入低等问题，但是，改革开放前我国对农村土地改造的许多次尝试大多以失败告终或收效甚微，甚至在1959～1961年曾出现过较大规模的农业危机[2]。其中土地产权制度因改革的失利和变迁的繁复愈加混乱，产权不清晰、权能不完整等情况普遍存在，资源难以释放其最大效益。种种制度缺陷同时也导致产权激励功能低下、管理成本高昂、农业生产率下降等情况，人民群众的收入水平和生活质量自然难以得到有效改善。这使决策者和学术界都不得不反思土地制度安排过程中的漏洞。

历经多次运动和经济社会变化，1978年年末，安徽省凤阳县小岗村等地的先行者自发分田到户以促进生产。虽然“包产到户”的举措在当时的法律、政策环境下并不合规，但是这种由农民自身主动探索的“自发性制度变革”获得了丰富的回报，小岗村在“包产到户”后第一年的收成就相当于1966～1970年全部收成的总和（66吨粮食）。小岗村的成功在全国范围内引起关注，被压抑许久的生产力所迸发出的能量震撼着每一个国人，揭开了改革开放的序幕。

此后，全国许多地方都开始尝试进行土地产权制度改革，以期实现经营方式的改变，达到丰产丰收的目的。党中央、国务院对此制度改革予以了高度重视，但当时的社会意识形态并不提倡“包产到户”的经营方式，直到1982年中央一号文件明确了“包产到户、包干到户或大包干都属于社会主义生产责任制”，这种经营方式才得到官方的肯定。自1984年起，连续5年的中央一号文件中都对“家庭联产承包责任制”进行了肯定，使此项制度更为稳定地存在，“包产到户”成为一种可接受的制度安排在全国推行。随着农户向集体进行土地承包，获得土地的承包经营权，“所有权”和“承包经营权”两权分置取代“三级所有、队为基础”的体制，家庭联产承包责任制逐步得以建立。家庭联产承包责任制的核心措施就是将土地的“所有权”和“使用权”分离，所有权留在集体，使用权交

① “三级所有”指农村生产资料所有制分别属于人民公社、生产大队和生产队所有；“队为基础”指此种所有方式以生产队为基础。

② 1959～1961年被称为“三年困难时期”，指由“大跃进”运动以及牺牲农业发展工业的政策导致的全国性的粮食和副食品短缺危机。

给农户，这种“两权分置”的模式既保证了国家和集体的利益，以及所有权归集体的社会主义要求，又通过放开使用权解放了农户的生产积极性，自此，我国农产品短缺的情况得到缓解，农民的收入获得了较为明显的提升，农业水平得以迅猛发展，改革的红利首先在中国农村的土地上得到分享。40 多年改革开放的实践证明，家庭联产承包责任制对释放农村生产力、促进农民增收起到了无可比拟的作用。但是，作为一种阶段性生产关系，家庭联产承包责任制的存在并不能一劳永逸地解决问题，随着经济社会发展和“两权分置”模式的深化，家庭联产承包责任制的实施过程中出现了地权不稳、权责不清的情况，有些地方甚至曾发生上级政府以土地所有者的名义对农户的承包地进行侵权的行为，也有部分农民将此项制度认为是一种“权宜之计”和“短期行为”。更重要的是，因人口流动造成的人地关系变化在此制度中难以得到明确计量，家庭联产承包责任制在理论和实际中都受到了严峻的挑战。一种新的、更稳定的农地制度和人地权责关系呼之欲出。

随着农业生产的进一步发展，为调动农民的生产积极性和主体意识，由农户自己决定经营对象和经营方式较为普遍地存在于中国农村之中，集体计划的经营模式逐渐被抛弃。虽然承包责任制在一定程度上解决了“生产资料按劳动要素分配”的经济学难题，但随着农业生产力的提升，农户间的边际产量差异增大。在此过程中，农民对于土地产权的权能增大，集体权能减弱，农户的“承包经营权”也因此不断扩大。其次，国家不断延长土地承包期，决定在第一轮承包和第二轮承包到期后各延长 30 年，延长承包期对稳定承包权来说是一项十分有效的举措，该举措解决了土地承包期限的纷争，确定了“农民集体”和“农民成员”之间的承包关系长久不变，否定了“重走集体化”的发展主张，继续支持农户对土地的经营自主权，减少了因承包权不稳定带来的弊端，为农村经济的未来发展提供了空间。在此过程中，国家通过土地确权登记工作来保护农户的承包地权益，让农民对土地有了更加深刻的自主经营意识。另外，法律对于土地所有权也进行了明确规定，即所有权主体为“农民集体”，并非纯粹的“集体所有”。土地二轮承包后“增人不增地，减人不减地”的原则更进一步地加强了此种权利的固化①。

城乡二元格局也发生了巨大变化。在改革开放的过程中，城市的发展吸引了

---

① “增人不增地，减人不减地”指：承包期内，因结婚、生子、迁入等原因造成的人口增加，或因死亡、迁出等造成的人口减少，都不对承包户的土地进行调整。该制度由贵州省湄潭县于 1987 年首创，很好地解决了因人口变动造成承包权不稳的问题。

大量的农村人口重新选择自己的生活环境和收入方式，工业化、城镇化在全国范围内迅速推进，许多从事传统农业耕种的农民转向非农产业，进城务工人员增多。人口流动使承包责任制的弊端被放大，土地细碎化问题暴露出来：仍从事农业生产的人群，随着农业机械化程度的提高和农业化学的进步，有限的土地难以满足其经营规模，他们亟须扩大自己所经营的土地以产生规模效应；而通过进城改变收入方式的人群，随着进城后时间和空间的局限难以顾及自己承包的土地，大量的闲置农地得不到照料，甚至被撂荒。此类土地“供需矛盾”使土地流转市场形成。1988 年《宪法》规定，耕地的使用权可以依照法律的规定转让。2002 年《农村土地承包法》规定，农民自己不耕作的土地可以用来出租、转包、转让，地块不方便经营者可互换。农业部也对土地的管理、契约合同的订立、土地流转方式等方面进行了详细规定，以加强土地流转的规范化和可操作性。因此，在农民转向非农产业的过程中，土地的承包经营权就自然产生了“承包权”和“经营权”两权分离，这也使农地流转加速。到 2018 年，全国土地流转率已超过 38%①。因此，从家庭联产承包责任制的“两权分置”形态转变为“三权分置”的格局，在法理规定、生产力现实、农户需求下既是一种必然选择，也是一种模式优化。

从 2013 年习近平总书记提出农地“三权分置”的构想，到 2016 年 11 月《关于完善农村土地所有权　承包权　经营权分置办法的意见》中的全面阐述，再到 2017 年中央一号文件及《中华人民共和国农村土地承包法（修正案草案）》重新定义“土地经营权”，赋予了经营权再留转、抵押入股等权利，2019 年 1 月正式实施的《农村土地承包法》为农地“三权分置”提供了法律依据。自此，“三权分置”的构想、顶层设计和法制过程逐步确立。

综上所述，改革开放以来我国的农地产权制度的变化简单来说就是一个由“两权分置”到“三权分置”的过程，如表 4－1 所示。

表 4－1　　改革开放以来我国农地产权制度变化过程

时间阶段	制度特征
1979～1980 年	实行农业生产“包工到组”和“联产承包责任制”；农地及生产资料“三级所有”，生产队自主经营，因地制宜安排生产；农业生产不许包产到户和分田单干，但可以组为单位经营土地

① 中华人民共和国农业农村部：《关于政协十三届全国委员会第一次会议第 3282 号（农业水利类 281 号）提案答复的函》，http：//www. moa. gov. cn/gk/jyta/201810/t20181023_6161286. htm。

续表

时间阶段	制度特征
1981～1982年	“包产到户”的生产形式得以肯定，“家庭联产承包责任制”逐步确立；农民将土地上交生产队，土地由生产队统一分配，所有权仍归集体；农民在与集体签订好合同的土地上进行生产耕作，产量既与集体挂钩，又直接决定自己所得。 1982年中央一号文件肯定了“包干到户”的生产模式，农地仍归集体所有，但集体不再组织农户的生产工作；农户向集体承包土地，自主生产，自负盈亏，实现了农地所有权和经营权分离
1983～1992年	完善“家庭联产承包责任制”；1984年中央一号文件明确了土地15年以上的承包期，1985年国家取消对主要农产品的统购统销，农民手中经营权自主性增强；20世纪80年代末土地使用权可以依法流转，强化了农地“两权分置”的结构，“家庭联产承包责任制”逐步稳定下来
1993～1998年	农地承包期延长让农户手中的经营权得以更好实施；1993年延长农地承包期30年，并提倡“增人不增地，减人不减地”，农地的经营权归属更加明确且稳定
1999～2013年	完善“家庭联产承包责任制”，强化了“两权分置”模式和农民土地自主权；1998年党的十五届三中全会将“家庭联产承包责任制”改为“家庭承包责任制”，强调保障农民的土地使用权，不强制转让农地；2002年《土地承包法》对土地承包的细节进行具体规定，削弱了集体的决定权；2008年党的十七届三中全会允许农民合法自愿地流转土地经营权，并要求建立健全土地承包经营权流转市场
2014年至今	2013年首次提出农村土地权利分为“集体所有权”“农户承包权”和“土地经营权”的构想，年末，中央农村工作会议提出“农地承包权”和“土地经营权”分置并行，明确“三权分置”的基本方向；2014年一号文件明确了农地“三权分置”的方式，年末，中央全面深化改革领导小组会议正式提出“三权分置”的政策规定，坚持农村土地集体所有，实现所有权、承包权、经营权“三权分置”，促进农地流转；2016年全面阐述了“三权分置”的内涵；党的十九大提出继续延长土地承包期30年，全面完成土地确权工作，明确农户和集体的产权，对“三权分置”的模式进一步完善；2019年《农村土地承包法》为农地“三权分置”提供了法律依据

第二节　农地产权分置的政策演进路径

制度的创新和完善不是一劳永逸的过程，尤其对于受自然条件影响较大的农业产业，土地的有限性、自然环境的改变、生产关系的矛盾等因素都可能影响农业领域暂时的制度均衡，造成农业制度的滞后。因此，经济决策者要及时做出政策调整，以应对制度的边际效用递减，使经济政策能够与发展实际相契合，保证经济制度行之有效、与时俱进。改革开放以来，农地产权制度的改革在党和国家的政策支持下，促进了农业生产力解放，提升了农业生产效率，人民逐渐解决了温饱问题。回顾40多年的历史，党和国家每一次重大政策调整和执行都在农地产权变化、农业产业发展方面产生了深远的影响。

党的十一届三中全会不但实现了思想路线、政治路线、组织路线的拨乱反正，而且作出了改革开放的决策，使党和国家的工作重心转到经济建设上。我国的经济改革由农村开始，农村改革中最核心的部分就是土地政策的改革。

1978年，党和国家农村政策的首要任务是保持土地制度的稳定。党中央强调，应继续维持“三级所有”的土地制度，但是也提出“社员自留地①”可以作为社会主义经济的补充，肯定了“包工到组”“按量计算劳动报酬”的责任制经营方式，但仍然“不许包产到户、不许分田单干”。1979年，党的十一届四中全会将“不许包产到户”和“不许分田单干”的规定改为“不许分田单干；除某些副业生产的特殊需要和边远山区及交通不便的单家独户外，也不要包产到户。”这标志着党和国家对于农村土地政策的松动。

1980年，邓小平同志对“包产到户”的经营方式予以了肯定，同年9月，中共中央《关于进一步加强和完善农业生产责任制的几个问题》以官方文件的形式对“包产到户”“家庭联产承包责任制”予以充分肯定；1982年，中央一号文件再一次充分肯定了“包干到户”及其社会主义性质，正式确立了“包干到户”的农地产权制度。至此，由于1982年中央一号文件的肯定和推广，这种起初由农民内部自发形成的生产模式以一种低成本、低阻力的姿态被推广至全国并得以广泛确立，此后的农地制度也均是在“家庭联产承包责任制”的基础上进行改进和完善。1984年12月，《宪法》修正后对地权表示为“除法定国家所有以外，属于集体所有”。同时恢复“乡—镇—村”的治理体系。《宪法》的修订也标志着当时已经在我国实施了20多年的“人民公社”制度开始解体。

此后，1984~1986年连续三年的中央一号文件都以“三农”问题为主题进行全年的工作部署，党和国家更加重视农业和农村的发展以及农民的生活水平，思考推进农村经济体制改革的出路。1984年，中央一号文件明确指出：“土地承包期一般在15年以上。”土地承包期的延长使“联产承包责任制”得到稳定和完善，这给农民群体吃下一颗定心丸。农地经营权得到进一步放开，

① 自留地指农业合作化后，为保证社员种植蔬菜等其他小规模农作物的需要，由农村集体经济组织依法分配给社员长期使用的小面积土地。

当年我国粮食产量达到新中国成立以来的历史高峰[①]；1985年，国家开始实行粮棉合同订购制度[②]，取消了对主要农副产品的统购统销[③]，将农业税由实物税改为现金税；并且明确规定以家庭联产承包责任制为主，统分结合[④]的“双层经营”制度。此次政策的改动不但加强了农民的自主权，而且有利于调整农业产业结构，发展多种经营方式，1984年粮食丰收带来的第一次“卖粮难”的问题得到了一定缓解。1986年，全国人大四次会议首次提出“承包经营权”的概念，并对农民的此项权利予以保护，从法律层面巩固了农村改革成果；1988年，《宪法（修正案）》规定，土地使用权可依法转让，土地使用权流转有了法律依据。

1991年，党的十一届八中全会肯定了“双层经营”制度，对个体经济、私营经济、乡镇企业等经济形态予以支持。会议指出，要长期坚持家庭联产承包为主的责任制，不断完善“统分结合”的经营制度，发展农村商品经济。1992年，邓小平同志“南方谈话”对“姓‘资’姓‘社’”的问题予以了一锤定音的解答，解放了人们的思想，坚定了全国改革开放的步伐。谈话肯定了对承包经营权的灵活运用，农村经济也逐步向市场化迈进。

1993年，第八届全国人大一次会议将“家庭承包经营”写入《宪法》，以家庭承包经营为主的责任制有了法律保障，解决了多年来的争论，使该项制度成为我国一项基本的经济制度。同年，党中央、国务院发布《关于当前农业和农村经济发展的若干政策措施》，将农户所承包的耕地在第一轮承包期到期后再延长30年。该文件还首次提倡“增人不增地，减人不减地”，对土地承包合同、承包期、经营权流转等方面做出规定，“家庭联产承包责任制”变得更加稳定和完善。1997年8月，党中央、国务院提出的“大稳定，小调整”奠定了土地承包经营权的总体发展基调，在土地承包期延长30年不变的前提下，要求及时向农户颁发土地承包经营权证书，并对土地流转制度做出具体规定。1998年，第九届全国人大四次会议将“土地承包经营期限为30年”写入《土地管理法》，同年10月，党的十五届三中全会将“家庭联产承包责任制”的表述改为“家庭承包责任制”，赋予农民有保障的“土地使用权”，并以此来促进农地的流转，鼓励土地多种形式的经营。1999年1月，党中央、国务院第四次提出土地延长承包

---

① 国家统计局，国家统计局关于粮食产量的公告。

② 指为满足国家和市场的需要，粮食、棉花收购部门同农户达成定购一定数量粮食、棉花的协议。

③ 计划经济时期，农民把粮食卖给国家，由国家向全社会供应所需粮食的农产品交易制度。

④ 集体统一经营和家庭分散经营结合的农村经营制度。

期30年，要求承包合同书和土地承包经营权证签发到户。同年3月，第九届全国人大四次会议将“以家庭联产承包为主的责任制”的表述修改为“农村集体经济组织实行家庭承包经营为基础、统分结合的双层经营体制”并写入《宪法》，这标志着我国农村基本经营制度的法律地位得以确立。

2000年，“十五”规划建议要加快农村土地法制化建设，稳定现有的农村土地经营制度。2001年《关于做好农户承包地使用权流转工作的通知》规定，在依法、自愿、有偿的基础上可对农村土地进行流转。2002年修订后的《土地承包法》对土地承包的范围、对象、期限等进行具体规定，农民具有了更大的自主决定土地使用方式和流转方向的权利，集体逐渐丧失了对土地的决定权。《土地承包法》的颁布为土地流转提供了确切的法律依据。2004年起，中央一号文件重新回归“三农”主题，对土地征用制度、土地补偿机制、失地农民保障等问题进行了规定，但土地权责制度仍然要稳定保持双层经营体制。2005年《农村土地承包流转管理办法》对土地承包经营权的流转给予了更为详细的规定。

2006年，经全国人大决定取消了农业税，实现了千年创举，传统的“三提五统[①]”也同时取消，集体和农户之间基于承包地的利益分配几乎没有了。2007年《中华人民共和国物权法》将土地承包经营权定性为“用益物权[②]”，承包户可以申领产权证，并依法处置土地。此次法律对土地承包经营权的明确，有利于保护土地流转，提高土地流转成效。2008年，党的十七届三中全会明确要建立健全土地承包经营权流转市场，鼓励农民依法流转土地承包经营权，并敦促各级政府做好对土地承包经营权的管理和服务。此后，党中央、国务院下发多项政策都是围绕促进农地流转、建立健全土地经营权流转的法规制度和交易市场而展开的。农地流转有利于探索多种形式的适度规模经营，成为新时期提升农民收入水平、改善农业产业经营结构的新出路。2011年，国务院《关于积极稳妥推进户籍管理制度改革的通知》指出，由农民本人决定承包地的处置方式，政府不能强制收回。党和国家对农地流转的法律保护和市场规范逐步健全完善，农村土地流转得到广泛实施。农地经流转后得到一定程度的整合利用，农业经营方式变得更加灵活，农民生活水平大幅提升。

---

① 三项提留指村提留公积金、公益金和管理费；五项乡统筹指农村教育事业费附加、计划生育、优抚、民兵训练、修建乡村道路费用等民办公助事业的款项。两者均为乡（镇）、村等集体经济组织向所属单位、村民收取的公共费用。

② 用益物权指在法定范围内对他人所有的不动产或者动产占有、使用和收益的权利。

在城镇化率提高、农村进城务工人员增多的发展背景下，农地流转速度加快，农地自然出现了“承包权”和“经营权”分离的情况。截至2012年年末，全国土地流转面积占家庭承包耕地面积高达21.5%[①]。因此，土地由传统承包责任制“两权分置”的形态转变为“三权分置”的格局，在学术界引发了广泛思考。2013年，中央一号文件明确要求，各地要在五年内完成农地确权颁证工作。该项基础性工作的开展表明，党和国家对于农村土地权责的进一步明确和划分做好了准备，农地新一轮制度变革的序幕拉开。同年7月，习近平总书记在湖北省考察时首次提出土地“三权分置”的构想[②]。在当年的中央农村工作会议上，党和国家肯定了这一政策思想，奠定了未来农村土地改革的基本方向。

2014年，中央一号文件提出，允许农户通过承包地经营权向金融机构抵押贷款，这也赋予了农地经营权新的权能。这是首次在中央政策层面提出所有权、承包权和经营权相分离的概念。中央全面深化改革领导小组第五次会议上再次强调了农地“三权分置”改革的必要性。2014年11月，党中央、国务院正式提出了“三权分置”的政策规定，并鼓励农户在“三权分置”的前提下积极培育新型经营主体，灵活开展多种形式的经营模式，巩固和完善农村基本经营制度。同年12月，中央全面深化改革领导小组审议通过在维持土地公有制和18亿亩耕地红线的前提下，保障农民利益不受损失，应建立城乡统一的建设用地市场，完善征收土地的法律法规和补偿机制。本次会议不但标志着我国农村土地“三权分置”改革进入试点阶段，而且对农村建设用地、宅基地的改革奠定了方向。2015年，中央一号文件提出“三权分置”立法的要求，敦促立法机关对“三权”的权利关系进行了界定，对农村土地相关法律进行修订。同年10月，“十三五”规划中提及，要稳定农地承包关系，完善“三权分置”办法。同年11月，党中央、国务院印发《深化农村改革综合性实施方案》，正式将“三权分置”确立为深化农村土地制度改革的基本方向。2016年，中央一号文件再次强调，要稳定农地承包关系，完善“三权分置”办法。2016年4月，习近平总书记在小岗村调研时指出，促进土地经营权流转，实现农村土地“三权分置”，要做到“三个相适应[③]”。同年10月，中共中央办公厅和国家办公厅出台《关于完善农村土地所有

---

① 陈晓华：现在农民承包地的流转面积已达到2.7亿亩，2013年3月11日，央视网，http://news.cntv.cn/2013/03/11/ARTI1362992862474104.shtml。

② 以习近平为总书记的党中央推进农村土地制度改革纪实，2016年1月13日，央广网，http://news.cnr.cn/native/gd/20160113/t20160113_521131942.shtml。

③ “三个相适应”是指与城镇化进程和农村劳动力转移规模相适应，与农业科技进步和生产手段改进程度相适应，与农业社会化服务水平提高相适应。

权 承包权 经营权分置办法的意见》，使土地“三权分置”改革在全国全面铺开，农地“三权分置”变革也成为继家庭联产承包责任制后我国“三农”领域的又一次重大制度创新。

2017 年，中央一号文件继续强调要落实土地“三权分置”办法，鼓励各地开展“资源变资产，资金变股金，农民变股东”的“三变”改革，探索盘活农地经营权的途径。2017 年 10 月，党的十九大提出要稳定农村土地承包关系，继续延长土地承包期 30 年，并提出要实施“乡村振兴战略”。这表明，党和国家在承包地的政策上仍然坚持“大稳定，小调整”的态度，农民手中的承包权更加稳定，土地承包经营的用益物权更加完善。土地承包权稳定不变，农民有了更充分的准备对土地进行灵活的经营，这将给农业经营体制创新和新型合作组织的培养壮大提供稳定的制度保障，给全体农民吃下一颗“定心丸”①。

2018 年，中央一号文件指出，要在当年全面完成土地承包经营权确权登记颁证工作，完善农村承包地“三权分置”制度及相关法规，处理好农民和土地的关系。同年 11 月，《中华人民共和国土地承包法（修正案草案）》重新定义了“土地经营权”，赋予了经营权再留转、抵押入股等权利。至此，“三权分置”从初步构想到顶层政策设计，再到法律规定都得以确立。2019 年，中央一号文件继续关注农地“三权分置”的进展情况，要求各地保证农村土地承包关系的稳定，探索第二轮土地承包到期后的具体延包办法，完善“三权分置”的法律法规和政策体系，盘活农村用地的经营形式。1 月 4 日，全国人大发布《中华人民共和国土地管理法》（修正案）草案的征求意见，对土地征收、集体建设用地等方面做出了新的法规修改，对被征地农民的保障更加规范、多元，也为农地“三权分置”提供了法律依据。

总的来看，我国农地产权制度的变迁大致可分为以下阶段，如表 4－2 所示。

表 4－2　　农地产权改革阶段划分

阶段名称	时间	政策特征
承包经营开始时期	1984～1992 年	农村土地开始允许合法的流转，土地政策出现松动，农村土地呈现“所有权”与“承包经营权”两权分置。农民体会到了由集体经营到承包经营带来的强大生产推力

① 聚焦乡村振兴：土地承包再延长三十年意义何在？2017 年 11 月 3 日，新华网，http://www.xinhuanet.com/2017－11/03/c_1121898632.htm。

续表

阶段名称	时间	政策特征
农地产权发展时期	1993～2002年	农村土地流转增多，由土地流转带来的诸多问题得到党和国家重视。《土地管理法》等法律对土地流转工作进行规范
产权制度规范时期	2003～2012年	《农村土地承包法》等法律对农地流转的方式、范围、期限等方面做出详细说明，我国农地流转逐步走向规范
"三权分置"创新时期	2013年至今	农村土地改革由"两权分置"走向"三权分置"，"承包经营权"被划分为"承包权"和"经营权"，农户对手中的土地拥有了更大的自主权

第三节　不同地区农地产权分置的实践路径

改革开放40多年来，两条主线贯穿于农地产权制度的变化发展中。一条是决定着政策路径和演进的各类制度；另一条是农村土地经营实践过程中所总结出的符合中国农业发展时代特征的农业经营模式。无论是党和国家对农业政策的主动变革，还是基层"自下而上"的积极探索，农业领域的每一次实践都伴随着国家的进步和成长，为解放农村生产力、提高农民生活水平、夯实农业基础谋求出路。在此过程中，不同时期、不同地区农地产权分置的实践为我国农村土地制度变迁提供了现实参考，一次次大胆的尝试，逐步打破了僵化的农业生产模式，适应了农业现代化的要求，探索出一条符合中国农业发展要求的道路。

从集体所有制下的人民公社到改革开放初期的"家庭联产承包责任制"，从打破"大锅饭"状况的"两权分置"格局再到当下"三权分置"的发展方向，我国农业发展过程中的"两个飞跃①"调动了农民的生产积极性，兼顾了农户发展的公平和效率，让全国人民解决了温饱问题，实现了总体小康。每一次制度的产生和发展都是为了更好地优化资源配置、提高利用率，为农业发展转型开辟一条产出更高效、收入更丰厚、环境更友好的农业现代化的道路。农地产权制度的变革与广大农民的利益息息相关，改革开放后，我国许多地区对产权分置的实践

① 1990年，邓小平同志在谈到农业问题时曾指出，中国社会主义农业的改革和发展，长远来看要有"两个飞跃"。一是废除人民公社，实行家庭联产承包为主的责任制；二是适应科学种田和生产社会化，发展适度规模经营，发展集体经济。

形式进行了积极探索，形成了很多可载于史册的经典案例。

一、改革开放的敲门砖——安徽省凤阳县小岗村“家庭联产承包责任制”

1978年11月，安徽省凤阳县凤梨公社小岗村的18位村民在自己拟订的“土地承包责任书”上按下手印，商议通过“大包干①”的方式来进行新一年的土地经营。在这份具有划时代意义的“保证书”上，包括分田到户、不再向国家要钱要粮、如果干部因此事坐牢保证将其子女抚养至18岁等简单而严肃的内容。同时，尊重生产队的利益和农民生产自主权的“安徽省委六条②”通过“借地种麦”引导农民“包产到户”。虽然小岗村对旧制度的挑战以及“安徽省委六条”在当时都没有事先获得中央的批准，但以时任安徽省委书记万里同志为代表的安徽省领导顶住压力，调整了辖域内土地严格的管控，放松了土地承包经营权的限制。小岗村的实践是对“包产到户”生产方式的最初探索。

此次土地经营方式的大胆实践，将封闭已久的农业改革大门推开了一条缝隙，极大地提升了农民的积极性，小岗村的粮食产量在第二年大获丰收，参与“大包干”的村民不但交了公粮，还偿还了贷款，温饱问题得到了初步解决。“包产到户”的微光透过缝隙投射进了各农户的家中，小岗村成功的实践改变了我国农业的生产方式，农业经营单位缩小，农民获得了极大的土地承包经营权和土地收益权，全国粮食总产量在1984年达到历史高峰，解决了农民的温饱问题。

家庭联产承包责任制既符合当时农村生产力的水平，也适合我国农业生产的自然条件特征。首先，在改革开放初期机械化程度不高、生产工具较少的情况下，充分发挥了劳动者的生产能力，处理好了土地、农资、气候条件等因素，最终成就了中华人民共和国成立以来粮食产量的“第二个高峰”。其次，家庭联产承包责任制也符合我国农村家庭的传统习俗。我国地形复杂多样，劳动力生产能力也不同，家庭承包责任制将土地和农户紧密结合在了一起，照顾到了农户中每

---

① 即指包干到户，土地所有权仍归国家所有，但农民享有土地经营权，通过双方签订承包合同，由农户自己安排经营方式。除上缴国家的农业税、集体的提留金外，其他经营收入全部归农户所有。

② 指1977年11月，安徽省委下发的《关于当前农村经济政策几个问题的规定（试行草案）》中提到的六条农业改革措施，主要包括：（1）加强人民公社的经营管理，允许根据农活性质的不同建立不同的生产责任制；（2）积极、有计划地发展社会主义大农业；（3）尊重生产队的自主权，努力减轻生产队和社员的负担；（4）坚持按劳分配，开发多种经营，实现分配兑现；（5）粮食分配兼顾国家、集体和个人的利益；（6）允许和鼓励社员经营少量的自留地和正当的家庭副业等。

一个人的生产能力，便于农户自行安排耕种时间、耕种方式、耕种周期和耕种选择，有利于农户平衡农业劳作和日常生活，“自主权”得到了真正实现。家庭联产承包责任制还充分体现了“按劳分配”的原则，让“多劳多得，少劳少得”的思想深入人心，使农业生产摆脱了长期以来人民公社中“出工不出力”的情况，克服了分配中的平均主义。农业内部分工和商品经济也因此得到发展，农业生产的专业化程度提高，剩余产品出现在市场中，经营方式也变得更加多样。

林毅夫（1988）认为，作为一种难以监督的产业，以家庭为基础的生产模式比生产队模式在农业领域更为有效，每个农民都有让自己的生活水平变得更好的动机，只不过要给予恰当而有力的刺激。家庭联产承包责任制改观了长期的集中生产方式，农民成为土地的经营者，发挥了劳动力的积极性和土地的潜在生产力。

二、饱受争议的制度改革——山东省平度县“两田制”

1980 年，中共中央《关于进一步加强和完善农业生产责任制的几个问题》对“包产到户”和“家庭联产承包责任制”经营形式予以肯定，此次制度改革推广到全国。我国粮食产量受此次改革刺激大幅度增长，1984 年，全国农业总产值达到 2380.15 亿元，比 1978 年增长了约 113%；人均粮食占有量也接近了当时世界人均水平①。但此项制度本身的弊端也因改革红利释放完毕而得以暴露，此后我国农业生产出现长期停滞，农民收入增长缓慢，农业创新乏力的问题。1985 年，国家取消粮食统购，除粮棉油等重要农产品外，鼓励其他农产品直接由市场调节供求；此外，国家还减少了农资补贴，农业投资的减少伴随全国范围内物价的上涨，使农民的利益受到严重损失。

究其原因，制度本身的边际递减规律使生产力的释放达到极限，再加上社会经济环境的变化和改革的深入，许多地方出现了增产不增收、农业基础设施落后、外出务工人员增多等情况，此次改革出现了以下情形：（1）家庭分散经营，无法实现规模经济；（2）家庭承包土地无法自由流转；（3）无法建设长期有效的农业基础设施；（4）难以实现农业机械化；（5）土地分散，经营成本增加等。1987 年，山东省委省政府在青岛市平度县设立“土地规模经营试验区”，次年 4 月国务院正式批准平度县为“全国农村改革试验区”，平度县开始进行“两田

① 数据来源：国家统计局。

制”的改革试验。

“两田制”即将土地分为两类：一种是按人口平均划分的“粮食自给田（口粮田）”，另一种是按劳动力和农户技能投标承包的“商品生产田（责任田）”。其中“粮食自给田”只须缴农业税，无须缴承包税，且不负担国家的定购任务；“商品生产田”须缴纳承包费，并负担国家定购任务。“两田制”的实施在一定程度上解决了土地碎片化的问题，利用起了之前粗放经营和撂荒的土地，使大型农业机械能够起作用，不但保障了农作物产量，而且提高了土地的经营质量。“两田制”实施后到 1991 年，村、户两级资产分别增长 69. 6. % 和 153%，“两田制”的成功也一度被称为“平度创造”。

“两田制”还在一定程度上解决了国家对农产品征收困难的问题。“责任田”的承包需要缴纳一定的承包费用，故农户更愿意通过上缴农产品的方式来进行支付；基层政府征购农产品的对象也由原来的全部农户变为部分有“责任田”的农户，征收对象范围的缩小使征收成本得以降低。

但是，随着“两田制”在全国推广，该项制度的弊端也在实施过程中十分显著地暴露出来。由于“两田制”的执行者是村级基层组织，村干部等人决定着不同种类土地的分配，而且村干部若承包土地，他们是否缴纳了土地承包费用、应该缴纳多少土地承包费用、所获提留金是否用于村内公共事务、机动田的处置等问题都不透明。只有村干部自己清楚，村民们并不了解。因此，制度不完善滋生出的腐败问题使农户的负担并没有减轻。乡（镇）、村级政府在推行“两田制”的过程中有利可图，于是在全国范围内出现了强制实行“两田制”的情况。1997 年，农业部对全国 23 个省区市统计结果显示，83. 5% 的“两田制”社区由行政手段强制推行，仅 16. 7% 的社区是农户在成熟条件下的自愿选择。

“两田制”所引发的社会问题引起了中央的关注，经过了近十年的改革试验后，1997 年，中央下发通知停止“两田制”的推行，同时也承认了“两田制”在实施过程中存在控制农民土地、变相收回农民土地的情况，备受争议的“两田制”在我国农村土地制度改革过程中作为一次失败的尝试画上了句号。

三、深化农业改革的试验田——贵州省湄潭县“湄潭试验”

家庭承包责任制将耕地按家庭人口数进行分配，存在一定的“平均主义”弊端，而且这种责任制在最初没有规定明确的发包期限，再加上城市化发展、人口的频繁流动等原因，许多地方会出现每隔一段时间就调整承包地的情况，这样频繁的调整既不利于农民的生产也不利于集体管理，并且导致土地碎片化及生产率下降等情况。为了解决农村因人口变动给土地承包权带来了诸多不稳定因素，促进改革开放以来新型农业体系的完善，维护广大农民的利益，国务院在20世纪80年代后期到90年代批准建立了30多个农村改革试验区以探索农村改革的下一步方向。1987年，中共中央、国务院在贵州省湄潭县设立国家级农村土地改革试验区，开始进行“增人不增地，减人不减地”的农村土地制度改革试验。

“增人不增地，减人不减地”将农户人口和土地承包关系固化，承包期内不因人口数量的变动调整承包地。具体措施有：（1）确定“村”为土地的发包单位，由村集体行使土地所有权职能；（2）由村集体与农户签订土地承包合同，农户在承包期内依法享有合约规定的各项权利；（3）农地合约里确定土地承包费，并对收回承包地和重新发包的部分事项进行规定；（4）不因人口变动而重新调整土地，保证家庭承包的长期稳定。

“增人不增地，减人不减地”的土地分配政策给当地人地关系带来了巨大影响，新增人口不再享有分地资格，人均分地制度被打破。这一改变使“人口优势”不再等于“土地优势”，农户间土地资源占有量的不同引发土地流转，有经营能力的农户可以通过转入他人土地扩大自己的经营规模；而承包地较少的农户，被倒逼外出务工，进而缓解了人口对土地的压力，农地经营权得到更灵活的实现。

湄潭试验区农村土地承包经营权得到进一步稳定，节约出来的土地进行有效流转，土地效益也因此提高；因土地的高效利用，湄潭县也形成了许多具有地域特色的农产品品牌，形成“南烟、北茶、中部米”的农业产业格局；此外，农业税费制度的改革也减轻了农民负担，增加了农民的纯收入，改善了农村基础设施①。

湄潭县的实践让农业生产不再因为土地的调整而频繁改变，很好地落实了党和国家保持土地承包关系长期稳定的基础性制度要求，更多的农村人口由农业生产转向非农产业和城镇，农民群体的非农收入得到提高。针对外来务工人员的城镇化政策、农村社保和养老制度也因此得到完善，无论是城市的务工人员还是征地农民或无地农民，在日常生活中都建立起了相应的配套社保制度。同时，“湄潭试验”也对中国传统的“多子多福”的生育观起到一定的抑制作用。

---

① 贵州湄潭农村改革试验的成功之路——湄潭农村改革试验区成立25周年巡礼，2017年7月8日，中国农村综合改革研究中心，http：//znzg. xynu. edu. cn/a/2017/07/8719. html。

四、土地流转的大胆尝试——东部沿海地区“反租倒包”

改革开放后，我国农业产业结构得到较大规模的调整，农业更多地受市场主导，农村土地逐步放开流转，强化了土地经营权的多种实现形式。党的十六届三中全会提出，农户可在承包期内依法、自愿、有偿地流转土地承包经营权。随着经济的进一步发展，第二、第三产业的兴起，大量的农村人口进入城市务工，我国的经济结构和劳动力结构迎来新一阶段的转变。根据新的经济发展形势，党的十七届三中全会指出，要建立健全土地流转市场，允许农民以转包、出租等形式进行土地流转。我国的农业发展在农地流转和规模经营中做出了许多大胆的尝试，其中“反租倒包”就是一种有效的途径。

“反租倒包”的形式首次在20世纪80年代我国江苏省苏州市、浙江省义乌市等一些农业试验区出现。“反租倒包”指村委会对已承包到户的土地进行“反租”，向承包户支付租金，统一规划经营土地，然后将土地使用权通过土地交易市场承包给经营大户或者农业公司等经营规模较大的经济主体（即“倒包”）。“反租倒包”的土地流转形式将分散的土地交与“大户”集中经营，减少了因土地分割导致的资源浪费；有利于现代机械化、科技化的耕种手段用于土地中，实现规模效益；并且小农经济转向规模经济的过程也促进了农业产业结构调整。更重要的是，村委会牵头，在农业企业和农户之间搭建起桥梁，能够有效降低交易费用，将村中的闲散土地利用起来。

“反租倒包”的土地流转方式是我国在探索土地市场化过程中的一种大胆尝试，这种流转方式以易吸引投资、经营效率高而被一些地区，尤其是城镇化率较高、经济较发达的地区广泛采用。但“反租倒包”的方式也因村级组织在农户和经营大户、企业中间作为交易信息提供者，被质疑存在信息不透明、监督不充分、组织协调不科学的情况。

党的十七届三中全会后，我国越来越多的农村土地得到流转，土地流转率从2003年的4%～8%，到2018年的40%，甚至有些发达地区更高①。随着土地流转的增加，2012年起我国全面推动农村土地确权工作，要求在2018年年底前完成对农村集体土地确权登记发证。土地确权不但让农民更清楚土地所有权、承包权、经营权的具体对象和自家所承包土地的情况，有利于促进农村土地的流转；

① 农业部：全国土地流转面积占家庭承包耕地总面积35%正试点土地使用权抵押贷款，2017年3月7日，人民网，http://finance.people.com.cn/n1/2017/0307/c1004－29129227.html。

而且通过土地确权，农业现代化发展和城镇化率也会得到相应提高[①]。

五、“三权分置”的成功实现——贵州省六盘水市“三变改革”

在2013年习近平总书记提出农村土地“三权分置”的构想后，党的十八届三中全会要求农村基本经营制度应坚持家庭经营的基础性地位，并推进多种经营方式共同发展。2014年，中央一号文件首次以官方文件的形式强调要放活土地经营权，将土地所有权、承包权和经营权相分离。农村土地“三权分置”改革成为我国农地制度发展的新方向。

贵州省的广大农村地区存在资源闲置、生产要素流动性差等特点，再加上外出务工人员增多、“空壳村”的出现，导致农业投资不集中，无法产生规模效益，从而形成恶性循环，最终导致贫困发生率比较高，农民生活水平难以得到改善。开启于六盘水市的“资源变资产、资金变股金、农民变股东”的“三变改革”，在贵州大地上取得了明显成效，盘活了资源利用效率，增强了集体经济的活力，也带动了当地脱贫攻坚工作的推进。

“资源变资产”，即指将农村自然资源、资产资源、生态资源、要素资源、权力资源等通过清查登记、评估认定等方式，明确产权范围和所属，将之变为资产，作价入股于农业经营主体之中。然后经过农业合作社、龙头企业等经济单位经营后，按股权比例向农户分红。“资源变资产”的方式盘活了闲置资源，壮大了村集体经济，也增加了农户的非农业收入。“资金变股金”，即指将村集体和农户所有的各类资金进行整合投资，实现资金的规模效益，按集体股份收益，再按比例向农户分红。“资金变股金”的形式实现了农村资金的效益最大化，提高了资金的集中度。“农民变股东”，即指将各类资源股权化，让农户量化入股合作社或龙头企业等经济组织，让农民成为股东；除日常经营和农业生产所得外，年终农民股东还会得到企业的分红。“农民变股东”使农民从传统农业中得以解放，农户手中资金的流动性增强，创收手段更为丰富。

“三变改革”初步实现了“所有权”归集体所有、“承包权”归农户所有、“经营权”归经济组织者所有的“三权分置”格局，是农村土地“三权分置”经营的有效形式，推动了土地规模经营，促进了新型农业经营方式的发展，也提升了农村社会的治理水平。该项实践的成功，也说明“三权分置”有着多种实现

① 土地确权让农民尽享实惠，2015年3月2日，人民网，http：//cpc. people. com. cn/pinglun/n/2015/0302/c241220－26621994. html。

形式，可通过丰富的手段为农民群体带来福利。习近平总书记在2015年中央扶贫开发工作会议上提出，要“让资源变资产、资金变股金、农民变股东，让青山变金山银山[①]”。2017年，中央一号文件再次鼓励各地在探索“三权分置”的有效形式时可学习“三变”改革的“贵州经验”，增强集体经济发展活力。

本章主要对改革开放以来农地产权制度变革的历史进行梳理，阐述了党和国家在应对农地产权制度的应用过程中出现的各类问题所做出的一系列政策调整，并通过部分典型案例说明我国农地制度在不同时期的表现形式和变化情况。农地产权的形式不但决定农村资源的利用方式和利用效率，而且在我国改革开放的历史中也扮演重要的角色，影响国家的发展。在历史的种种选择中，无论农地制度如何变化，都是在探索当时经济社会发展水平下释放土地的生产力、提高农民的收入水平的最佳方案，都是为了农民群体的最根本利益服务。

针对农业生产的问题，我国农民自发地进行农地产权制度的改革，因实施效果明显，影响力巨大，小岗村采取的“包工到组”和“联产承包责任制”的生产模式逐渐得到推广，农村土地所有权和承包经营权分开在国家层面被认可，并形成法律。农村土地被允许合法流转后，山东省平度市、贵州省湄潭县和珠三角地区等地均做出了各类大胆尝试。但随着经济发展和城乡二元结构的变化，农村土地“两权分置”的形式逐渐难以满足农村发展需要，于是国家提出土地“三权分置”改革，其中以贵州省六盘水市“三变改革”为代表的成功实践说明了“三权分置”的必然性和有效性。

---

① 习近平：脱贫攻坚战冲锋号已经吹响 全党全国咬定目标苦干实干，2015年11月28日，新华网，http：//www. xinhuanet. com//politics/2015 -11/28/c_1117292150. htm。

第五章 农地产权分置的近期实践

农地“三权分置”的构想提出以来，党中央、国务院、全国人大等分别在顶层设计、法规健全等方面予以相应的规定和修正，“三权分置”成为我国农地产权制度发展的新方向。

农地“三权分置”改革有着深刻的政治内涵和经济促进作用，“落实集体所有权”“稳定农户承包权”就是要保证土地承包关系的长期稳定，让广大农民能够更好地利用手中的资源，以探索农村基本经营制度和农业现代化的新途径；“放活土地经营权”就是指要在社会主义市场经济体系下发挥市场在农村土地资源配置中的作用，让土地的流转更为合理有序，“地尽其用”“人尽其能”，发展多种形式的土地经营形式，提高土地的产出效率、增加农民的获利方式，让农地制度真正成为能够带动农民生活水平提高的“助力器”。

在探索农地制度“三权分置”改革的过程中，全国很多地方都进行了大胆的实践。“三权分置”的实现不仅仅是政策的安排，更重要的是能够结合我国经济社会发展现状，顺应时代要求，形成高效益、可持续的制度路径。本章将从现阶段“三权分置”的主要做法、具体效果、主要经验和所存问题四个方面来进行探讨。

第一节 不同区域农地“三权分置”及产权实现的主要做法

“承包权”和“经营权”分离的探索自我国改革开放以来早已有之，但各地只是在摸索一种更适合农户增产增收的道路，并未真正思考“三权分置”在具体做法和法理层面上的可行性。直到 2014 年，党和国家正式提出要进行“三权分置”改革，这种农业发展的新方向才得到全国范围内的推广。在我国不同地区农地“三权分置”实践的过程中，因为各地经济发展水平、自然资源禀赋、历史文化等方面有差异，催生出了多种形式的实现路径。

一、珠三角地区的土地股份合作制

自20世纪80年代以来，作为改革开放的前沿的广东珠三角地区经济发展迅速。为了更好地配合当时“三来一补”企业[①]的生产，自1992年起，广东省南海地区开始试行土地股份制，由村集体集中管理农民的土地，建立股份合作组织，将集体财产或集体土地折换成股份，以外租土地或自办工厂的形式对土地进行开发。2005年，广东省《集体建设用地使用权流转办法》将农村集体建设用地纳入土地交易市场，开始广泛推行农村集体土地股份合作制改革，土地以一种“私有共营”的形式为村集体创收，当地村民可以在当年获得固定的地租收益，并且还能够通过参与物业管理等工作获得一定的劳动报酬。这种收入风险较低的土地经营形式带动了农民的共营生产积极性。

在实行土地股份制的过程中，广东省的农村土地便出现了由“两权分置”转化成“三权分置”的趋势。在保留农村土地集体所有不变的前提下，首先按功能的不同，将土地统一划分为耕种区、经营区和商住区，然后对决定作价入股的土地进行资产核查和量化评估，确定村集体成员后，按村集体人口数量来配置股权。土地承包权转化为股权的形式进行经营，股权的变化可随人口的流动而调整，这样就不会影响经营权的稳定性，在城乡人口流动频繁的情况下实现了土地经营权的独立运行。土地经营权的独立运行是“放活土地经营权”的重要实现形式，让土地经营权成为一种可以进行自由转让和抵押贷款的财产权。

土地股份合作制以集体股份制代替了家庭联产承包责任制，实现了土地资产的集中经营，但在集中经营的过程中并非传统的“大锅饭”似的生产模式，而是以社区人口为基础，综合考虑村民的贡献、资产折化的多少等因素进行分红，实现集体资产收益按人分红，土地股权也成为农村工业化的实现形式。这种新型的集体经济形式不但使村集体的收入得到提升，而且使乡村治理从落后转向整合，虽然部分村民不在进行与集体资产有关的生产活动，但村民的“股东”身份让他们可以享受集体资产分红，强化了村民的集体土地成员的观念，也在一定程度上解决了农户之间的“合作”问题，农村社区的组织结构得到一定优化。

---

① 即来料加工、来样加工、来件装配及补偿贸易的统称，是外资与中方村镇经济企业的一种合作形式。该种类型的生产代工厂流行于20世纪80～90年代的珠三角地区。

二、贵州省湄潭县的土地承包经营权有偿退出

1987 年，党中央、国务院在贵州省遵义市湄潭县设立国家农村改革试验区，开始进行“增人不增地，减人不减地”的农村土地制度改革试验。随着试验推进，湄潭县土地经营权流转的规模逐步增大，种粮大户、农业合作社、农业企业等经济组织也参与到湄潭县农村土地流转当中。由于土地流转情况的复杂性增强、规模增大，经由农业部、民政部、保监会批复，2016 年 10 月，湄潭县开始在辖域内的 8 个村推进农村土地承包经营权的有偿退出试验。

土地的承包经营权退出，是让农户摆脱土地关系的一种制度安排。湄潭县规定只有收入稳定、居有定所、老有所医的情况才能申请退出，并根据村民组长和董事会的研究决定，报备上级部门审核。农户所获补偿依照“国家征地补偿标准”和“地类分类标准”评估补偿。农户将土地退还给集体后，由村集体进行土地的经营，农户不能在村集体内进行土地流转，并且不能重新申请土地的承包经营权。但农户的“成员权”会得到保留，并继续享受所持股权在经济合作社中的分红。村集体对退包土地有统一经营的权利，可进行土地的流转，并可以对其重新发包。

村集体可以将被退包土地以出租、转股等形式，把土地经营权流转给农业企业、合作社等经营主体，实现“经营权”的分离。经营主体会取得“土地流转经营权证”，并依法使用、经营相应土地取得收入，或使用经营权进行抵押融资。此时的农业经营主体只享有土地的经营权，并不具有土地承包权，土地的所有权和承包权都归村集体所有。针对被退包的土地，村集体将其经营权独立出来，这样对农业经营者来说“经营权”更为完整，不会牵扯农户的经营意愿和个人意志，有利于对其进行更好的经营或土地抵押，而且承包地的有偿退出会盘活农村大面积的撂荒土地，使资源使用更有效率。

三、上海市松江区的家庭农场

伴随着城市化进程的加快，毗邻上海市区的松江区大量农村人口流入城市或转向非农产业，村民对土地的依赖程度下降，在 1998 年第二轮土地承包时，松江区延包土地不到应延包的 50%，大量的承包地被流转给种粮大户或农业企业。2007 年，松江区探索出一条家庭农场的经营方式，由农户将土地委托给村集体

统一经营流转。

松江区的家庭农场制度主要是村委会将农户的承包地收回集体，支付给农户一定的租金，由集体对土地进行统一流转。流转对象主要为本村成员，经过农户申请、村民评议、民主投票等程序后签约成为“家庭农场主”，这些“家庭农场主”通过流转的方式取得土地的经营权进行生产经营。在经营过程中，集体经济组织会对“家庭农场主”所经营的土地进行评估考核，并以此作为发放补贴或退出经营的依据。

在“三权分置”改革的过程中，家庭农场的形式实现了对集体地权的重塑，不但强化了土地的集体所有权，而且在集体承包农户土地的过程中对农户的收益权予以一定保障。农户手中的承包经营权通过保留村民资格而变成专门的承包权，以流转租金的形式获得收益，退出承包经营权的农户可获得一定额度的养老保险。被选中的“家庭农场主”取得土地经营权，并通过相关合同法规在所管辖范围内进行自主的生产经营活动。他们不但能通过自己的生产经营获得收益，而且可获得国家、上海市、松江区三级政府的财政直补或金融保险补贴。

松江区的家庭农场制改变了之前一家一户分散经营的模式，将土地、机械、劳动力等生产要素进行整合，形成规模化经营，提高了农业生产效率；而且家庭农场的现代化程度较高，可与“互联网 +”、现代农业、有机农业等高水平农业生产模式结合，促进了农民持续增收；国家、上海市和松江区三级补贴以及上海市的相关政策使“家庭农场主”可以以低廉的价格租入土地并享受高质量的社会化服务，只需要思考如何做好田间管理，经营家庭农场成为一种风险低、收益高、经营便利的行业。“家庭农场主”吸引了很多年轻的“新农民”进行农业生产，农场对环保问题和土地保育工作更为重视，改善了农业生态环境，提升了农产品的质量安全，也催生了一大批农民企业家；那些由农村走向城市的村民也没有后顾之忧，退出土地承包后可同样享受完善的社会保障体系，过上城市人的生活。

但家庭农场模式有一定的特殊性，松江区的成功是依托上海市高度发达的经济水平、高质量的政府补贴、大批次的农村人口非农化转移以及大面积的优质土地，这种生产成本和社会成本都很高的农地经营模式能够在全国最发达的城市中获得成功，但要在财政能力较弱、土地资源分布不平衡的中西部地区实施可能会大打折扣。对于家庭农场模式的学习借鉴，还应因地制宜，结合地方实际进行。

四、四川省崇州市的“农业共营制”

崇州市是全国商品粮生产基地，但随着城镇化的推进，作为农业大县的崇州市也产生了农村人口转向城市、务农人数减少、务农人口高龄化等问题。为解决农业产业“无人种田”的问题，崇州市探索出一条通过土地经营权入股合作社，鼓励发展种粮大户和引入龙头企业的“农业共营制”，形成了“土地合作社＋职业经理人＋社会化服务”的“三位一体”的农业经营格局。

崇州市“农业共营制”通过村集体成立的“土地股份合作社”，将自愿加入的农户土地承包经营权折换成股份，以“利益共享，风险共担”的原则进行经营。在经营过程中，由职业经理人进行专业化耕作、与土地股份合作社拟订各类生产计划，双方按年进行收益分配。政府引导市场参与到农业生产当中来，为农业提供科技、金融、保险、品牌构建等多方面的社会化服务。

“农业共营制”实现了集体所有权的实体化，集体所有权通过“土地股份合作社”的形式呈现。在鼓励农户参与“土地股份合作社”的过程中，集体经济组织会对不愿入股的农民的土地进行调换，实现土地耕种的集中连片。农户将自己所承包土地折股入社后可享受股份收益权，并且在职业经理人的选择上具有决策权和合约权；集体组织可从“土地股份合作社”中提留公积金和日常管理经费。职业经理人在按照合约进行经营的过程中，可使用其所持有的证书来进行贷款。

“土地股份合作社”实现了“承包权”和“经营权”的分离，集体组织将土地的经营权转于职业经理人，职业经理人可通过所入股土地的经营权进行融资经营。但职业经理人对土地的经营应在集体组织和农户的监督下进行，“社员大会”对“土地股份合作社”种植安排、生产计划、经理人选择等方面具有决策权，并确定和经理人的合约细节。虽然职业经理人实施实际的经营权，但农户的利益也在“共营”模式下得到了保障。

崇州市“农业共营制”解决了土地细碎化的问题，在“土地股份合作社”的管理下，土地得到整合，农业生产成本降低，并促进了“职业农民”群体的形成，提高了农业产出效率。

五、湖北省宁乡县的“土地合作经营模式”

随着改革开放后城市化进程的加快及农村人口的转移，湖南省长沙市宁乡县面对“有田无人种”和“有人无田种”带来的土地细碎化和抛荒等问题[①]，通过土地流转来优化资源配置，从而唤醒“沉睡的资本”。根据党中央“三权分置”的改革要求，宁乡县鹊山村探索出“土地合作经营模式”。

为解决土地细碎化问题，鹊山村村委会制定了村内的土地流转方案，以“人地平衡”为原则对全村土地进行流转，即土地按实测面积进行流转，流转收益按全村在籍人口数分配。成立“土地银行”，搭建土地经营平台，对土地进行统一管理，保留集体对土地的所有权和农户的承包权，将土地经营权入股“土地合作社”，按“基本分红+二次分红”的模式对收益进行分配。作为股东，农民在土地流转过程中可以参与到具体的生产经营过程中来，确保了其主导地位，将收益最大限度地保留在农民手中。在对土地的经营过程中开展“合作经营”，培养“职业农民”，“土地合作社”按片区将土地经营权流转给“职业农民”进行耕种，形成新的农业经营主体。此外，村集体还为从事生产经营的“职业农民”提供了多样的社会化服务以保障生产高效顺利地进行。

鹊山村“土地合作经营模式”展现出强大的生命力，培养了新型的农业经营主体，促进了农业生产的规模化和科学化。在合作经营的过程中，因为被整合后的土地会依片区来发包给“职业农民”，耕种成本得到有效降低，大型农机有了施展的空间，乡村基础设施得到加强。土地资源得到合理利用，农产品的产量和质量都有所提高，故而农户的分红增多，综合收入也得到提升。“土地合作社”的建立使农民的组织化程度增强，充分发挥了村集体在资源配置和组织农户创收上的正向作用，将农户有效地组织起来成为“利益共同体”，让大家都能够为增收脱贫贡献自己的力量。

六、山东省、河南省等地的“土地托管制度”

1988年修订的《宪法》规定，“耕地的使用权可以依照法律的规定转让”，我国农地经营形式变得更加多样灵活。经历了30余年的农地流转实践，加上城镇化的深入，农地流转的速度和规模得以提升，农村土地流转率超四成，土地的承包经营权也自然产生了“承包权”和“经营权”的分离。在土地流转增加的基础上，多地形成土地托管的生产服务方式。2017年8月，多部委下发的《关于加快发展农业生产性服务业的指导意见》将土地托管当成发展农业适

① 湖南鹊山：“三权分置”唤醒“沉睡资本”，央视网，http://tv.cctv.com/2017/12/06/VIDEvjWBqt4RJWNQCsXbTbow171206.shtml。

度规模经营的一种有力方式。山东省、河南省等地的实践，是“土地托管制度”的典型代表。

土地托管是保证农户对土地的承包权和经营主体地位不变的情况下，将农业生产的某些过程交由专业合作社或龙头企业等进行统一生产，农户根据不同经济主体社会化服务的多少来支付费用，而托管方通过服务费、粮食差价等获得收益。土地托管会在托管方的管理下形成规模化经营，在山东、河南等平原地区能降低生产成本，形成规模经济，因而被广泛应用。土地托管经营中农户无须将自己的承包权和经营权转出，而可自行选择将生产过程中的生产决策、农资购买、田间管理、产品营销等一项或几项交由托管方管理，农户保留对土地经营的选择权，并且可以自由退出，合作社等托管方会对被托管的农地进行规模化经营，农户和托管方在一定程度上形成了风险共担、利益共享的格局①。

“土地托管制度”改善了农户的生产条件，规模化经营使农业机械化更好地用于耕地，提高了生产效率，降低了生产成本；农产品的生产在托管方的管理下，相较于传统的分散经营模式，能够更好地形成品牌效应，打通农产品销路，让“有粮无市”的发生率降低；规模化经营的开展，也更有利于农业科技化程度的加深，使农业生产采取更先进的技术，优化基础设施，倒逼产业升级；通过提供相应的管理知识和农业技术，托管方也可以赚取一定的服务费用，形成“双赢”格局。

但“土地托管制度”还欠缺法律规范，对土地评估、托管程序、托管双方的权责划分、托管合同的规范性等方面缺少说明，多是各地根据自身情况所制定的地方性法规。如何做好土地托管的监督工作，降低土地托管高昂的交易成本，还有待进一步探讨。

七、贵州省六盘水市的“三变改革”

贵州省六盘水市自然禀赋较差，土地质量不高，属“滇黔桂石漠化集中连片特困地区”。为改善当地贫困现状，盘活有限的资源，让农户手中的土地得到更好的经营，2014 年，六盘水地区开展了“资源变资产、资金变股金、农民变股东”的“三变改革”。

在“三变改革”中，“资源变资产”是指将集体土地、林地和闲置的房屋等

① 促进土地托管规范化发展，2017 年 12 月 4 日，人民网，http：//opinion. people. com. cn/n1/2017/1204/c1003 –29682885. html。

资源通过一定形式入股到新型经营主体中，以此获得相应的股份权利；“资金变股金”是指整合各级投入农业生产中的资金为农户股金，同样投入各经营主体中，以享受股权，通过股权分红获得收益；“农民变股东”是指农民自愿将手中的经营权和农资、设备、劳动力等方面进行折换入股，投资到经营主体中，享受股权。

六盘水市的“三变改革”首先将集体资产的所有权确权至各农户，然后由村集体代表农户行使所有权，集中开发现代农业项目和乡村旅游业。农户的承包权折换入股到集体组织的经营主体当中，在不改变原来承包关系的前提下获得相应股权，土地经流转后的收益归具有承包权的农户所有。农户作为集体成员具有经营决策权和收益分配权，有权参与集体经营的方式、内容、规划等的决策。土地的经营权独立出来，集体可将土地经营权转予第三方，第三方有权对入股的资源、资金等从事生产经营并获得收益，也可进行抵押融资。

“三变改革”形成了“所有权归集体、承包权归农户、经营权归合作社”的“三权分置”格局，激活了生产要素，促进了土地的适度规模经营和新型农业经营主体的发展。“三变改革”的形式带动了农户的生产积极性，新的产权配置让农民能够以“股东”的新姿态参与到农业生产当中，同时也改善了农村的社会治理水平。放活土地经营权，鼓励将土地经营权流转给农业合作社、村企业或专业大户，让农民群体“流转有租金，打工有薪金，分红拿股金”，在将农民从土地上解放出来的同时也让农民的收入来源更加丰富。农地细碎化问题在“三变改革”的过程中得到有效改善，可以在生产过程中发挥资源的规模效应。

经过三年多的实践，贵州省六盘水市通过“三变改革”提升了农户的收入水平，当地的农业产业形态发生了重大变化，形成了“村集体＋经营主体＋基地”“经营主体＋农户＋基地”或“村集体＋经营主体＋农户＋基地”的产业格局，人人都能得到相应的股权分红收益，也解决了“空壳村”问题。“三变改革”的思路自2017年起便得到党中央、国务院的认同，被写入2017年、2018年和2019年中央一号文件中予以推广。

八、小结：不同改革实践的共性与差异

前面所选取的7类具有代表性的实践，既有效地结合了各地自然禀赋和发展水平，改善了人地关系，又都围绕着我国“三权分置”改革中“放活经营权”的要求，实现了“承包权”和“经营权”的分离。不同区域间的改革具有许多共同性和差异性，根据各区域“三权分置”实践的具体做法和土地流转形式，

对其进行分类总结，如表5－1所示。

表5－1　　各地“三权分置”实践的共性与差异

地区	分置方式	分置类型	相同点	不同点
“珠三角”地区	土地股份合作制	土地入股	1. 土地所有权归集体所有，仅放活（流转）土地经营权； 2. 各项工作均在依法、有偿、自愿的前提下进行； 3. 基于“土地流转”而实现放活经营权； 4. 提升了农户收入和生活水平，提高了资源利用效率，在一定程度上推进了农业现代化； 5. 解决了部分土地细碎化的问题，提高了农业机械化水平	按功能划分土地，按人配股
湖北省宁乡县	土地合作经营			土地整体流转，收益按人分成，鼓励农民参与生产
贵州省六盘水市	“三变改革”			除土地外，农户的其他资产也可折换入股
四川省崇州市	农业共营制	土地入股 土地互换		鼓励土地互换以形成规模化效益，村集体在生产、经理人选择等方面保有决定权
贵州省湄潭县	有偿退出	归还集体		农户摆脱土地关系，村集体决定流转或经营
上海市松江区	家庭农场	土地出租		流转对象主要为村内成员，对区域发展水平和科技化程度要求较高
山东省、河南省	土地托管	托管代耕		将土地交由生产能力较强的组织经营，农户需向托管方支付一定的社会化服务费用

第二节　不同区域农地“三权分置”及产权实现的具体效果

2016年4月，习近平总书记在“农村改革座谈会”谈及，改革开放以来“家庭联产承包责任制”将土地的所有权和承包经营权分开，极大地调动了农民的生产积极性，成为我国农业改革史上的重大创新；目前，随着城市化的发展，将土地“承包权”和“经营权”分开，以促进土地流转，培养新型的农业经营主体势在必行[①]。作为我国土地产权制度改革实践的产物，“三权分置”改革探

① 在深化改革中厚植“三农”发展优势——学习贯彻习近平总书记在农村改革座谈会上重要讲话精神，2016年4月28日，新华网，http://www.xinhuanet.com/politics/2016－04/28/c_128942211.htm。

索符合我国生产力现状和发展要求，对我国的农业生产和农民收入水平的提升起到了巨大作用。

一、“三权分置”丰富了我国农村土地集体所有制的实现形式

改革开放后，根据当时国家经济水平和我国农村以人力、畜力为主的生产力现实，“家庭联产承包责任制”将土地“所有权”和“承包经营权”统一的农村集体土地制度确立为土地“所有权”归集体，“承包经营权”归农户的“两权分置”的产权制度。该举措极大地调动了农民的生产积极性，农作物产量和农民生活水平实现了跨越式发展，获得了多年未有的丰收。在实践中，该项制度也得到党和国家在法律法规、政策等方面的保障，农户对土地的承包、经营更为稳定，我国也因此初步解决了人民的温饱问题。在当下，虽然“两权分置”仍然是我国农村土地制度的基石，但随着我国经济社会的迅速发展，工业化水平和城镇化率提高，大量的农村人口进城务工从事非农产业，由于工作、生活、消费的地方都在城镇中，之前村中所承包的土地也就普遍流转给他人经营，承包主体和经营主体的分离使农地的承包经营权自然进一步划分为“承包权”和“经营权”。

农村土地集体所有制是我国《宪法》明确规定的基本经济制度，土地归集体所有的稳定性不容动摇。在此基础上将土地产权进一步划分，实行农户承包权、土地经营权的分离，符合当下我国农村土地大规模流转的现实。在坚持农村土地集体所有的前提下，既保护了农户的土地承包权，也满足了土地流转规模增大、生产要素合理分配的要求，为农业生产的规模化和机械化提供了制度保障。“三权分置”赋予了农民更多的财产权，农民可享受土地流转后的集体资产增益值，实现了农业和农民“两道题目”一起解的目的，创新了我国农村土地制度的实现形式。此外，“三权分置”还化解了之前承包经营权的社会保障属性和财产属性的矛盾，释放出更多的红利。

二、“三权分置”释放了我国农村土地更深层次的生产活力

改革开放初期的实践证明，以“家庭联产承包责任制”为主，统分结合的经营体制有力地实现了农业生产力水平的提升，这一制度保证了农村土地所有权归集体所有，又赋予农户承包经营权，在“集体经营”和“农户承包经营”两方面找到平衡点，成为一项长期坚持的制度。当下的经济形势变化使我国两亿多

农村承包户不断分化，随着农村务农人口数量的减少，同时也催生出了生产大户、农业合作社、农业企业等多种经营方，土地的所有权、承包权和经营权得以分离，实现了“集体所有、农户承包、多元经营”的转变。党的十八届三中全会在国家政策层面肯定了这一转变。

“三权分置”的内涵之一就是通过市场机制配置土地资源，将土地转变为一种可流动的生产要素，从而构建起新型农业经营体系。2018 年，我国基本结束了农村土地确权颁证登记工作，“三权”权责关系的基本框架搭建起来，在“三权分置”的格局下，我国土地由之前单一的集体经济转变为集体经济、农业合作社、社会化服务组织、农业企业等多元化的经营方式；由单一的农户承包转变为农户承包生产、家庭农场、生产大户等多形式的经营主体。农村土地的经济实现形式上也变得更为多样，“对外”可以通过地租等资本化的形式来实现土地的资本价值，“对内”可通过集体内部合理分配土地收益来实现土地的生产价值。“统分结合”的生产模式也得到更深的拓展，“统”和“分”两个方面共同搭建起新时期现代农业经营制度，提高了农业生产的专业化程度。通过土地产权关系的明确，土地资源得到整合开发，加速了农业发展方式的升级，农业经营体制在“三权分置”的制度帮助下得以释放出更深层的生产活力，多样的农业经营单位也培养出了各类著名的农业品牌和农业企业家，更多的农产品因此得到广阔的销路，之前“丰产不丰收”的情况也得到一定缓解。

三、“三权分置”指引了我国新型农业现代化的前进方向

在改革开放初，“家庭联产承包责任制”打破了“大锅饭”式的集体生产方式，调动了农民的生产积极性，同时也保障了各农户通过土地获得收益的权利。在随后的发展中，农业适度规模经营①成为可能，并且供给侧结构性调整改革对农业适度规模经营的要求十分迫切。此外，现阶段随我国工业化和城镇化带来农业老龄化、弱质化等问题，承包地仍然承担着重要的托底作用，“土地是农民的命根子”在根本上并没有改变。2014 年，党中央、国务院明确了在我国居民粮食需求变化和国内耕地成本变化的情况下要发展适度规模经营的重要性和必要性。在当下农业的发展中，应该走一条公平和效率并举的道路，既考虑农业发展的问题，也考虑农民的生活质量和个人意愿。

---

① 指在一定的自然资源和社会经济条件下，通过各生产要素的最优组合达到最佳的经济效益。

“三权分置”的推行促进了农村土地资源的优化配置，在保护农户利益的基础上实现了适度规模经营，加快了农业现代化的实现。此举赋予了新型经营主体更多的土地权能，促进了土地经营权能够在更广的范围内实现。农业适度规模经营在“三权分置”的制度保障下迅速成长，其在机械化耕种、良种筛选、生产要素整合、建立销售渠道等多方面为农民增收带来了现实保障。在新型经营主体的作用下，土地产出率、资源利用率都得以提高，作为承包主体的农户以“股东”或“员工”的身份加入新型经营主体中，对“自己的”土地在科技化和专业化程度更高的条件下进行耕种，也提升了劳动生产率。针对新型经营主体规模化种植的要求，政府机关和其他社会组织也搭建起了一套较为完整的社会化服务体系，以保障新型经营主体和农户的必要物质技术条件，解决了后顾之忧。“三权分置”为农业现代化的改革方向和农业产业转型指引了一条更高效、更绿色、更科学的道路。

四、“三权分置”支撑了我国城乡协调发展的理论基础

自先秦以来我国便有“以农立国”的重农思想，在我国革命和建设时期更是十分强调农业的基础地位。在社会主义国家的性质下，农村土地集体所有制得到不断的探索和创新，无论是政策的顶层设计还是广大人民群众的勇敢尝试，都是在找寻一条适合我国国情和发展现状的“集体所有制”实现形式，以保证全体人民能够共享经济发展的果实，实现共同富裕。尤其是在全面建成小康社会的新阶段，对于土地制度的创新实践则更加重要。

现阶段，“三权分置”改革继承了前期“两权分置”的制度安排，具有政策连续性，在“家庭联产承包责任制”的基础上重整各项权利，逐步形成集体、农户、新型经营主体对土地资源的合理利用和资源共享，并在其中共享权利，实现多赢。在“三权分置”土地制度改革的带动下，农业实现了合理的分工和专业化发展，承包农户虽然转出了经营权，但收入并未因此而减少，土地反而增加了产出，农户也扩大了自己的非农收入方式；新型农业主体在经营土地的过程中享受了优质的社会化服务和政府提供的生产保障政策，生产效率大大提高；村集体因此也实现了城镇化发展和城乡协调发展，使农村劳动力得以合理流动，在一定程度上打破了“城乡二元体制”的困局。

农村土地“三权分置”制度丰富了我国的“三农”理论，合理恰当地解决了人地关系之间的矛盾，实现了生产资料的有效配置，深入挖掘了“三农”领

域的生产关系，体现了我国制度变迁的强大生命力。为全面建成小康社会、实现中华民族伟大复兴的“三农”领域提供了科学的理论基础。自 2014 年我国正式提出实施“三权分置”改革以来，从制度创新、释放生产活力、发展适度规模经营、充实“三农”理论等方面，“三权分置”制度对我国的经济社会产生了巨大影响，这既是我国“三农”领域的改革基础，也是当下“三农”改革的方向。

第三节 不同区域农地“三权分置”及产权实现的主要经验

在保证集体土地所有权稳定不变的前提下，“三权分置”改革过程中最重要的就是要“放活土地经营权”，这不但是中国特色社会主义市场经济体制下土地资料适度规模经营的要求，更是在“城乡二元体制”中通过土地改革合法促进农业现代化的出路。党的十九大上，习近平总书记指出，为稳定农地承包关系，继续延长土地承包期。农户的承包权得到保障后，在土地流转过程中，农民对自己所承包土地的权属认知更为清晰，流转起来更加踏实。从法理层面上，土地承包权的延长和确权使土地经营权用益物权的性质更加充分和完善。

全国各个地区自然资源禀赋不同，经济发展水平有差异，历史文化和耕种技术也有各自的习惯，“三权分置”的改革方式可主要归纳为以下几类。

一、土地经营权出租

土地出租是农民自发进行土地流转探索出的一种常见形式。土地出租指在约定好租金、承包期限和承包地块后，承包农户将所承包土地的全部或部分经营权在一定时间内租赁给其他单位或个人进行农业经营的行为。土地出租后，土地承包关系不变，但土地经营权转移。承租方在合约期限内，须依照合约规定和租赁条款对承包方负责。

以出租的方式可有效实现农地的“三权分置”。第一，土地出租是在承包方和承租方两方自愿的基础上进行的，所以土地经营权的出租被认为是一种能够反映承包方和承租方双方意愿的一种流转方式；第二，土地出租合约中的标的是对应土地的经营权，承包方仅出租土地经营权，“出租”的形式不改变土地集体所有的性质和承包关系；第三，出租期限应在承包期限内进行，因为土地的承包权是有一定期限的，所以土地出租期限最长不应该超过农村土地承包者对土地的承包期限；第四，为保障广大农户的利益不受损失，土地在出租过程中会订立流转合同，并在村、乡（镇）、县（区）等各级土管部门进行登记备案，土地管理部门的“流转管理员”对合同内容和现实情况进行审核，对违法违规行为进行纠正；第五，承租方所获土地经营权后，应在土地上进行农业生产经营活动，不能改变农村土地的用途；第六，为保障农民权益不受损失，承包方、承租方两方可约定土地生产内容，确保农业用地的属性不被改变。

在土地出租关系中，承包方既可以是村集体的个人或村集体本身，也可以是村集体外的个人、企业或其他经济组织。由于会有外部经济体的出现，土地经营权的出租有时会演化成“反租倒包”，即承租方为村集体，村集体此时并不是真正的土地经营者，而是变为中介方，然后再把租来的农民的土地倒包给具有农业生产能力的其他农户、企业或经济组织。村集体扮演了“信息经理人”的角色，在市场中掌握较多的交易信息，村集体的介入为村民抵挡了一部分市场风险，能够带来更为稳定的租金，即使是收入变得少了一些，但村民也更愿意将土地租给村集体。村集体也比承包户个体更有能力为其选择优质的二次承包方，带来更为可靠的生产经营能力，故“反租倒包”的模式更受农户欢迎。

二、土地经营权入股

土地入股指承包户为更好地利用土地资源发展经济、发展现代化的农业经营模式，将所承包土地的经营权折换为股权，与其他承包户进行联合农业生产经营的方式。土地经营权入股，是在依法、自愿的基础上，将土地经营权进行评估，最终入股合作社或龙头企业进行农业生产经营。与其他经营权的流转方式类似，土地入股也是要先签订相应的土地流转合同，然后再留村、乡（镇）、县级农经单位登记备案，最终由“流转管理员”进行考察、审核，对违法违规的现象予以纠正。

土地经营权依据规定折算入股，将“地权”变成“股权”，土地换成资本投入农业生产当中，实现了承包地的“资本化”，农民成为“股东”。“资本化”后的农业经营组织有利于进一步调动农民的生产积极性，更好地保护农民的权益。拥有股权的农民可在农业经营组织中获得分红，现阶段主要有两种分红方式：第一种是按股权分红，第二种是按人口数分红。由于农户的家庭人口数在历史发展过程中会发生较大变化，新生、死亡、嫁娶等都会影响人地数量关系，所以为保障农户利益，大多数地区在农地入股后都会按第二种方式进行分红。土地入股后，无论是合作社还是龙头企业，其成员组成都是来自同一个生产集合单位，即一个村或一个村民组。因地缘关系或血缘关系而相互熟悉的村民成为新经济组织的“股东”后共享利益、共担风险，土地经营过程中的矛盾更容易解决。

土地经营权入股是“放活土地经营权”的有效形式，土地折算入股的过程不但能够解决土地产权界定的问题，而且新型经济主体的参与也带动了城镇化的发展。但是在土地入股过程中存在土地作价的问题，即根据土地的土质、水文、肥力等因素恒定土地的价值高低。另外，如果合作社或公司的经营期限和土地承包期限不一致，还会面临股权转让、破产清查等问题，处理不当会造成土地用途的改变，影响我国的基本农田底线。

三、土地经营权互换

土地互换指土地承包户之间为了更好地进行土地经营或其他经营需要，对所承包地块进行交换。土地互换不但交换了相应土地的经营权，而且交换了土地的承包权。

土地经营权互换有利于农业连片经营，连片经营可按需进行。例如，如果某块可连片种植土地的承包户不想连片种植，则该农户可寻找愿意将此块土地进行连片种植的农户进行交换；如果某农户希望自己参与到连片种植当中但其土地不在连片种植区域内，则可寻找连片区内不想参加连片种植的农户进行交换。土地互换保障了承包户退出土地流转的权利，不会让连片种植的风险影响到土地经营者。

由于土地互换包括土地经营权和承包权两者的交换，因此该项做法只能在同一经济体（村组织）内进行。尽管如此，因为土地的地力、面积、自然禀赋、耕种距离等因素的限制，使“退出流转”和“参与流转”双方都同意的条件下实现土地互换难度非常大。由于能够拿来互换的土地往往被用作第二产业或第三产业的经营，因此有时等价交换土地承包权的原则不一定能够发挥作用。土地互换的前提就是要求同一村民小组范围内能够自由结合、自愿组合、优化结构，在土地互换模式推行困难时往往需要党员干部的牺牲奉献，拿良田换薄田，以带动种田能手放开手脚去经营，乡村治理在土地互换过程中发挥了比较大的作用。

虽然土地互换的模式推广起来难度较大，但如果处理得当，使土地实现连片种植，对推动农业规模化经营、促进农业机械化十分有利，进而可实现农业转型，实现农业产业化。

四、土地经营权托管代耕

土地经营权托管代耕指没有精力或能力来对自己所承包的土地进行耕种的农户，将土地的经营权委托给生产大户或专业合作社，让这些能够实现规模化经营的组织来帮助自己进行代耕、代种。在托管代耕的过程中，农户会向受托方支付一定的服务费用，但换来的是更大规模的增产增收，而且能够保证自己家的土地有人照料，不会出现撂荒的情况；对受委托的生产大户或农业合作社来说，会得到代耕费和耕种过程中的农资差价等收益。

经过改革开放 40 多年的发展，传统的家庭分散经营模式已经难以适应现阶段农业现代化和城镇化的进程，尤其是对于一些临近大城市的乡村，更亟须改善农业经营体制，培养新型、多元的经营主体，走绿色、生态、高效的现代农业道路。为解决传统种植业劳动力减少、土地撂荒等现实问题所产生的托管代耕模式，在不断完善的过程中扩大了服务范围与服务方式，形成了一套完整的体系。在不改变土地经营权和承包权的前提下，受托方垫付费用，为农户的土地统一提供种子、化肥等生产资料，统一进行开垦、播种、灌溉、施肥、病虫害防治等服务，年终再与农户进行结算。托管代耕模式促进了土地的规模化和集约化经营，有利于创新农业经营体制。农地流转机制的创新鼓励了大户经营、企业经营，促进了生产要素的优化组合，形成了城乡优势互补、协调发展的格局。

托管代耕模式在一定程度上解决了承包户群体在打工和务农之间如何抉择的问题，如家中有土地却没有精力、没有资本去种植，想外出打工却又舍不得家里的土地等问题。托管代耕一方面让农户扩展了自己的收入途径，解决了后顾之忧；另一方面也降低了农业生产经营的成本，实现了标准化、规范化生产，提高了土地经济效益。土地经营权托管代耕是促进土地经营权有序流转的必由之路，土地托管代耕所带来的体制创新不只是存在于委托方（承包户）与受托方（生产大户、农业经营公司）之间，也对政府的治理体系起到了改革作用。政府作为土地流转的主导，为托管代耕模式提供有效、优质的公共服务，在此基础上委托方才能放心地把土地委托出来；受托方同样也会因政府的保障而在托管过程中减少与农户间的纠纷，获得集中、长期的土地经营权。

土地经营权托管代耕是农地经营权流转的形式，在此过程中没有改变土地的所有权制度，土地仍然是在社会主义公有制的前提下为实现农民利益最大化所进行的流转方式；土地托管也没有改变土地的承包权关系，经过第二轮承包期的延长，全体承包户吃了一颗“定心丸”，农民手中土地的稳定性加强。土地的所有权不变，承包权稳定，剥离出来的经营权得以灵活流转，托管代耕模式是“三权分置”改革过程中的有效实践。

“三权分置”的实施最重要的是能够因地制宜，在不同地域、不同经济水平、不同资源禀赋的条件下选择一种最适合当地发展的模式。在此过程中，政府发挥着巨大的作用。在经营权流转之初，政府起主导作用，引导农户敢于放活农地经营权；在经营权流转之中，政府起引导作用，能够在承包户和经营者之间搭建起一条有效的通道，明晰利益分配，减少合同签订后的争执；在经营权流转后，政府起服务作用，能够提供有效的服务和必要的配套设施，保障“三权分置”中各个利益主体都能解决后顾之忧，专注于提升农业产出、增加农户收入。

“三权分置”的实践经验充分说明，该项改革不仅仅是土地各产权简单的分离和重组，而且是在各个有限的农村集体组织中创新农村集体经济组织制度、农业基本经验制度、农村村民自治制度的“牵一发而动全身”的基础制度保障，所以在“三权分置”改革过程中应做好各类问题的充分准备。

第四节　不同区域农地“三权分置”及产权实现的存在问题

农村土地“三权分置”在承包责任制“两权分置”的基础上更大限度地放活了“土地经营权”，促进了土地流转，进一步破解了农业现代化经营的困局。但是，在实现“三权分置”的过程中，仍然存在很多理论和实践方面的问题。

一、土地确权过程中落实不彻底的问题

农地“三权分置”及合法流转的前提是对土地进行确权，土地确权工作为“三权分置”的实施打下了基础。我国在 2018 年基本结束了农村土地确权颁证登记工作，该项工作取得显著成效，“三权”权责关系的基本框架搭建起来。但是在实际调研中可发现，土地确权工作在很多方面存在落实不彻底的问题：部分农户在确权工作结束之后未能拿到属于自己的土地承包经营权证书；确权结束后仍然有一些土地边界不明确、土地“四至”不清晰；确权过程中未能与农户实现

有效沟通，确权结果得不到双方认可等。确权中的问题存在于很多地区，有些是因为当地自然环境复杂，地形不规则导致的测量工作量大、测量成本高；有些是因为历史遗留问题导致的土地界限不清晰；还有一些是因为当地政府管理不善、从事土地确权的工作人员素质水平有限、基层管理者素质参差不齐、农户对确权认识不足等主观原因所导致的确权效果不佳。

确权的不到位以及农户在传统认识下所受的限制，导致农户对土地产权的“安全感知”较弱，而“安全感知”是能够影响到农户行为的直接因素之一。农户的“安全感知”越强，他们则越大胆地去调节土地，降低对土地的长期性投资；若农户的“安全感知”较弱，则土地流转行为将受到负面影响。政府在进行土地确权工作的过程中往往会忽视农民对于政策的主观认识，政策目的难以契合民意，此外，土地的“四至”确认过程中所面临的大量历史遗留问题很容易使简单问题复杂化，加之政府的介入增多，增加了土地确权与土地产权制度之间的不稳定。因此，土地确权工作不仅存在于重新界定土地边界、划定农户手中土地承包权与土地经营权等方面，更是对平衡土地产权矛盾、纠正土地不安因素有着重要作用。做好土地确权、明晰土地权利，是维护农民利益、促进农村金融程度深化、促进农民增收、实现规模经营的核心工作，是推动农地入市、完善土地流转市场的前提，否则土地承包权的放活对农户带来的价值将大打折扣。

二、土地流转过程中违背农民意愿的问题

党和国家对“三权分置”的概念界定、制度安排、法律完善等方面都予以了一定说明，各地放活土地承包权的实践应结合当地实际情况稳步推进。但是我国长期以来将“尊重农民意愿”为首要原则的前提，实践过程中仍然出现了“重速度轻质量”、忽视农户真实呼声的情况。有些地方政府在土地经营权流转的过程中采取“一刀切”的做法，甚至有些地区为了实现政绩目标，通过行政权力强制农户进行土地流转，或进行统一流转，违背了农户的真实意愿，损害了农户的利益。

违背农户真实意愿的“被流转”情况可能在一定程度上实现“规模化经营”“农业现代化”的目标，但是长期来看，这种做法最终会破坏政策和法律法规的公信力，并致使农户利益受损。更常见的“被流转”情况是，农户的土地被拿来建设工厂厂房、房地产等违规产业，或变相占用耕地进行别墅、花园等违规经营，严重影响了我国18亿亩耕地红线的安全。土地“被流转”仅考虑短期利益，

没有合理科学地对土地的长期发展进行规划，破坏了土地生态，土地资源得到不合理的利用。

违背农民意愿的土地流转甚至会引发社会危机。基层干部的处置不力导致土地经营权的流转与农户利益产生冲突，民众和政府产生对立，留下了爆发群体性事件的隐患。并且此类情况的土地流转往往会带来经济风险，“被流转”的土地导致土地资源使用过程中出现垄断，土地流转的可持续性被打破。土地流转失去可持续性，农户自身获取市场信息能力有限，这使农户对土地流转后续的风险估计不足，再加上农村社会保障体系不健全，失去了承包经营权的农户生活会变得更加困难。

三、土地流转过程中承包户与经营者利益分配的问题

作为一个以农耕文明为基础发展起来的国家，土地不仅仅是一种生产资料，更是为我国承担了一定的社会保障作用。党和国家在制定土地政策的过程中，不但要考虑发挥土地要素的生产要素功能，而且要设法发挥土地的财产功能，重视土地在对农户就业和生活保障中的作用。但是在兼顾土地“生产资料”和“社会保障”两个方面功能的过程中存在矛盾，即若要发挥土地的“生产资料”功能，则应鼓励土地经营权流转；若重视土地的“社会保障”功能，则应限制土地经营权的流转规模。土地的“生产资料”和“社会保障”两者之间的矛盾在“三权分置”改革过程中的直接关系人就是承包户和经营者，农户和经营者的利益分配问题能否得到妥善解决不但决定着“三权分置”的实施程度，更是影响着我国的农业补贴政策。

若农户和经营者的利益划分不明确，权责关系不清晰，则会引发双方纠纷，导致土地流转合同的失效，甚至双方都不会产生土地经营权的交易关系。更重要的是，在国家政策层面，传统家庭承包责任制的“两权分置”情况下的农业补贴政策的补贴对象即是承包户，但随着土地流转情况的增多，农户并非土地的真实经营者，若仍然保持将补贴对准承包户，则无法实现对土地产出的政策效果，经营者得不到真正的帮助；若将农业补贴用于土地经营者，则广大承包户的利益会因此受损。如何平衡承包户和经营主体之间的关系，是十分重要的问题。

四、土地抵押贷款过程中“变现难”的问题

土地经营权作为一种用益物权，在农地抵押贷款的过程中，其价值评估决定

了可获得贷款的额度。土地经营权的价值评估存在以下情形：（1）土地作为一种自然资源受地形地貌、区域位置、海拔水文甚至作物种类的影响较大，准确量化土地经营权价值不但难度极大，而且成本很高；（2）历史土地经营权的权属关系复杂，农户在“三权分置”改革前对自己所承包土地的流转方式、流转期限、经营方式等都不同，增加了土地价值评估的难度；（3）农村土地评估的公益性较强，商业评估单位不愿接手此类收益低、要求高的工作，土地评估的人力、物力、智力因素都会受到限制。所以全国范围内难以建立一套完整、统一的“土地经营权价值评估体系”，即使搭建起来也难以实践。

若土地能够得到合理、妥善的评估，依旧会存在当抵押人贷款到期后无法归还而导致抵押物（即土地）被处置的情况。抵押人在金融机构申请贷款的过程中，金融机构仅获得土地有限期限内的经营权，金融机构本身并无农业生产能力，当出现贷款到期无法归还的情况后，金融机构只能通过经营权的二次流转来清偿贷款。但是农地的经营权并不符合抵押担保物“易于流通变现”的特征，金融机构需要花费大量的时间来寻找合适的贷款对象，并且在贷款过程中对抵押物的处理会花费较高的成本。此外，农地的二次流转会涉及承包户与实际经营者的关系，土地的再度转出会引发更加复杂的问题。再加上我国尚未形成完善的土地流转交易市场，故当下大多数金融机构通常并不愿意参与土地经营权的抵押贷款业务。

实行农地“三权分置”是我国农业生产规模变化和农村人口流动的必然选择，妥当地“放活土地经营权”有利于促进城镇化和农业现代化发展。各地“三权分置”的实践为我们探索了不同自然条件和社会条件下的改革路径，尽管不同地区的分置方式有所不同，但在此过程中我们都应科学合理地评估土地产权，建立健全法律法规，加强土地经营权流转的规范和监管，严防耕地非农化，“把饭碗牢牢端在自己手上①”，防范土地流转后的各项风险。最重要的是，我们能够听到广大农户的诉求，保护农民的根本利益，保证土地流转的最终目的是提高农民的生活水平，实现共同富裕。

本章主要归纳了到目前为止我国农地“三权分置”的几类主要做法，说明了“三权分置”的可行性和具体效果，并据此总结了“三权分置”在实践过程中的主要模式及存在的问题。无论是经济水平较高的珠三角和长三角地区，还是农业大省河南省、山东省，以及土地碎片化较严重的贵州省、湖北省等地，均有

① 中央经济工作会议闭幕　部署明年经济工作六项任务，2013 年 12 月 14 日，人民网，http：//finance. people. com. cn/n/2013/1214/c1004 －23840221. html。

"三权分置"的成功实践，农地所释放出的活力，不但适应我国农业现代化的发展要求，而且推动了我国城乡一体化发展。土地经营权出租、入股、互换、托管代耕等多种实现形式也体现了"三权分置"制度灵活多样的特点。但在实践过程中仍然存在确权不完全、违背农户流转意愿、承包户和经营者利益分配不公、经营权"变现难"等问题。

第六章 农地产权（三权）实现的“拦路虎”：三种障碍分析

产权的实现并非一帆风顺，总是存在这样或者那样的障碍，本章重点从制度视角、农户行为能力视角和利益相关者视角三个维度对农地三权实现的障碍进行研究。

第一节 基于制度视角的农地产权实现障碍

我国作为农业大国，土地问题始终是关系经济社会发展的关键性问题。农村土地问题能否有效解决，不仅关系到传统农业向产业化、规模化的现代农业转变和发展，更关乎国家粮食安全和社会稳定。因而，农地产权制度改革被认为是我国农业发展尤其是农业内生发展的重要决定因素，是实现乡村振兴的重要制度保障。“三权分置”作为农地产权制度重大创新，一直受到高度关注，在经济学、法学、社会学等诸多学科的共同努力和推动下，特别是通过实践部门的具体试验，目前“三权分置”的制度设计在政策层面上已经逐步形成了比较完备的农地权利体系，并且在实践中也已逐步推行，但是在法律层面上依旧没有一个相对完整的体系。在目前我国现行的与农地产权制度相关的法律中，《农村土地承包法》《物权法》《土地管理法》均未涉及“三权分置”的内容，更没有对所有权、承包权、经营权之间的权利边界、权利内容、权利性质有一个明确的界定。缺乏法律上的依据和保障，农地产权“三权分置”的实现就困难重重。

一、农地所有权的实现障碍

（一）农地所有权性质不清

我国《宪法》《民法通则》《物权法》和《土地管理法》等法律都明确规

定，农村集体土地属于农民“集体所有”。既然法律明定“集体土地所有权”为“农民集体所有权”，那么，“农民集体”为何种民事主体？农民集体所有权依据何种民事规则得以确立？又依据何种规则行使此种所有权①？所有这些颇令人困惑。法律和司法解释均未对上述疑问做出明确的阐释。农民集体所有制作为我国公有制的具体形式，其界定更多的是体现了一种政治意义，而无法明确其法律上的所有权性质。这种模糊的农地所有权性质，必然导致实践中的诸多问题。其中，最典型的当属村集体经济组织或村民委员会的主要负责人代替农民集体对土地进行处置的行为的法律效力如何认定的问题。一些村干部往往仗着“土地所有者代表”的身份和行政权力的化身，在经济利益驱动下花样翻新，以“两田制”“反租倒包”等方式，对本集体内成员的承包土地事宜进行硬性调整。其借口主要有三种：第一，以结构调整为名，将承包地随意调整，搞连片开发；第二，以规模经营为名，将承包地人为地集中到大户手中；第三，以农业产业化为名，将承包地长时期、大面积转租给企业经营。承包地的合理流转是完善土地承包制的重要内容，农民作为土地流转和结构调整的主体，理应由本集体内农民成员自己来当家。但是，少数地方领导为了政绩需要，对集体农地采取行政撮合的方式强迫流转，或者搞“暗箱”操作从中渔利，严重地损害了农民的土地权益，根本不考虑未来的市场风险和不确定性。针对农村集体经济组织或村民委员会的主要负责人的上述行为，在司法实践中出现了截然不同的认定：有的认为其行为未经村民大会或者村民代表大会讨论，应当认定其行为无效；有的则认为按照法人理论，作为集体经济组织或者村委会的主要负责人，其处分集体经济组织或者村民委员会财产的行为，只要是职务行为就应当承认其法律效力。之所以出现司法认定上的分歧，根源就在于法律制度对农地集体所有权性质的界定不清。因此，理论界开始对农地集体所有权的理论进行反思。针对司法实践中出现的种种弊端，学术界陆续提出了一系列关于农地集体所有权性质的新看法。概括起来主要有以下两种观点：

第一，共有权说。此种观点认为，集体土地所有权是集体组织全体成员的共有权。“集体所有权既不属于集体企业所有，也不是由集体组织作为法人享有所有权，而是指集体组织全体成员共同对集体财产直接享有的所有权，其主体是集体组织的全体成员，而不是集体组织法人；集体所有权就是集体组织成员的共有权。”无论哪一级集体的土地，都是农民共同共有（或联合所有），应当按照农

① 李佳倬：《我国耕地保护法律制度研究——以城市化进程为视角》，西南大学硕士论文，2014 年。

民共同的原则理解集体所有权；按照按份共有的原则分享土地承包经营权[①]。

第二，新型总有说。此种观点认为，集体所有权是一种新型的总有，集体所有权是集体组织的成员对依法属于集体所有的财产，共同享有占有、使用、收益和处分的权利。从性质上说，集体所有权为成员共同所有，又不同于一般的共有，可以说是一种特殊的共同共有。这种共同所有形式，不可能采取我国《民法》中现有的按份共有和共同共有的形式，而是在继承和更新传统总有形式的基础上的一种新型总有形式[②]。

法学理论界之所以对农民集体土地所有权的性质众说纷纭，其原因就在于学者的出发点不同。同时，学者对集体土地所有权性质认识的巨大差异，也说明了法律本身对集体土地所有权的界定不清晰[③]。

（二）农地所有权主体不明

我国现行法律所规定的农地所有权的主体是“农民集体”，具体包括三个层次，即村民小组农民集体、村民委员会农民集体和乡（镇）农民集体。与其相对应的村民小组、村民委员会和农业集体经济组织不是所有权主体，因为它们依法享有的只是经营、管理的权利，《物权法》将其进一步规定为“代表”关系。因而其与农民集体之间的关系，只能理解为是一种法定的代理关系，其享有的不是所有权。我国法律对农地所有权主体归属做出的上述规定，表面上看起来似乎很明确，其实不然。

第一，“农民集体”概念的内涵不明确。集体通常是由一定地域的成员共同组成的。但是在现实生活中，“农村集体”和“农民集体”是一个看不见、摸不着的“抽象的、没有法律人格意义的集合群体”，“农民集体”在民法上的性质事实上难以确定[④]。根据《民法》的基本原理，所有权在性质上属于《民法》上的财产权利，其权利主体通常包括自然人、法人和非法人组织。而“农民集体”这一主体形态，显然既不是自然人，也不是法人。我国生产资料的社会主义公有制性质，决定了集体所有权的主体不可能是自然人，否则就会导致私有制或者私

---

① 黄建中：《农地“三权分置”法律实施机制理论与实践》，中国法制出版社 2017 年版，第 120 页。

② 黄建中：《农地“三权分置”法律实施机制理论与实践》，中国法制出版社 2017 年版，第 121 页。

③ 王卫国、王广华：《中国土地权利的法制建设》，中国政法大学出版社 2002 年版，第 132 页。

④ 张银定、沈琼、刘志雄：《论我国农地集体所有制存在的问题及对策》，《农村经济》，2004 年第 12 期。

有财产权的存在。“农民集体”也不可能是法人，这不仅因为集体所有制可能由于法人的破产而遭到瓦解，而且因为“自然人创设法人，旨在用其所长，为自己谋求利益。然而，法人一旦走上社会也就会有自己的逻辑，而试图摆脱自然人制约，与自然人平起平坐，甚至凭其财力，以势压人，反仆为主，形成法人专横[①]”。因此，由法人作为集体所有权主体，并不能体现我国生产资料公有制的立法本意，同时也不是传统民法理论上所说的自然人的合伙或非法人组织。实事求是地说，依据现有的民法理论，人们很难确定“农民集体”这一主体的性质。我国现行立法尽管多处使用了“农民集体”这一概念，却始终没有对该概念的内涵做出明确的界定。2007 年颁布的《物权法》第 59 条总结了现行法律有关集体所有权的条文，将集体所有权表述为“农民集体所有的不动产和动产，属于本集体成员集体所有[②]”。然而，我们无法确定是应当将“本集体成员集体所有”理解为“成员集体”所有呢？还是理解为成员“集体所有”即集体所有权的主体到底是“成员集体”还是“成员”？也就是“农民集体”这一概念，到底指称的是一种农民的“组织体”，还是仅仅指称由许多农民个体构成的“集合体”[③]？人们不得而知。在现行承包经营体制下，农民不通过对土地进行承包的方式，则不能对土地主张任何权利。从这一情况看，法律是将“集体”定位为一个与村民完全独立的权利主体，而不是将村民视为集体中的一个组成部分，其实质是趋向于将“集体”作为一种具有经济性的“组织”予以规范的。但是，从对“集体所有”概念的表达来看，在 1998 年《土地管理法》修订之后，又经历了由此前“集体所有”向“农民集体所有”的转变，似乎又承认农民个人应当与集体所有权的主体产生某种密切的联系，暗示着农民集体为由农民个体构成的“集合体”，强调农民作为集体成员的“成员权”。正是由于“农民集体”内涵的模糊不清，才造成了立法上的混乱和对法条理解的歧义，也进一步导致在承包经营实践中诸多问题的出现。

第二，各层次集体之间的关系不清楚。法律所规定的农地所有权的主体，具体包括三个层次的农民集体，即村民小组农民集体、村民委员会农民集体和乡（镇）农民集体，这三个层次的集体究竟以哪个为主？法律也没有做出明确的规定，自然会由于权利主体的多层次性，必然地出现一物多主的冲突。村级所有的土地是所属村民组所有的土地相加之和，乡（镇）所有的土地是所属村级所有

---

①③　黄建中：《农地“三权分置”法律实施机制理论与实践》，中国法制出版社 2017 年版，第 121 页。

②　《中华人民共和国物权法》，《国务院公报》，2007 年第 14 期，第 11 页。

土地之和。受“三级所有，队为基础”体制以及“一大二公”思想的影响，对乡（镇）农民集体、村农民集体和村内农民集体之间的关系认识一直不清楚。土地承包到户之后，名义上村委会是发包方，而决定农户承包耕地数量的却是村民组所占耕地的多少。在同一个村委会中，不同村民组的平均承包耕地面积差别非常明显。乡一级更是行使政府管理职能，很少有人能说清楚土地究竟属哪一级所有。学术界对此提出了不同的看法：有的学者根据民事法律的一般原理，指出以土地为核心的农民集体不仅各集体之间地位独立、权利平等，即使与作为国有土地所有权主体的国家相比，其地位和权利也应当是平等的①。但是，也有学者认为，乡（镇）农民集体是指本乡（镇）地区农地保护的法律问题研究（镇）范围内的全体农民，村农民集体是指本村范围内的全体农民，村民小组农民集体是指本村民小组范围内的全体农民，并且由此推断，现在的三种农民集体之间，事实上存在包含与从属的关系，因此，小范围的集体利益应当服从大范围的集体利益。后一种观点可以说是农村干部的普遍共识。在这些认识的影响下，同时由于村、村民小组、乡（镇）在不同程度上都拥有农地集体所有权，而法律对这三级主体的利益分享没有做出明确的界定，这就不仅在现实生活中使它们的利益往往发生冲突，而且在发生利益冲突的时候，经常出现乡、村两级随意侵犯组一级农地所有权权益的问题②。作为集体土地所有权最大的主体——村民小组，其实根本就没有法人资格和地位，也不具备履行所有制责权利的实力，由此更加剧了这类冲突。正是由于农地集体所有权归属不清，从而导致实践中所有权权属纠纷普遍存在。

第三，对“代理人”与“被代理人”之间关系的理解不正确。由于“农民集体”缺乏独立的意思形成和表达机制，从而造成了“代理人”替代“被代理人”的状况，即作为“代理人”的农民集体经济组织、村民委员会和村民小组，替代作为“被代理人”的农民集体的情况。“农民集体”是一种由许多个体共同构成的“群体”，依据法理，作为“群体”它应当具有不同于个体的“群体”意思形成和表达机制。但是，由于我国法律并没有就“农民集体”行使和实现所有权的组织形式和程序做出明确的规定或者指示，作为“群体”的农民集体的意志，事实上无法通过某种有效的机制形成和表达。同时法律对

---

① 黄建中：《农地“三权分置”法律实施机制理论与实践》，中国法制出版社2017年版，第123页。

② 黄建中：《农地“三权分置”法律实施机制理论与实践》，中国法制出版社2017年版，第125页。

所有权主体“农民集体”，规定了相对明确的所有权主体代表，而且现行法律也未对所有权主体代表的权限予以规范和限制，结果就使作为“代理人”的农民集体经济组织、村民委员会和村民小组的意志和行为，很可能不受作为“被代理人”的“农民集体”意志的拘束，从而造成了“代理人”替代“被代理人”成为事实上的权利主体现象的出现。“乡镇政府代表乡镇农民集体经济组织来行使土地所有权，村委会替代村集体经济组织和村民小组行使集体土地所有权成为普遍情形。①”更有甚者，所谓土地集体所有，实际上成了乡村干部的小团体所有，有的甚至成为个别乡、村干部的个人所有。同时在集体土地确权登记发证时，许多地方由省级人民政府做出规定：乡（镇）农民集体所有的土地只确认使用权并发放使用权证，不发所有权证，由乡（镇）人民政府代管，村及村内农民集体所有的土地，统一由村民委员会申请登记，所有权证发给村民委员会，只是要求在所有权证上备注村民小组实际占有的范围和数量。在实行家庭承包经营时，统一规定村民委员会是农地的发包方。这些事实上的错误做法，正是在农地所有权执行中，“代理人”和“被代理人”之间错误关系的实际体现。

二、农地承包权的实现障碍

我国农民享有承包土地使用、收益和农地承包经营权流转的权利，随着《民法通则》《土地管理法》《农地承包法》和《物权法》的相继出台而不断地得到确认和强化。但是，从目前的法律规定来看，它依然是不完备的。

2008 年 10 月 12 日，中国共产党第十七届中央委员会第三次全体会议通过的《中共中央关于推进农村改革发展若干重大问题的决定》明确提出：“赋予农民更加充实而有保障的土地承包经营权，现有土地承包关系要保持稳定并长久不变。②”用“长久不变”替代以前的“长期稳定”，表明党中央进一步稳定农民土地承包经营权的决心。但是从现行立法来看，相关规定仍然存在严重缺陷，主要问题在于农地承包经营权的非永久性。这个问题具体体现在：

第一，农地承包经营权期限法律规定的临时性。赋予农民长期而有保障的农地承包经营权，既是中央农村土地政策的目标，也是《土地管理法》《农村

---

① 黄建中：《农地“三权分置”法律实施机制理论与实践》，中国法制出版社 2017 年版，第 125 页。

② 《中共中央关于推进农村改革发展若干重大问题的决定》，《光明日报》，2008 年 10 月 20 日。

土地承包法》和《物权法》的重要目标。《土地管理法》第 14 条规定，土地承包经营期限为 30 年[①]。《农村土地承包法》第 20 条规定：“耕地的承包期为三十年。草地的承包期为三十年至五十年。林地的承包期为三十年至七十年；特殊林木的林地承包期，经国务院林业行政主管部门批准可以延长。[②]”《物权法》第 126 条除了延续上述规定外，还在第 2 款规定了农地承包经营权期限届满后可以继续承包，即“前款规定的承包期届满，由土地承包经营权人按照国家有关规定继续承包”。农地承包经营权的有效期，尽管现在已经延长到 30 年，其中，草地和林地承包经营权的有效期，还可以达到 50 年、70 年，甚至更长的时间；而且依据《物权法》的规定，只要不出现法律所禁止的情况，农地承包经营权还可以再次续期。但是，上述法律所规定的农地承包经营权期限，毕竟还只是属于“临时性”的。按照现代市场经济的产权制度的要求，产权应当是“永久性”的，应当形成真正彻底的、明确的、稳定的预期。土地承包经营权的期限定为 30 年，在经营权流转方面就会受到诸多限制。这些规定事实上影响了承包人对土地进行长期投资以获得收益的生产积极性，又会使农民进行投资的回报得不到制度上的保障，进而使土地经营活动短期利益化。这对土地贫化、荒化造成一定的影响，必然形成农地生产效益低与农地匮乏的恶性循环[③]。

第二，法律对农地调整的规定不完备。为了保证农地承包经营权的长期稳定，相关法律对我国“增人不增地，减人不减地”的政策进行了法律化，严格限制农地随意调整。例如，《农村土地承包法》第 27 条规定：“承包期内，发包方不得调整承包地。承包期内，因自然灾害严重毁损承包地等特殊情形对个别农户之前承包的耕地和草地进行适当调整的，必须经本集体经济组织成员的村民会议三分之二以上成员或者三分之二以上村民代表的同意，并报乡（镇）人民政府和县级人民政府农业等行政主管部门批准。承包合同中约定不得调整的，按照其约定。[④]”第 26 条第 1 款、第 2 款规定：“承包期内，发包方不得收回承包地。”“承包期内，承包方全家迁入小城镇落户的，应当按照承包方的意愿，保

---

① 《中华人民共和国土地管理法》，《中华人民共和国常用法律大全》，法律出版社 2006 年版，第 1311 页。

②④ 《中华人民共和国农村土地承包法》，《中华人民共和国常用法律大全》，法律出版社 2006 年版，第 176—178 页。

③ 黄建中：《农地“三权分置”法律实施机制理论与实践》，中国法制出版社 2017 年版，第 126 页。

留其土地承包经营权或者允许其依法进行土地承包经营权流转。[①]”《物权法》第130条、第131条也规定，承包期内发包人不得收回承包地、不得调整承包地，并且规定《农村土地承包法》等法律另有规定的，依照其规定。在上述法律中，“承包期内发包人不得收回承包地、不得调整承包地”的规定，是我国“增人不增地，减人不减地”政策在法律上的具体体现，表明国家在立法取向上，追求农地在承包经营的期限内不被调整。但是，《农村土地承包法》第27条第2款又规定：“承包期内，因自然灾害严重毁损承包地等特殊情形对个别农户之前承包的耕地和草地需要适当调整的，必须经本集体经济组织成员的村民会议三分之二以上成员或者三分之二以上村民代表的同意，并报乡（镇）人民政府和县级人民政府农业等行政主管部门批准。[②]”这就在事实上为农地在承包期内被调整，从法律上提供了可能。

第三，法律对农村新增人口农地承包经营权的规定存在缺陷。农地不仅是一种生产资料，同时也承担了社会保障的功能，还是农民生存的根本保障。因此，对新增人口不进行土地调整，不仅农民在观念上难以接受，而且在事实上可能会导致农民的基本生存权受到损害[③]。为此，《农村土地承包法》第28条规定：“下列土地应当用于调整承包土地或者承包给新增人口：（1）集体经济组织依法预留的机动地；（2）通过依法开垦等方式增加的；（3）承包方依法、自愿交回的。[④]”做出这样的法律规定，本意是既保证其他承包人承包的农地不被调整，又能够满足农村新增人口对农地的承包要求。但是，法律规定的是“应当”而非“必须”，这就造成了法律规定的强制力不足。对用于调整承包土地或者承包给新增人口的土地数量和类型，缺乏详细的具体规定，从而又导致现实中经常出现土地调整的现象。土地周期性调整所产生的承包权缺乏排他性，使农民无法对特定地块的地权形成长期且稳定的预期，不利于激发农民土地投资的积极性。由此可见，立法对农村新增人口农地承包经营权的缺失，导致农地调整频繁，农民对承包的农地享有30年承包经营权的法律规定，在现实中难以真正兑现。

---

① 《中华人民共和国农村土地承包法》，《中华人民共和国常用法律大全》，法律出版社2006年版，第176—177页。

② 《中华人民共和国农村土地承包法》，《中华人民共和国常用法律大全》，法律出版社2006年版，第176—178页。

③ 房绍坤：《承包地“三权分置”的法律表达与实效考察》，中国人民大学出版社2018年版，第150页。

④ 《中华人民共和国土地管理法》，《中华人民共和国常用法律大全》，法律出版社2006年版，第1311页。

三、农地经营权的实现障碍

农地抵押权是经营权中重要的组成部分，当前各地进行的农地经营权抵押处于初级阶段，且各地区的农业经济发展水平不一，农地经营权抵押的基础条件不同，也就自然生成了不同的农地抵押模式。虽然各地区形成的农地经营权抵押模式均在不同程度上取得了成绩，拓宽了农业经营主体融资的渠道，为农业现代化经营提供了资金，然而农地经营权抵押毕竟还停留在政策层面，并未上升为法律上的明文规定，在各地的实践中，无论是发达地区开展的农地经营权抵押，还是贫困地区进行的探索，都面临法律层面的困难①。

目前由于法律对“土地承包经营权抵押”采取“一棒子打死”的管理办法，导致各地开展农地经营权抵押因存在法律障碍使金融机构供给意愿较低，抵押贷款工作难以顺利进行。农村土地所承载的社会保障功能是现行立法禁止土地承包经营权抵押的主要原因，现行法律不仅禁止以家庭方式获得的土地承包经营权抵押，更没有关于权益分离理论的规定。目前各地开展的多样化的农地经营权抵押融资大多数是在中央政策的支持下，通过地方立法将农地经营权抵押在一定区域内合法化②。考察各地抵押实践可知，大部分地区并不直接涉及农户承包权，而是以农地经营权（或者使用权、收益权）设定抵押，从而避免与当前《土地承包法》《物权法》《担保法》等法律的直接冲突。尽管如此，农地承包经营权抵押实际上仍未获得全国层面高位法的支撑，地方出台的法律法规仅获得当地司法部门的认可，这也使地方政府实际上承担了农地承包经营权抵押融资改革的风险，同时也降低了金融机构参与农地抵押贷款的意愿，尤其是那些属于垂直管理的大型商业银行和股份制商业银行。由于法律明文禁止土地承包经营权抵押，在各地实践中，金融机构基于规避法律风险的考虑，实际上并不仅仅是以土地承包经营权抵押作为放贷依据，绝大多数情况下还需要贷款主体提供其他形式的土地的抵押或者担保作为补充，以组合担保方式开展农地经营权抵押贷款业务，这是因为在“两权分离”的制度框架下，集体经济组织以外的成员无法成为土地承包经营权的实际权利人，因此，一旦出现抵押权实现的情形，农地的可转让范围

---

① 房绍坤：《承包地“三权分置”的法律表达与实效考察》，中国人民大学出版社 2018 年版，第 152 页。

② 黄建中：《农地“三权分置”法律实施机制理论与实践》，中国法制出版社 2017 年版，第 126 页。

极其有限，土地承包经营权作为抵押标的并不能在市场上自由、有效地流转[①]。2014 年，中央一号文件确定实行农地“三权分置”，提出以承包土地的经营权进行抵押，虽然在政策上保证了农民不失地，然而通过前面对现行法律的分析可知，“三权分置”的法律制度缺位，农地经营权抵押缺乏法律支撑，造成农地经营权抵押效应不显著，金融机构参与农地经营权抵押贷款的意愿不强烈，仅向少部分规模经营主体发放农地经营权抵押贷款，普通农户的信贷需求支持并未得到满足。未来进一步拓展农地经营权抵押需要修改《物权法》《担保法》《土地承包法》等法律，明确以农地经营权进行抵押，并制定抵押相关配套制度。

第二节　基于农户行为能力视角的农地产权实现障碍

一、农户行为能力的内涵

我国“三权分置”背景下实行的家庭联产承包责任制赋予了农户农业用地的承包权以及经营权，从而形成了农户的土地财产权利，即农户的土地产权。阿尔钦指出产权是一个社会强制实施的对一种经济品的使用权利，德姆塞茨认为产权是指使自己或他人受益或受损的权利，巴泽尔指出产权是指通过交易个人直接或间接地期望消费商品或资产的价值的能力[②]。由于农业经营主体或者个人先天自身条件和后天学习能力的差异，如农户自身健康状况、受教育情况、工作经验以及对事物发展前景预判的差异，从而导致对农地产权实行的效果产生不同的差异。虽然农业资源产权主体行为能力有所不同，以及对于农地产权处置方式有明显的差异化，但是均表现出对产权排他、交易和处置的能力。

（1）排他能力。土地产权是指对土地资源的排他占有和使用的权利，以及独享使用土地资源所产生的收益的权利，产权排他权利的实现是通过阻止其他人的侵权行为来确定界限的。农户排他能力是指农户有权利选择农地的利用用途、利用方式和使用对象，将其选择行为和选择行为导致的结果紧密联系起来，对土地资源所包含各种属性中的各项权利适用范围进行界定，通过对农地资源有潜在

① 黄建中：《农地“三权分置”法律实施机制理论与实践》，中国法制出版社 2017 年版，第 126 页。

② 胡新艳、罗必良、王晓海、吕佳：《农户土地产权行为能力对农地流转的影响——基于中国 26 个省份农户调查分析》，《财贸研究》，2013 年第 5 期。

兴趣的相关信息的搜寻，了解土地资源的各种属性，从中识别出有价值的土地资源属性，从而防止其他人对自身土地产权的侵害。农户的排他能力所耗费的交易成本存在负相关关系，即农户排他能力越弱，所产生的交易费用则越多，反之相反。“三权分置”背景下我国农户排他能力可以分为承包权排他能力和经营权排他能力，农户是否可以获取有法律保护的长期稳定的农地承包权，是农户土地承包权排他能力的重要体现，如果农户可以在承包期内对土地调整反对成功，表明该农户拥有较强的承包权排他能力，反之则反；农业生产经营、土地流转租金、以农地作为股份收取分红等是农户主要的农地资源经营性收益，如果农户可以独享使用这些收益，则表明农户有很强的经营权排他能力，反之亦然。农户拥有的排他能力越强，对于农地产权权利和收益独占程度越高。故本书对农户土地产权排他能力内涵的定义为：农户对其农地产权权利和收益的排他能力，包括农地承包权排他能力和经营权排他能力，涉及农户之间以及农户与其他个体之间对农地产权及其权益的控制和争夺。

（2）交易能力。农户土地产权交易能力体现在农户会根据土地资源配置收益的高低，采用签订契约的形式通过抵押、出售、入股租赁的方式与潜在交易主体进行农地产权权利之间转让和交换①。农户所拥有的交易能力越强，就越会以很低资源交换和优化配置的交易成本实现土地产权的交易。其原因在于，如果对土地资源的产权交易空间范围仅进行限定，可能因为找寻不到满足相应条件的交易对象而导致交易活动的失败。农户交易能力越强，进行土地产权自由选择和讨价还价的能力越大，从而减少交易过程中的谈判成本，以及获取更高份额的权益，增加产权交易的权利转让频率，扩大交易规模。农户交易能力的强弱，主要体现在是否进行农地经营权的转让或者抵押活动，以及农户在农地流转过程中对农地的流转数量、流转租金、流转规模以及流转农地区农户是否有决定权，如果农户拥有决定权则认为农户具有很强的谈判能力与交易能力。故本书将农户土地产权交易能力定义为：农户实施土地转让交易权的能力，主要体现在农户与其他市场交易主体间对土地权利的交易和转让。

（3）处置能力。农户的处置能力是指农户对土地资产的各种用途进行自由选择的权利以及改变土地资源原先的用途或者性质使其配置到一个符合其目标函数的新用途或性质的权利。处置能力是一种可行性能力，表现在农户对农地实际的生产经营过程中。农户的处置能力越强，配置其土地资源用途的选择空间越

---

① 胡新艳、罗必良、王晓海、吕佳：《农户土地产权行为能力对农地流转的影响——基于中国26个省份农户调查分析》，《财贸研究》，2013年第5期。

大，利用和配置其土地资源的效率越高。例如，如果农户可以自由地将耕地改种其他经济作物或者改成宅基地和建成商业用地以及修建道路等，则表现为农户对土地产权拥有很强的处置能力，反之很差。故本书将农户土地产权的处置能力定义为：农户实施农地用途配置权的能力，主要表现为农户对农地使用用途的处置。

二、基于农户排他能力视角下的农地产权实现障碍

农民所有权排他能力体现在发生农地征收时农民是否反对征地以及在反对农地征收之后是否可以反对成功；农民承包权排他能力主要体现在承包期内是否反对农地调整以及在反对之后是否可以取得成功；农民土地收益权排他能力主要体现在农民的农地经营所得收入、农地出租收入、农地流转补贴、农地入股收入、农地增值收入、征地补偿款、保有农地补贴等因农地产权所产生收益是否可以完全归农民自己所有[①]。当农民可以反对农地征收以及可以反对成功则表明农民具有较强的所有权排他能力，反之则反；当农民在承包期内可以反对农地调整以及在反对之后可以取得成功，则表明农民具有较强的承包权排他能力，反之则反；当农民的农地经营所得收入、农地出租收入、农地流转补贴、农地入股收入、农地增值收入、征地补偿款、保有农地补贴等因农地产权所产生收益完全归农民自己所有时，则表明农民具有较强的收益权排他能力，反之则反。

（一）所有权排他能力受限

当前我国存在农地产权的排他性弱以及严重的土地产权权利不对等现象，当面对国家公权时，部分农民集体和农民的土地产权权利难以得到实现。我国现行的法律规定，我国农村地区的土地归全体农民集体所有，单从法律上看农民集体就是农地所有权的主体，但是，农地所有权与所有制经常混淆不清，农地所有权主体难以界定。我国民法典中规定，财产的主体为自然人、法人和非法人组织，但农民集体仅仅是农民的数量集合，不具备权利主体身份，无法行使权利主体应有的民事权利能力，其反映的意志也仅仅是农民个体意志在数量上的叠加。当面临农地征收等情况时，由于国家公权的干涉，部分农民的土地产权排他能力无法得到有效的保障，农民对于产权保护意志无法得到有效体现，农地产权的弱排他

---

① 胡新艳、罗必良、王晓海、吕佳：《农户土地产权行为能力对农地流转的影响——基于中国26个省份农户调查分析》，《财贸研究》，2013年第5期。

性致使国家可以轻易地从农民手中获取大量的农地利益。农地所有权主体的虚置，致使集体所有权仅仅是所有制意义上的表述，难以真正行使所有权主体应有的权利。当集体所有权在面临政府征收时，由于其权利主体模糊不清以及在法律意义上农民集体组织无法成为农民利益的代表，不能与政府在平等的地位上进行谈判，农地所有权排他能力受到限制和侵害。甚至有部分作为农民民意代表的“村委会”，面对农地征收所能产生的巨大利益，开始代替真正的农村产权所有者行使其农地产权权利，侵占农民农地利益，并且农民很难察觉自己的土地权利受到侵害。

农民拥有对于征地情况的知情权以及反对权，应当享有对于政府征收土地区域、面积、用途以及征收之后对于征收补偿和安置等方面的知情权，但是在现实情况中，仅具有有限的知情权，即仅享有征收之后安置和补偿的知情权，完全没有考虑农户是否同意土地被征收，严重侵犯了农民集体的土地所有权，国家虽然赋予了农民农地征收的知情权，但往往是在土地被征收之后，这时农民即使反对农地征收，也无力改变。因此部分产权意识较强的农民，因为反对村委会等与国家签订的征收协议，而被打为“钉子户”，经常可以看到因为与国家征收或者村集体开发相违背成为“钉子户”的新闻。这是很明显的因为农地所有权主体虚置，致使农民农地所有权排他能力弱，在这种情况下，农民的农地产权利益无法得到有效保护，少数农民为了保护自身的权益，只能通过一些极端方式，并且还得不到认同。

（二）收益权排他能力受限

我国所实行的土地征收制度使农民无法获取因农地所有权收益受损所带来的收益，农地所有者不能直接与用地单位进行平等交易，农地必须经过国家征收才能进入用地单位所在的市场，因此农民无法取得所有权收益以及因进行非农建设所带来的农地所有权增值收益。由于农地所有权属于农村集体经济组织，因此农民无法获取同其他权利主体进行交易的农地所有权所带来财产性收益以及经营性收益。当前，我国实行的农地征收制度中土地补偿标准通常为农业产值的6～10倍或4～6倍，这些补偿资金中有60%～70%的资金由政府取得，25%～30%的资金由村集体收取，农民仅可以得到不到10%的补偿款，其利益分配严重失衡。政府拿到高比例的土地补偿款，可能会因为高额土地出让金与低廉的农地补偿款间所产生的巨大收益，引发政府频繁征地；而村集体收取了农地补偿款的大部分，农民仅占有不到1/10农地补偿款，农民的土地产权权利受到了严重的侵害。

当前我国实行的农地产权“三权分置”旨在保护农民的土地权益不受损，但是农地征收严重侵害了农民的土地合法权益，农民的征地补偿款并不能完全归自己所有，农民对于土地所产生的收益不能得到有效的保护。

对土地流转后农地经营权和承包权分离的情况，在我国现行的农地征收补偿制度中并没有明确指出如何分配两者的利益，现行的制度中除了提到农地上青苗补偿费归实际经营者所有、地上附着物归农地承包者所有外，其他收益并没有做出规定。农业生产活动是一个长期的投入过程，对于经营权权利主体来说，如果仅对其青苗进行补偿，难以弥补其为提高土地质量所进行的投入。土地经营权作为一种用益物权，在发生农地征收时应当从物权的角度进行补偿，而不是仅仅简单地对青苗和地上附着物进行补偿。现行的赔偿标准严重侵害了农民的经营权合法利益。

当前，我国一些特定的农业生产政策是按照一定的标准和方式将一部分财政收入补贴给农业生产经营的主体，如种粮农民的粮食直补、良种补贴以及农机购置补贴的惠农政策。国家出台这些政策目的是通过这些专项激励政策保障农民的经济收入，提升农民从事农业生产的积极性，从而稳定农业生产，保护我国粮食安全。这些农业补助政策其初衷是保障农业经营者的利益，即谁耕作土地谁得到农业补助，但是由于我国没有明确的法律和条例针对农业补助政策给谁的规定，故在实际生活中通常是拥有土地承包权的权利主体获取这部分补助，使农业经营者的合法权益受到了侵害，由此可知，经营者的收益权排他能力受限。国家的各种农业补助应当补助给实际的农业经营者，充分保障这部分人的合法权益，出台相应的法律法规提升其排他能力。

在“三权分置”背景下，农地的承包权和经营权作为同一块农地上的两种不同的权力，两者间的利益分配直接关系到土地“三权分置”政策的实施效果。农业作为一种弱质产业，短时间内很难取得收益，在土地流转过程中，如果流转时间过短，农业投资就很难收回成本，土地经营者难以进行稳定的投资，但是当农地进行长期流转就会导致经营权变相买卖，侵害承包者的合法权益。农地“三权分置”政策实施以及农地流转过程中要兼顾农地所有权、承包权以及经营权三个权利主体的合法权益，既要保证土地承包者在政策实施过程中获取稳定的收益，也要保护土地经营者的合法权益，防止挫伤土地实际经营者的积极性。

（三）承包权排他能力受限

当前，我国集体土地的所有权属于集体经济组织，其实现形式为全体村民在遵循有关程序的基础上通过表决，由村民委员会代行土地所有权，现行的法律规定，农地承包经营权由农户行使，而三种权利是同一块土地上的，但是权利主体却不同，从而会导致承包经营权与所有权在权利行使过程中产生冲突。集体所有权侵犯农民承包经营权的事情时有发生，甚至在一定程度上影响了一些地区的社会稳定。早期农地所有权对承包权的侵犯主要是通过频繁调整土地承包权权利主体，没有将土地承包期延长至国家规定的期限；后来对承包权的侵犯主要是通过“返租倒包”以及“两田制”等形式；当前集体所有权侵犯农民承包经营权主要体现在农地流转过程中，为了扩大集体经济，集体进行招商引资，但招商引资一般需要较大的土地规模，集体经济组织会通过强制农民进行流转或者强迫农民将土地入股、入社等方式对农民的土地承包经营权加以限制，这些行为严重侵害农户的土地承包经营权。由此可以看出，农民土地排他能力较弱。

三、基于农户交易能力视角下的农地产权实现障碍

农地产权的交易权是指农地产权主体与其他行为主体之间通过签订契约对农地产权进行互换、转让农地资产的权利，农地产权主体的交易能力越强，对契约安排及其权益分享的自由选择空间越大，进而增加产权主体从缔约行为中的收益分享份额①。农民的交易能力主要有承包权交易能力、继承权交易能力以及经营权交易能力三个方面②。其中承包权交易能力主要体现在农民是否可以将农地出让别人以及农民是否可以将农地经营权进行抵押，如果进行过或者可以将农地出让给别人以及可以将农地经营权进行抵押，则说明农民具有较强的承包权交易能力，反之亦然；继承权交易能力主要体现在农民是否有人继承父母或亲戚的农地，若农民继承父母、亲戚的农地，则表明农民具有较强继承权交易能力，反之亦然；经营权交易能力体现在土地流转过程中农户是否可以独自决定流转位置、流转数量以及流转价格，如果农户可以独自决定流转面积、位置、数量以及价格，则说明其具有较强的经营权交易能力。但是在农地产权实现过程中，农户农地产权的交易能力往往受到限制。

（一）农户承包权交易能力受限

当前，我国法律和相关政策明确指出允许农地经营权进行抵押贷款，当借款

①② 胡新艳、罗必良、王晓海、吕佳：《农户土地产权行为能力对农地流转的影响——基于中国26个省份农户调查分析》，《财贸研究》，2013年第5期。

人出现违约现象之后，银行可以对抵押的土地经营权进行处置，用于降低自身的风险，但是农地不仅具有财产这一属性，在一定程度上还担负着社会保障和政治属性，故对农地经营权的处置不仅仅是经济问题，还涉及了社会保障问题以及政治问题。我国针对农地经营权抵押可能存在的风险，明确指出要高度关注经营权抵押试点地区业务可能产生的风险，对进行抵押贷款的金融机构加强引导，杜绝农民因进行农地或者房屋抵押所产生的失地、失去生活保障等现象的发生。由于在进行农地经营权抵押贷款中存在农地的不可剥夺性和银行对抵押权实现要求的矛盾，当农民经营出现问题、发生违约现象时，银行无法对农地经营权进行流转或者进行农地司法拍卖用于降低自己的风险，通常只能靠政府来协调解决。由于这种矛盾的存在，很少有银行开办农地经营权抵押业务，农民的经营权交易能力受到了制约，严重阻碍了农地产权的实现。

虽然在我国许多地市进行了土地承包经营权抵押实验，并出台了许多地方性法规，但是在我国最高人民法院出台的有关农地承包纠纷的司法解释中明确指出，农地承包者使用其农地经营权进行抵押贷款或者抵偿债务的应当认定无效，因为抵押所造成的损失，当事人如果有过错，需要担负一定的民事责任。根据上位法的原则，我国禁止使用土地经营权进行抵押。在我国的农地用途管制制度中对农地的使用用途进行了严格的限制，在农地流转过程中禁止改变农地的使用用途，禁止用作非农用途，这在一定程度上限制了农地的使用价值。我国实行的农村土地集体所有制对农户的承包权交易能力进行了限制，表现在农地流转必须经过农村集体经济组织的同意才能进行，而农地的二次流转必须经过农村集体经济组织和土地承包者的一致同意才能流转，否则就违反了合同法。在农村承包经营权抵押中，当农户出现违约现象时，金融机构处置抵押物的重要方式就是将农地经营权进行二次流转，但是只要农村集体经济组织或者土地承包者有其中一方不同意，则无法进行流转，金融机构的合法权益无法得到有效的保障。因此，我国农地用途管制以及农村土地集体所有制在一定程度上限制农民的承包权交易能力，限制了农地抵押权能的实现。

（二）农户继承权交易能力受限

我国法律规定，民事权利必须有明确的权利主体，权利主体不清晰会导致权利难以发挥拥有的效益，缺乏权利主体的权利则没有任何意义。由于我国的《物权法》中明确指出我国的农村土地承包经营权是一种用益物权，而用益物权必须具有明确的权利主体，当前我国农村土地承包经营权的权利主体一直受到各方专家学者的争议，其争议的焦点主要是：我国的农民土地是由家庭承包方式所取得的，那么土地承包权的权利主体是农户家庭还是农民个人。在农地产权“三权分置”之后，农地的经营权从土地承包经营权中分离，并不涉及权利身份要求，所以其经营权的权利主体明确，不存在这一问题。对于土地承包权是否可以继承在理论界一直没有统一的观点，在我国的法律中对于农地承包权的继承问题采取了回避的态度，这种态度在一定程度上加深了理论界的争议。由于法律的不完善和模糊态度导致农地承包权权利主体的合法权益无法得到有效的保护。在2018年修订的《农地承包法》中指出：“通过招标、拍卖、公开协商等方式取得土地经营权的，该承包人死亡，其应得的承包收益，依照继承法的规定继承；在承包期内，其继承人可以继续承包。”故现今对权利主体的争议主要集中于对土地承包权主体的争议。部分学者根据我国《农地承包法》中规定的“家庭承包的承包方是本集体经济组织的农户”。认为土地承包权的权利主体为农户，其权利是具有身份性的，即农户家庭内部成员死亡，农地承包权应当交还给集体组织，不能由其他成员继承；在农户家庭内部成员全部去世后，其农户家庭的土地应由集体收回，不应存在继承问题。还有部分学者根据《农地承包法》中所规定的本集体经济组织的成员有权依法承包本集体的土地，认为农村土地承包权的权利主体是集体经济组织成员，因此认定村集体内部成员有权继承承包的土地。在我国的最高人民法院对土地承包经营权继承问题做出的司法解释中明确规定，林地承包以及通过招标形式获取的土地经营权可以继承，但是对于农户家庭承包到土地承包权继承问题没有做出说明。目前，我国农村地区大量劳动力向城镇转移，许多土地面临无人耕作的现象越发严重，我国的粮食安全面临巨大的挑战，土地经营权权利主体变更只能通过土地流转，但是土地流转之后土地承包经营权的实际权利主体会因为流转期限以及经营预期会降低对农地的投入造成资源浪费或者加大对土地的过度利用导致土地质量下降。我国提出构建家庭农场、农民合作社等新型农业经营主体。但是在现行的法律下，只有农户才能进行农地承包，这些新型的经营主体只能通过流转获取农地的经营权，但是可能会导致其合法权益遭受损害。

当前，我国农地承包权和经营权的继承还存在土地承包权难以作为继承权客体这样一个问题，权利可以分为财产性权利以及人身性权利，财产性权利可以依法继承的，人身性权利则不可以。农地承包权与其他财产性权利相比有其特殊性，具有一定的身份性权利的属性，因此农地承包权的继承有一定的困难。关于农地承包权难以作为继承权客体的原因主要有以下观点：部分学者认为农地承包权不具备财产属性，故不能进行权利的继承，这部分学者认为农户是农地承包权的权利主体，而农民个人无法作为农地承包权的权利主体，故农地承包权不能作为个人财产被继承，农地所有权属于农民集体经济组织，农地承包权权利主体就具有对承包土地进行占有、使用以及进行收益的权利，并没有所有权，故在农地承包权继承过程中存在一定阻碍；另一部分学者认为农地承包权具有很强的身份属性，农地承包权的权利主体必须是本集体经济组织中的成员，在《继承法》中规定身份权利不能被继承，故农地承包权不能进行继承。由此可以看出，在现有的法律条件下以及实践过程中看，农地承包权的继承都存在一定的阻碍。

（三）农户经营权交易能力受限

农民的土地经营权交易的主要方式是土地流转，其能力的强弱体现在农地流转过程中农户是否可以独自决定流转位置、流转数量以及流转价格。在当前我国农地流转中农民经营权交易受阻的现象时有发生。部分村集体在实行“反租倒包”中没有充分尊重农民的意愿，不与农户进行平等协商，严重侵犯了农民的合法权益，部分村集体在实际操作中“暗箱”操作，强迫农户流转土地，甚至有部分村干部与合作企业以权谋私，“寻租”行为频发，把农民的流转收益挪为己用。一些地方的基层干部把农民对于土地流转的知情权和参与权进行垄断，农民仅仅是被告知土地流转的结果，农民难以决定是否进行土地流转以及流转的位置、大小、面积，严重降低农民进行土地流转的积极性，农民经营权交易的权利受到严重侵害，农户经营权交易能力受到严重制约，农地“三权分置”下产权实现受到阻碍。

农地流转本质上说是土地经营权权利主体与其他行为主体之间的市场行为，流转对象、流转方式、流转期限以及流转的大小、位置、面积等应由交易的双方自由决定，政府可以适度引导，不能强制进行。但是在现实流转过程中，部分地区政府“替民做主”，直接插手农民经营权交易中的各种事物，一些政府看到一些地区农民通过流转获取了巨大成果，就强迫本辖区内的农户进行农地流转，甚至部分基层政府直接越过农户，剥夺了农户的知情权和参与权，直接与土地需求者签订流转合同，当形成法律效果之后，想方设法使农民交出农地经营权，直接损害了农户的合法权益，农户的经营权交易能力得不到应有的保护。

四、基于农户处置能力视角下的农地产权实现障碍

农户对于农地资产的处置能力主要表现在对于土地资源的使用能力上，其体

现在对于土地资产的用途进行任意选择的权利上。农户的处置能力是农户在实际使用土地产权权利过程中所表现出来的可行性能力，主要包括非农用途的处置能力、农业用途的处置能力以及是否进行农地抛荒三类[①]。其中非农用途的处置能力主要体现农民是否私自将农地改为鱼塘或果园或者是否可以私自将农地改为宅基地或厂房，如果可以私自改变，则表明农民具有较强非农用途的处置能力，反之亦然；农户农业用途的处置能力主要体现在农户是否可以独自决定土地种养品种上，如果可以独自决定，则表明农民具有较强农业用途的处置能力，反之亦然；农户如果进行过农地抛荒，则表明具有较强处置能力，反之亦然。农户的处置能力越强，其配置资产用途的选择空间越大。但是在农地产权实现过程中，农户的处置能力总会受到部分或者全部受限。

（一）农户对于农地的农业用途的处置能力受限

根据《农地承包法》第16条规定，承包方依法享有承包地使用、收益和土地承包经营权流转的权利，有权自主组织生产经营和处置产品。《物权法》第125条明确规定，土地承包经营权人对其依法承包的耕地、林地、草地等享有占有、使用和收益的权利。由此看来，农户作为农地承包经营权人是有权自主决定自己的生产经营活动的，可是这种农户对于农地的处置权利同样会受到损害。以贵州为例，2017年12月，贵州省农委制定了《关于调整优化2018年玉米种植结构的实施方案》。方案提出把玉米等低效传统农作物的种植面积调下来，把辣椒等绿色优质农产品种上去；2018年2月贵州省人民政府发布《关于打赢种植业结构战略性调整攻坚战的通知》，要求大规模调整农作物种植结构，降低玉米等粮食作物的种植面积，因地制宜地将食用菌、茶叶、精品水果等经济作物补齐；2018年3月贵州省农委制定了《2018年贵州省农业产业脱贫攻坚“春风行动”工作方案》，提出要坚决打好农业产业结构调整攻坚战，确保全年调减玉米种植面积500万亩。而在之后基层政府和村委会的政策宣传和引导过程中，出现了不尊重农户意愿，强制要求农户种植指定作物以及把农民所种植的玉米幼苗拔掉等现象的存在，损害了农户自主组织生产经营的权利。

（二）农户对于农地的非农使用用途受限

农民对于农地使用用途的处置权力较低，其主要表现在过多的干预农民对于

---

① 胡新艳、罗必良、王晓海、吕佳：《农户土地产权行为能力对农地流转的影响——基于中国26个省份农户调查分析》，《财贸研究》，2013年第5期。

农地的使用用途，我国法律规定，农民集体土地不能通过出让、转让等方式用于非农用途。在我国的农地所有权只能单方面地从农民集体手中流入国家。国家采用法律形式对农民的土地处分权进行了限制，使其仅能在集体内部进行农村生产之间的流动，严重制约了农户对于农地的使用用途的行使。我国法律规定农地必须通过国家征收才能进入交易市场，农民和农民集体无法直接与用地单位进行谈判及交易。

根据我国法律规定，国家对农地具有开发权和用途管制权，农户对农地非农用途的处置能力到法律和行政公权的严重制约。现行的农地征收制度侵害了农民的土地开发权，使农民无法自主使用农地，作为农民集体经济组织代表的村干部在一定程度上拥有农地的绝对控制权，使农户难以独立的处置农地的使用权。我国《农地承包法》中规定未经依法批准不得将承包地用于非农建设，以及在《物权法》中也做出了类似规定，严格限制将农用地转化为建设用地，我国明确指出禁止占用耕地建窑、建坟或者擅自在耕地上建房、挖砂、采石、采矿、取土等，禁止占用基本农田发展林果业和挖塘养鱼，严禁在流转农地上建设旅游度假村、高尔夫球场、别墅、农家乐、私人会所等。

（三）农户对农地抛荒倾向受限

随着我国城镇化不断推进，大量的农村劳动力从农村地区转移到条件较好的城镇地区，当前从事农业生产收益相比于外出务工效益较低，导致年轻劳动力大量外出，从事农业生产活动多为留守老人，这部分人从事农业生产的能力较差，农业收入难以满足农民的生活。农民种地无利可图，部分地区甚至出现亏本的现象，极大地挫伤农民对农业生产的积极性，削弱了农民对土地依赖，从而导致农民具有农地抛荒的倾向。虽然我国鼓励农民进行农业生产，并且积极推动土地流转，但是部分地区缺乏合理的土地流转制度以及没有完善的土地流转市场，农民难以进行土地流转，故极大地提升了其对农地抛荒的倾向。1998 年，我国修订的《农地承包法》明确了我国的农地用途管制制度，其中明确指出要加强对耕地的保护，严禁任何单位或个人闲置耕地，当农地连续抛荒两年及其以上时，发包方应当收回发包的土地，终止承包合同。在浙江等地对于农地抛荒现象，提出不仅要收回发包的土地，终止承包合同之外，还要收取农地抛荒费，处以罚款。2004 年和 2009 年修订的《承包法》中依然重申了这一规定。根据我国 2018 年修订的《农地承包法》中的有关规定，指出农民承包经营的耕地连续两年抛荒的，原发包单位应当终止土地承包合同，并收回土地承包权证。我国出台的这一系列法律法规针对农地抛荒现象进行限制，严重制约了农地抛荒行为，农民对土地处置能力受到严重制约。

第三节　基于利益相关者视角的农地产权实现障碍

一、利益相关者的内涵

利益相关者理论的使用最早可以追溯到20世纪60年代，此后，Freeman在1984年给予利益相关者一个较为广义的定义；即那些能影响企业目标的实现或能被企业目标实现所影响的个人或群体，换句话说，任何群体和个体都可以成为组织的利益相关者。此后利益相关者理论得到了长足的发展。

利益相关者的核心在于，组织应当综合平衡各个利益相关者的利益要求，应当了解和尊重所有与组织行为和结果密切相关的个体。利益相关者的行为选择和利益追求对组织目标的实现具有重要的影响。基于此，利益相关者理论通常将其定位范围限制在主要的、合法的个体和群体，对组织有举足轻重的地位①。

农地产权的实现离不开利益相关者的合作与支持，借助利益相关者对农地产权的行为选择和利益诉求便于更好地了解农地产权实现的障碍。我国农地产权制度从中华人民共和国成立初期废除封建半封建的土地制度，到人民公社化时期的农村土地集体所有制，再到1978年的家庭联产承包责任制，最后到现阶段我国的农地“三权分置”，我国土地制度改革在不断深化和完善。尽管我国土地制度经过了一系列的深化发展，然而土地制度的本质依旧没有变化，即在保障农村土地集体所有的根本前提下进行制度创新。实际上，土地制度是在特定的社会结构中，不同的土地利益相关者围绕土地资源的配置及其功能实现形成的契约形式。

产权不是一个孤立存在的制度安排，嵌入在整个社会系统中，与社会结构的变迁密切相关。产权结构关系到权利主体的利益，不同的产权结构会对利益主体的积极性产生不同的影响。农地产权也是一种多元的社会关系，政治、社会和经济等会促使农地产权作出相应的改变。农地产权是农民最重要的财产权，是农民农业生产经营收入的主要来源。其权利界定越明晰，相关利益主体使用能力越强，从中获取的收益也会越大。

① 方江涛：《农村集体建设用地配置模式及利益相关者行为探索》，《社会科学家》，2016年第3期。

社会经济的发展依赖对土地的使用，不同的经济发展水平也会对土地有不同的使用要求。随着经济社会的纵深发展，为了满足土地的利用要求，势必会对土地产权进行更细的分割和界定。在家庭联产承包责任制之后的很长一段时间里，土地、农民与国家之间的关系相对简单。但随着非农就业增多和现代农业的发展，“有人无地种，有地无人种”的矛盾激显，我国农地制度不得不再次进行创新。现阶段，我国仍在坚持家庭承包经营制的基础上，提出农地“三权分置”，进一步深化农村土地制度改革。基于以上，在利益相关者的角度下，探究农地产权的实现障碍，具有显著的理论意义和现实意义。

真正理解“三权分置”的内涵，首先要回顾我国的土地制度历程以及农地利益相关者的演变。纵观我国土地制度发展实践，大致可以分为以下几个时期。中华人民共和国成立初期，国家废除封建土地所有制，实行农民土地所有制，农地所有权和经营权都归农户，实际上是一种土地私有制的体现。此时农村土地的主要利益相关者主要涉及中央政府、地方政府和农户本身，利益关注点也比较低。人民公社化时期，为了全力支持国家工业化道路的发展，将农地私有制变更成集体所有制，农地所有权和经营权收归集体所有，采取“集体所有，集体统一经营”的生产经营方式。此阶段农村土地的主要利益相关者是中央政府、集体组织，这一土地制度虽然为国家工业化发展提供了原始积累，但“大锅饭”造成了严重的效率低和“浮夸风”，严重挫伤了农民的生产积极性，不能在根本上解决农民的温饱问题。1978 年，发源于安徽省小岗村的家庭联产承包责任制为我国农地制度创新带来了春天，“交够国家的，留足集体的，剩下都是自己的”，极大地激发并释放了农业劳动力，农业产业结构得到调整，激发了农村发展活力。同时，城市化进程的加快以及农村土地“三允许”政策的实施，产生了大量农业剩余劳动力，乡镇企业迎来“黄金期”的发展时机，大量非农就业的转移改变了农户的生计方式。从这一时期农村发展的脉络看，农村土地利用相关者规模不断增加，呈现出以集体所有制为中心、关系趋于复杂的特点，涉及中央政府、地方政府、村委、农户、农业企业等主体。此外，国家还通过了一系列政策方针来缓解农民压力和促进农民收入提高。例如，2004 年以后免除农业税，并对部分农作物进行良种补贴等。随着家庭联产承包制的不断深化发展，2014 年提出“三权分置”的新格局。这一时期农业生产能力大幅提升，农民收入不断增加，农业经营主体多样趋势明显，与上一阶段相比，农民非农就业、兼农化程度加深，土地规模经营进程加快。更多的土地利益相关者进驻到农村土地市场，且每个主体的关注点不断演变，各利益相关者之间的博弈关系更加复杂。

制度变迁和演化的动力来自现行的制度安排无法满足相关利益主体的诉求。对于利益主体而言，利益诉求的实现需要现行的制度安排，建立新的制度设计，使之符合自己的利益最大化。根据农地制度的发展历程，我国农地制度改革朝着两个政策性方向转变：一是农民对土地的产权强度不断增强；二是市场在农村资源配置中起决定性的作用。农地制度变革创新因为会影响既得利益者主体的利益，所以会受到利益集团的阻碍。意味着新的利益主体之间权利和义务的变动和调整，是相关利益主体互相博弈、追求自身利益最大化的过程。因此，现阶段我国农地实行的“三权分置”政策，是村集体、农地承包者、农地经营者、地方政府和中央政府等各个利益相关主体在现行的制度安排和变革过程中基于不同的利益取向，追随自身最大化利益的博弈进程，农地产权实现的有效与否取决于各利益主体间的博弈结果。在这种情况下，需要重新剖析各个相关利益主体之间的逻辑所在，并找出影响农地产权实现的障碍。

二、基于政府视角下的农地产权实现障碍

中央政府通过对地方政府进行官员选派、任命以及下达政策方针等措施来保障自己权利的实施。对于地方政府来说，需要完成上级传达的指令、完成中央设定的目标任务。地方政府实际上是中央政府在地方上的“理性代理人”，既要致力于地方经济发展和社会稳定，又要兼顾中央意图。因此，在农地制度改革中，地方政府扮演着“理性经济人”的角色。

地方政府往往在现行的法律框架内进行制度创新的探讨时，不会有突破中央规定的行为。因为在与中央的博弈抗衡中，中央政府始终牢牢掌握经济社会变革的话语权，为了得到中央政府的信任与支持，地方政府一般不会轻易违背中央意图，哪怕很多时候地方政府对基层掌握更多的信息。与此同时，地方政府拥有一定的自主发展权，当地方局部利益与中央整体利益存在冲突时，少数地方政府会为了保障自身基本利益或明或暗地对中央决策进行抵触，阻碍制度创新的推进。结果导致部分地方政府会有选择性地执行政策。

“三权分置”要求稳定农地承包权和放活农地经营权。在农地流转与规模经营中，最直接的利益相关者是流出方与转入方，农民将土地经营权流转出去，获得租金或股息，经营者通过流入的土地进行规模经营，获得剩余收益，双方互相实现自己的利益需求。但部分地方政府为了响应中央的号召，在某种程度上会强制性地推行农地规模。如果部分地方政府为了政绩、“面子”工程等强制性参与

到农地流转中，就会造成各利益相关主体之间关系的失衡。一方面，盲目的流转可能会造成土地资源的浪费；另一方面，侵害农民的土地收益，打击了农民流转意愿。

三、基于集体经济组织视角下的农地产权实现障碍

集体所有制是我国农地制度的基础性制度安排，农村集体所有制可以通过集体组织把土地发包分配给本集体内部人员得以实现，集体组织事实上是农民利益的代言人，是政府和农民之间发挥承上启下的桥梁和纽带作用的媒介，但现行法律对集体的界定依旧模糊。《宪法》笼统地把集体经济组织界定为乡镇农民集体、村农民集体、村小组农民集体三种形式，将“集体”具体落实到哪个主体却没有明确说明。集体主体多元模糊，实质上强化了部分地方政府或地方干部的代理作用，方便他们打着“集体”的旗号将农地的产权权利进行层层分解，进而侵占农民的土地收益。除此之外，集体组织名存实亡，“空壳化”问题严重。土地所有权是指包含对农村土地的占有、使用、收益和处分的权利。集体组织有权对本集体所有的土地依法进行发包、调整、监督和管理等职能，可以控制和约束本集体其他主体的不合理行为。长期以来，我国集体经济组织形同虚设，陷入“虚置”困境。土地承包者和经营者享有土地的全部经济利益，“空壳化”的集体组织无力提供公共服务，集体组织对土地的调整、监督和管理等职能也得不到开展，集体土地所有权空有形式。

四、基于农户视角下的农地产权实现障碍

伴随着我国经济进程的不断加快，我国经济发展战略已由高速发展过渡到高质量发展，且越来越注重绿色、协调的可持续发展。我国农村剩余劳动力流向城市的态势持续高涨，事实上农户与土地之间稳定的关系受到一定的冲击。首先，体现在农民承包权资格认定不明晰。农民是否享有集体土地的承包资格取决于其是否具有集体成员权并维系集体成员权。在城乡一体化进程、户籍制度改革等情况下，越来越多的农村集体成员进城安家落户，不再依赖土地生产经营，有必要对此类群体的成员资格作出回答。同时，对于农村新生儿、农户死亡以及婚嫁带来的户籍人口变动问题与土地持有始终无法解决。其次，有偿退出土地机制缺乏制约农地产权的实现。一方面，越来越多的农民从事第二、第三产业，农业收入

占农户家庭收入的比重越来越小，农民对农地的生存保障机制有弱化的趋势；另一方面，非农就业需要农民承担一定的风险，促使大部分农民作出保留农地承包权的理智决定。只有当有偿退出土地的措施能代替农民对土地生存的依赖和对土地养老的保障时，这部分实际不再从事农业生产的人才愿意退出土地承包权。最后，农民相对薄弱的政治力量也会影响农地产权的实现。土地问题始终是农民的核心问题，土地是农民赖以生存的生活来源和生产要素，是农民的重要财产之一，是农民根本利益的体现。在推动农村土地制度改革的进程中，农民人口数量多，规模大，分享改革收益的人口也多，在没有组织保障为集体利益而付出的个人利益情况下，愿意为集体利益付出的人员减少，反而使农民更难团结一致采取行动。同时，我国大部分农民的文化程度较低，缺乏系统的组织培训和能力，政治嗅觉不灵敏，因此农民群体在政治建设和制度变革方面的能力有限，被动成为土地制度改革的接受者。农民群体在与其他相关利益主体的博弈中，经常会受到其他力量的干扰和歧视，处于劣势的尴尬位置。当农民群体权益受到侵害以及受到不公平对待时，由于缺乏法律专业素养和达不到法律门槛，农民的利益诉求很难通过法律途径等正常手段实现。

五、基于农地经营者视角下的农地产权实现障碍

农村土地“保持集体所有不变，稳定承包权，放活经营权”是当前我国农业的基本经营制度。通过农地流转，可以降低耕地细碎化带来的效率损失。着眼于土地流转经济效益的发散，农地流转与适度规模经营已然是我国农地和农业制度创新的基本方向。我国农地的经营权流转已经逐步推广并有迅速加快的趋势，通过农地流转，可以提高农业生产效率和农民收入，促进农业现代化的发展和农村剩余劳动力的转移，规模化经营犹如一颗冉冉升起的太阳，充满激情和活力。但农地经营权流转已然面临一定阻碍。首先，农地产权的不稳定性。农地产权的不稳性不仅直接导致了土地承包经营权流转的交易成本的增加，使通过土地承包经营权流转实现农地适度规模经营的政策目标难以实现。同时，农户拥有的土地承包经营权不够明晰且存在不稳定性，进而影响了土地承包经营权的流转。其次，土地承包经营权流转受限。土地承包经营权的转让受到三个方面的限制：一是转让方有稳定的非农职业或者有稳定的收入来源的；二是转让必须经发包方同意；三是受让人必须为其他从事农业生产经营的农户。这些限制从我国当前的发展阶段、发展需要来看，是明显不合理的。再次，法律保障的缺陷。土地资源的

优化配置实质上是土地产权在各个主体之间合理流转的动态过程，其保障和实施需要在客观上以法的方式来规定内容、边界和形式，维护好各方利益。但在实际中，我国现有的法律缺乏相应的内容来监督其执行。最后，农地市场化流转难以运作。缺乏完善的土地价格形成机制、缺少健全的土地流转交易组织和完善的中介服务体系都严重制约了农地市场的商品化。

第七章 农地产权（三权）实现困难的原因：“四重约束”

从改革开放初家庭联产承包责任制逐步放开土地的承包经营权，到20世纪90年代彻底放开土地承包经营权成型的“两权分置”模式，每一次土地制度的改革都为我国的经济增长提供着制度保障，为广大农村地区放活生产力提供了有利的运行机制。2013年7月，习近平总书记在湖北省武汉市农村产权交易所考察时首次提出土地“三权分置”的构想①。同年，习近平总书记在中央农村工作会议上的讲话中指出，“顺应农民保留土地承包权、流转土地经营权的意愿，把农民土地承包经营权分为承包权和经营权，实现承包权和经营权分置并行”；“三权分置”应“有利于更好坚持集体对土地的所有权，更好地保障农户对土地的承包权，更好地用活土地经营权，推进现代农业发展。”此后，随着“三农”领域改革的不断深化，党中央、国务院、全国人大等分别在农村土地“三权分置”的顶层设计、法规健全等方面予以相应的规定和修正，“三权分置”成为我国农地产权制度的新方向。农村土地“三权分置”改革有着深刻的政治内涵和经济意义，“落实集体所有权”“稳定农户承包权”保证了土地承包关系的长期稳定，让广大农民能够更好地利用手中的资源，参与到新时期改革建设当中，共享改革开放所带来的红利；“放活土地经营权”即在社会主义市场经济体系下发挥市场的资源配置作用，让土地流转高效有序；“地尽其用”“人尽其能”，发展多种形式的土地经营形式，提高土地的产出效率、增加农民的获利方式，让农地制度真正成为能够带动农民生活水平提高的“助力器”。

“三权分置”制度是现阶段深化农村改革的重要内容和制度创新的重要举措，但在具体的实践过程中并不是一帆风顺的，面临诸多挑战，仍存在一些未突破的困境。本章将从农地产权权利束约束、农地产权不完全约束、农地产权配置机制约束和农地产权实现选择集约束分析当前“三权分置”制度

① 央广网：《以习近平为总书记的党中央推进农村土地制度改革纪实》，2016年1月13日。

面临的困境。

第一节　农地产权权利束的约束

2018年年底我国对《中华人民共和国农村土地承包法》的修订，为"三权分置"政策的法律化搭建了基本框架，以保障政策的有效实施。从本次修订所呈现的结果看，对于土地承包经营权向土地承包权和土地经营权派生过程的表述带有"权利束"的理论痕迹，这与我国所遵循的"物权法定""一物一权"物权法体系相背离。

"三权分置"政策的确立和法律化符合中国的实际情况。中国农地制度的发展和完善过程有其独特的特殊性。当现行的土地制度不能满足生产力发展的需要时，农民会自发形成力量与之抗衡，实践先于理论，迫使土地制度发展变化。为实现"耕者有其田"的现实需要，我国首次实现了农村土地所有权与土地承包经营权的分离，极大地调动了农民的生产积极性，大大提高了农业生产力。随着生产力和社会的发展，"耕者有其田"的需求已经转变为"耕者耕其田"，家庭联产承包责任制对农地流转的限制也逐渐显现。"三权分置"的目的之一是解决"两权分离"体制下的改革问题，由于土地权利分离不彻底，导致农地流转受到很大限制。

一、相关概念界定

（一）产权

马克思理论认为产权是财产主体通过对财产的占有、使用所产生的相互认可的权利或者行为关系。它是一组包括所有权（占有、使用、收益、处分权能）、用益物权（地役权、地上权）、担保物权、知识产权及其他特许权利组成的"权利束"。科斯和阿尔钦认为产权是一种使用经济品的权利。诺斯进一步把产权定义为一种具有排他性的权利，诺斯和托马斯在《西方世界的兴起》中指出，不同的产权安排会导致不同的个人收益与社会收益，而有效的产权组织是经济增长的必要因素。产权可以引导理性经济主体在约束条件下进行最优化选择，经济绩效则是作为经济主体理性选择的最直接映射。

（二）农村土地产权

所谓土地产权，是指一系列土地财产权利的统称，其中包含土地所有权等各项权利[①]。吕益民（1992）认为，农村土地产权的基础是所有权和使用权，是这两项权利在不同主体之间进行转让和进行交易时，能够体现出的社会的权益关系或者个人的权益关系[②]。高圣平、刘守英（2010）指出农村土地产权的基础是农村土地所有权，核心是土地使用权，是关于土地财产的一切权利的总和，是包含各种权利的权力束，农村土地产权主要包括土地的所有权、占有权、使用权、收益权以及处置权等[③]。

（三）农地产权制度

产权制度是人与人之间关系的规范化或制度化[④]，农地产权制度就是指社会对土地的种种权利的设置和关于权利的取得、享有和让渡等的规定，农地产权制度则系统规范了各个权益主体在农村土地利用方面所处的不同地位和所形成的不同的社会与经济关系[⑤]。农村土地产权制度是一种制度安排，它对农村土地产权的关系和结构进行了构造。它包括以下内容：农村土地产权结构，国家对其的认可、管理与调控，法律对其的支持等。农地产权制度是产权制度在农地方面的具体安排，是农村土地财产权利的总和。它是由一系列权利组成的权利束，一般包括所有权、使用权、收益权、处分权等。其中，作为母权的“所有权”处于核心地位，农地的占有权、收益权、处分权等权利属于派生性权利。基于我国农地属于集体所有制，现行法律通常将这些次级权利归纳为农地经营权，经营权的权利边界取决于母权的约束。基于对产权含义的理解，农地产权同样具有平等性、排他性、收益性等属性特征。

目前，我国农村土地产权制度是家庭联产承包责任制，该制度以土地社会主义公有制为基础，包含农村土地所有权、使用权、承包经营权三个方面和层次之间组合协调的制度规定，具有集体土地所有权和经营权分离，经营权归农户，所

① 马克思、恩格斯：《马克思恩格斯选集》，人民出版社，1972年版。

② 吕益民：《论我国土地产权制度的改革》，《经济研究》，1992年第12期。

③ 高圣平、刘守英：《土地权利制度创新：从〈土地管理法〉修改的视角》，《经济社会体制比较》，2010年第3期。

④ 黄少安：《论产权制度的成本与效率》，《深圳大学学报（人文社会科学版）》，1994年第2期。

⑤ 魏波：《对我国农村土地所有权制度改革的思考》，《广西大学学报（哲学社会科学版）》，2009年第31期。

有权归集体，以农户家庭为经营单位的特点。

二、所有权、承包权、经营权的独立性和关联性

现行的《物权法》将"土地承包经营权"总体确立一项用益物权，主要对承包行为进行规范，并未对"承包权"和"经营权"进一步划分。但是在该权利的实际运行过程中，农户作为我国农村土地承包经营权的主体，为实现土地的流转，会使"承包经营权"体现为"承包权"和"经营权"两种权利。

首先，"承包权"本身就可以被认为是一项单独的民事权利。《农村土地承包法》规定："农村集体经济组织成员有权依法承包由本集体经济组织发包的农村土地。"虽然在本条文中并未将"承包权"明确表述为一项独立的法律权利，但通过以上内容可看出，在农地发包时农户行使的就是"承包权"。而这一权利的"独立"使用在"三权分置"构想提出前就已经被广泛认同了。

其次，农户在"土地承包经营权"实际行使的过程中，既可以进行自主生产，也可以对土地进行流转，因此可以看出，农村土地的具体使用过程也具有一定的独立性，尤其在土地流转给非农业经营主体后，经营主体不具有土地的"承包权"但可行使土地的"经营权"。如此权利分置形式不但体现了我国农村土地在实现收益时的灵活性，也进一步反映了"承包权"和"经营权"的区分。

最后，考察对不同的权利主体可知，土地的发包过程涉及"发包方"和"承包方"之间财产权的分配关系，具有普遍性；而"承包方"和"经营者"之间关系的核心是土地的开发，以资源的利用为目的。在土地资源用于生产的过程中三者所追求的目标不同，而实现途径分别为"土地承包"和"土地经营"，因此"承包权"和"经营权"的分离也体现了相对独立的社会功能。

通过以上分析可以看出，"承包权"和"经营权"两者体现了一体的性质，但在具体实现形式上又可以区别看待。《物权法》在对土地"承包经营权"的规定上忽略了两者可分置的特点，同时也反映出土地"三权分置"立法方面亟待统一和完善。即使如此，在实践过程中农地"承包权"和"经营权"分置运行的情况仍然广泛存在。

三、农地产权权利束约束

"权利束"概念认为，所有权是"一束权利"，是一组平等的完整权利所组

成的集合体。因此，所有权人可以将此权利集合进行拆分，以便随时随地将其所享有的财产权分给其他权利主体。如果把承包户享有的土地承包经营权作为“一束权利”，承包户可以自由拆分从而衍生出土地承包权和土地经营权。然而，我国并没有遵循“权利束”的物权法理论，而是沿用了“物权法定”和“一物一权”的物权制度。在这种制度下，所有权的概念不是“一束权利”，即所有权不是由一组相互平等的权利所组成的集合，而是包括占有、使用、收益和处分的特定权能。我国物权体系和土地产权制度的建立应遵循权能分离的理论。

家庭联产承包责任制是基于中国产权制度权能分离的成功实践。通过将完整所有权中使用权和收益权的让渡，赋予承包户从作为母权的所有权中派生的土地承包经营权。承包户通过土地承包经营权享有的使用权和收益权归根结底来自土地所有权的部分权能。

（一）农地产权权利主体模糊

在我国，农村土地所有权属于农村集体所有。作为农村最基层的经济组织，农村集体具有独立开展经济活动的自主权，然而，许多基层单位在实践中一直未能落实和有效建立。为了弥补基层经济组织的缺位，适应实际需要，法律规定“村集体经济组织或村委会、村内各个集体经济组织或者村民小组、乡镇集体经济组织”均可成为农村集体的代行主体，依法行使土地所有权（《物权法》第60条），直接导致了土地所有权主体的多样化，同时增加了行权混乱的风险。权利主体的模糊性导致了土地所有权的“先天不足”。目前，我国农村现行的土地产权制度现状表明，农地所有权产权主体不明确，权利归属不清晰。虽然《宪法》和法律明确指出，集体经济组织范围内的土地（依法使用的国有土地除外）属于集体经济组织成员共同所有，所有成员享有平等和不可分割的权利。然而，在现实生活和生产实践中不难发现，集体经济组织成员处于变动之中。对于抽象的、没有经济收益的所有权归属没有产生实际的影响，但对于具体量化且具有收益的承包经营权就可能发生重大影响，特别是承包期满、开始新轮承包时，这也就说明了农村集体土地所有权并没有得到清晰的界定，土地产权的主体依然不明确。因为行政村和村民小组我们既可以认定是基层政权组织、行政机构、自治团体、集体经济组织，也可以说它兼而有之（或代行职能），这样一来，农村土地究竟归谁所有？谁又能真正行使所有权？其导致的结果不是“一权多主”就是“主体虚置”。

《土地承包法》第五条指出：农村集体经济组织成员有权依法承包本集体经

济组织发包的农村土地。就正式制度而言，当前的农地产权制度是以农地集体所有权和农地承包经营权两大权利为基石构成的。此外，成员权作为非正式制度在农地产权制度中发挥着重要作用。在全国各地的实践过程中我们发现，各地在界定集体经济组织成员过程中，没有统一的标准，取得集体经济组织成员资格的条件是取得户口还是成为家庭成员也并没有明确规定。在第二轮承包发包时，各地根据自己的实际情况，没有统一的发包时间和发包细则，村集体对成员资格权的确认方式不尽相同。通过我们在贵阳市息烽县的实际调研发现，在确认村集体经济组织成员时，一方面是对新生儿出生日期的限定，有的小组对新生儿出生日期做了限定，在限定日期以后出生的孩童即不具备承包资格；一些小组在发包土地时，是按照发包当日各组户口簿上实际人数来确定村集体经济组织成员。另一方面，各组对于新娶进来媳妇和出嫁女儿的成员资格权确认上也各不相同。随着第二轮土地承包到期后再延长30年试点的开展，村集体经济组织对于本集体经济组织成员的确认上，仍处于不断探索阶段。伴随着人口的动态变化，究竟哪些人真正具备承包资格权，目前并没有相关的法律法规进行指导。土地是农民最基本的保障，在确认成员权时，涉及每个农民的切身利益，一定要充分尊重每个农户的意愿，得到他们的认可和支持。

（二）农地产权权利边界不明晰

在农村集体中，农民集体与个体农民之间农地权利的不同配置必然导致农地利益的不同分配。农地产权的不同配置直接刺激和制约着集体和个体农户针对农地的经济行为，最终影响到农业土地资源配置效率和农业生产效率。从我国农地产权运行现状看，现行的农地产权模式只实现了农地所有权与承包经营权的分离，在承包与经营这两权之间没有明晰的产权关系界定。

村集体经济组织依法将本集体土地发包给村集体经济组织成员，承包方依法享有承包地使用、收益的权利，有权自主组织生产经营和处置产品。拥有所有权作为母权的发包方具体将哪些权利发包给承包方了呢？在调研的过程中，我们设置了一些具体的权利：种植权、劳动力支配权、产品处置权、施肥权、耕作权、流转权、收益权。当问及村干部和农户时，涉及具体的权利，农户一般都是根据自己的主观来判断。现有的法律法规细则等都没有具体说明承包权权利的边界问题，或者说，没有对承包权的细致划分。

在经营权的权利主体方面，由于实行将承包权与经营权合并为承包经营权的产权制度，经营权的权利主体没有明确规定，基本上等同于承包权的权利主体。

然而，随着农村劳动力结构的不断变化和农村经济的不断发展，在一定范围内流转经营权的现象已十分普遍，对权利流转对象的权利义务却没有明确规定。承包方将哪些权利流转出去了？转入方又将获得哪些具体的权利？在现有的法律体系中，没有对相应的权利进行细分。因此，不管是承包方发包土地时的权力让渡，还是转入方权利的获得都没有对具体权利进行界定，权利的边界是不清晰的。科斯理论表明，只有当权利得到清晰界定，资源才能得到有效配置。

第二节 农地产权不完全约束

马克思的农地产权权能缺失理论认为，完整的土地产权应包括土地的终极所有权和由终极所有权衍生的占有权、使用权、处分权、继承权、收益权、转让和抵押权等权能，但在现实生活中，我们的各项权能是不健全的，并且不断被弱化，从而导致产权权能的缺失。在农村集体所有权中，我国实行严格的用途管制制度，任何组织和个人都无权买卖和转让。然而，一旦国家基于公共利益需要，就可以无条件地征收集体土地，由此可见，事实上，农村集体土地所有权的行使受到严重制约。

在农民的承包经营权和抵押权上，法律规定承包权、经营权可以通过招标、拍卖、协商等途径依法转让，但法律对承包经营权抵押仍未作出明确的界定，也不能在法律层面规范和制约地方政府强制征收集体土地、村委会提前收回承包经营权的情况。总之，农民的承包经营权和抵押权尚未得到法律制度强有力的保障。在土地使用权、处分权和收益权方面，农民的土地权利仅局限于农业生产活动。

本节首先介绍农地产权权能残缺，分析农地产权主体缺失及其原因，最后介绍土地经营权权能模糊。

一、农地产权权能残缺

随着农地确权工作在全国范围内开展，承包权和经营权的主体逐步清晰，但在权能上，法律并未将“承包权”和“经营权”分离。农地经营权的具体内容和期限、行使权利的条件、权利的回收等都尚未形成更加系统、规范和细化的框架，也就是缺乏对其权能边界的界定。农村土地经营权也是一种不完整的产权，是从承包权的权能当中分离出来的。尽管现有法律对承包权和经营权的权利界定都明确了占有、使用和收益的权能，但是还应该包括对权利本身的处分权能，即权利所有人有权将其转移给他人。也即，承包权和经营者对农地不享有事实上的处分权，但是应该享有对权利的处分权。承包权的权利主体是本集体经济组织的成员，承包权的存在和运行是以所有权为基础的，由于所有权的权利主体界定不清，导致承包权权利主体的界定比较困难。

所有权应当包括占用土地的占有权能、将集体土地发包给集体经济组织成员的发包权能、承包地到期后收回承包地的收回权能，对承包地经营、使用的监督权能。承包权应包括承包本集体土地的承包权能、使用或者流转承包地上附着物的经营权的权能、对国家征收承包地获得补偿的权能等。经营权应包括承包户对土地进行生产经营并获取收益的权能、经营权的流转权能、经营权抵押贷款权能等。有学者认为，农村集体土地所有权只是名义上的所有权，并不具备所有权的本质属性，因为它不具备所有权的核心权能——处分权。使用权能的实现方式在现行法框架内基本上是自己使用；收益权能只能在低程度上实现，甚至无法实现；处分权能是被动的，甚至可以说是附加在集体土地所有权上的一项义务；法律没有规定集体土地所有权的排除他人干涉妨碍和剩余索取权能，进而得出集体土地所有权的权能是残缺不全的结论。

二、农地产权主体缺失及原因分析

（一）农村土地所有权理论认识：主体缺失

我国实行土地社会主义公有制，即全民所有制和劳动群众集体所有制。确立土地公有制，是为了确保土地资源的"安全牌"，保证土地资源利用的公益性和效益性，实现土地利益分配的公平性，同样也体现了国家的政治要求。农村土地集体所有制体现为农民共同拥有土地这一重要生产资料，共同劳动，共同分享劳动成果，也就是确保劳动者与劳动者共同拥有的生产资料直接结合。这一生产资料是不能分割为劳动者个人所有的，也是公有制与共有的根本区别。共同财产可以分割到个人，是以个人所有权为基础的。而集体土地所有权是土地劳动群众集体所有制的具体表现形式。农村土地所有权不管采取何种形式，所具有的占有、使用、收益和处分四项基本权能，并不会因此而发生改变。

虽然我国立法明确规定"农民集体"是农村土地的所有者，但现行法律没有对"农民集体"的内涵及其外延作出界定，于是"什么是农民集体""农民集体的具体表现形式是什么”“农民集体是否具有民事主体资格”等问题，曾一度成为理论界焦点话题，民法学界多数学者研究后，得出结论：农村土地所有权的主体是缺位的。甚至有学者对此产生悲观主义，“在物权法上，所有制意义上的农民集体永远不能成为物权法的主体。所以农村集体的物权法主体地位问题，是一个没有答案的死问题”。

（二）农村土地所有权主体缺失的原因分析

尽管我国多部法律对农村土地的归属都进行了明确规定，但是法学理论界至今对农村土地所有权主体没有达成共识。在实践中，农村土地所有权纠纷问题的解决面临诸多困惑。如果说“农村土地所有权缺位”是学者的共识，但少见学者探求其原因，提出合理的解决方法，于是“农村土地所有权缺位”的问题在现实中仍然存在。发现问题仅仅是为解决问题提供了可能性，而发现问题存在的原因，才能最终解决问题。因此，需要对导致“农村土地所有权缺位”的原因进行探究。

1. “农村土地所有权缺位”的客观原因。

我国《宪法》第1条明确规定：“社会主义制度是中华人民共和国的根本制度。”具体在土地所有权上表现为国家土地所有权和农民集体土地所有权，除此之外，不存在其他土地所有权形式。显然，我国的土地制度，尤其是农村土地制度，与西方资本主义国家相比，可以说具有鲜明的中国特色。如果脱离中国农村土地发展历程和现状，仅从理论和法律条文的字里行间去分析、研究中国农村土地的归属，得出的结论难免会不符合中国实际。

综上所述，1950年的《中华人民共和国土地改革法》中对农村土地归属有明确规定，即属于农民所有。即使在我国社会主义改造完成后，也没有出台相关农村土地归属的法律，但是1962年的《农村人民公社工作条例修正草案》却有清楚规定。所以到农村集体经济体制改革之前，我国农村土地所有权是不存在所有权模糊不清的法律和理论问题的。农村经济体制改革后，农村土地经营现状改变，尤其是人民公社、生产大队和生产队这些农村土地所有者的取消，造成了农村土地没有所有者的假象，是导致“农村土地所有权缺位”的客观原因。

因此，在农村集体经济体制改革之前，我国不存在农村土地权属不清的法律和理论问题。农村经济体制改革后，农村土地经营管理的现状发生了变化，特别是人民公社、生产大队、生产队等农村土地所有者的取消，造成了农村土地所有者缺失的假象，这是“农村土地所有权缺位”发生的客观原因。

2. "农村土地所有权缺位"的主观原因。

在现代社会，一个国家实行什么样的社会、政治和经济制度，无疑会影响到土地的所有权。在土地制度方面，中国实行的是社会主义土地公有制，即土地归国家所有和农民集体所有。国家是国际法主体，也是一个特殊的民事主体，有其明确的内涵和外延。作为我国土地所有者，现行立法无须对其进行界定。但必须承认，农民集体并不是一个内涵十分明确的概念，同时在理论上也存在分歧。如有学者认为"农民集体"是一个政治经济术语，而不是一个严格的法律概念。也有学者指出，"作为农村土地所有者，农民集体既不是自然人，也不是法人，所以农民集体不是一种独立的民事主体形态"。

对于这样一个内涵不明、理论认识分歧的抽象概念，却屡屡被立法机关用来充当农村土地的主体，究其原因何在？我们认为，主要有以下原因：法律概念可以依据不同标准进行分类，对于概念的内涵和外延，根据立法对其界定与否，可分为确定的法律概念和不确定的法律概念。在司法实践中，不确定的法律概念只能通过法官的价值补充或解释来厘清。从另一个角度看，它可以看作立法赋予法官的自由裁量权。立法者之所以可以使用不确定法律概念，是因为"法律概念的功能不过是为了满足社会的需要，其本质必须通过对社会需求的分析来确定"，但不确定性概念的使用受到严格的限制，这是由法律概念的准确性特征所决定的。综上所述，立法造成我国"农村土地所有权缺位"不是立法漏洞所致，而是立法者根据中国国情采用的一种立法技术。因此，立法者为了使农村土地所有权主体立法规范适应中国农村土地制度客观变化，使用"类概念"是"农村土地所有权缺位"的主观原因。

三、土地经营权权能模糊

家庭承包责任制的实施实质上是国家向农民让渡部分土地权利。从集体生产到家庭承包经营的制度变迁是一个帕累托改进的过程。这一过程既增加了农民收入，又提高了国家食物供给。但是随着改革开放初期制度绩效的快速释放，农民对农地产权个人化提出了进一步的要求，而国家则极力加以控制，使农民与国家之间在利益上又发生了冲突。越是明晰、强有力的土地权利，越能增强经营者的信心，使其可以放心地对土地进行经营、管理和改良。土地经营权的设立虽然符合实践需求，但一项缺少法律规范和保障的土地权利显然是不够清晰和有力的。因此，"三权分置"产权制度的法律化必然要为土地经营权这项新设权利提供有效保障，从而完成对土地产权结构的调整，充分释放土地资源的财产功能，以实现农业的多元化经营，以期为经营权权利主体带来经济效益和提供法律保障。“三权分置”制度改革关键在于创设剥离身份属性的可以自由流转的土地经营权，“三权分置”法律化的关键同样也在于对农地经营权法律性质的合理定位。关于土地经营权权利属性的讨论由来已久，从“三权分置”制度设想构造之初，对于新创设的土地经营权究竟应属于债权还是物权便已开展了热烈的讨论。持债权说观点的学者认为，在土地承包经营权、物权权能完整的前提下，可通过债权方式来解决承包经营权流转的问题，与物权说相比，更具有天然的制度优势；物权说观点则是立足于政策，认为土地经营权的创设最主要的目的就是构造出剥离原有身份属性的用益物权，进而认为“应当纯化其财产权属性，着力将其推向市场”。理论层面的探讨未能形成一致的结论，实践中对于土地经营权的行权方式同样未能形成统一标准。基于理论和现实层面的双重考虑，《农地承包法》的修订中采取了“只原则界定了土地经营权权利，淡化了土地经营权性质”的处理方法。

土地经营权的创设，其目的是通过去除土地承包经营权身份属性的桎梏，打破农地只能在特定集体这个“小圈子”中流转的限制，扩大农地流转的范围，将市场经济引入农地流转，从而实现农业的规模化、产业化经营。应当认识到，在我国农村特有的社会经济环境下，培育出完备的市场经济的条件还不成熟。农地经营权的权能属性若不能得到清楚阐述和界定，后续对于其权利的保护必然会出现盲点，承包方和经营方的权益无法得到有效保障，进而影响到农业生产活动，不仅违背了“三权分置”法律化的初衷，甚至也可能会对社会稳定产生不利的影响。

第三节　农地产权配置机制的约束

产权配置的本质是一种制度安排。科斯从产权结构和经济组织形式的角度论述这种制度安排，得出产权配置就是一系列关于产权调整和安排的规则，它主要通过界定清晰的产权，明确具有保护性和规范性的交易规则，进而形成有效的激励结构，从而提高产权配置效率。

农地产权配置就是国家所制定的一系列有关农地产权安排调整的制度规则，其目的是通过对农地产权的清晰界定，规范产权交易关系从而提升农地产权的配置效率。"三权分置"政策提出以来，全国各地加快政策创新，进行农地产权试点改革，形成了具有代表性的地方农地产权配置模式，本书将其归结为三种不同的"主导型"模式，即"所有权主导模式""承包权主导模式""经营权主导模式"，具体而言：

（1）所有权主导模式，即在土地流转过程中村集体甚至乡镇政府发挥着主导作用，普通承包农户不具有决策权，经营主体接受所有权监督和管理。强调所有权发挥主要作用，即在农地产权配置中，政府占主导作用，政府利用行政力量推动土地流转并掌握主动权，而农民在这个过程中则处于被动地位。

（2）承包权主导模式，即在土地流转过程中，坚持普通承包农户的主体作用。承包权主导模式是农户对土地在经营权流转过程中的决策占有主导地位，土地经营权的流转方式均由农户决定，不会受到其他方面的影响，最大限度地保护了农户对承包权的掌握把控。

（3）经营权主导模式，即在土地流转过程中，强调稳定经营权预期与经营权权益。经营权主导模式在农地产权配置中强调土地经营权的稳定性，承包农户将种植、经营管理的决策权流转给经营主体，在合同期内土地经营权完全归经营主体所有。

在实际执行中，农地产权配置机制与国家在"三权分置"政策中所设定的农地产权配置机制存在很大的偏差，这就导致了"三权分置"制度改革在实施过程中面临约束。主要体现在以下几个方面。

一、产权实际配置中农地产权权能未清晰界定，难以兼顾各产权主体的权益

所有权主体的权益难以体现。《关于完善农村土地所有权　承包权经营权分置办法的意见》（以下简称《"三权分置"意见》）将经营权从土地承包经营权中剥离出来，对经营权和经营主体进行了一定的权能强化和保护，这将加剧农村土地集体所有权收益"虚置"的现象，损害农民集体的权益。例如，对于以家庭承包取得的土地，农民集体所有的土地所有权的部分权能受到严格限制，而承包地的监督管理权甚至收回权受到交易费用的限制，难以落实。一些农民除了拥有家庭承包的土地外，还利用"开边荒"的方式获得了部分集体土地的使用和收益权，但由于监管成本高，集体对这部分土地并没有很好地宣示主权，部分地区对于这类土地，仍处于保持原种植关系状态。同时，由于地方政府不同类型政策

创新的影响，在产权实际配置的过程中，所有权权能仍然无法体现在“承包权主导型”和“经营权主导型”模式上。此外，在权利主体的契约规则制定过程中，由于信息不对称的影响和谈判能力的差异，与承包权和经营权主体相比，所有权主体处于劣势地位，其合法权益难以得到体现。

在“所有权主导型”和“经营权主导型”的农地产权配置模式中，普通农户的承包权益大多表现为土地流转的租金收益。在不同的农地产权配置模式下，承包权权能虽然得到了不同程度的体现，但总体上是受限的。在“所有权主导型”模式中，政府或村集体有能力与规模经营主体直接谈判，土地流转价格、流转期限和流转规模由政府决定。虽然这大大降低了农地流转的交易费用，但与农民自发流转农地相比，转出户在流转租金和流转期限上失去了一定的自主选择权。在“经营权主导型”模式下，虽然《“三权分置”意见》明确指出，“经营主体再流转土地经营权或依法依规设定抵押，须经承包农户或其委托代理人书面同意，并向农民集体书面备案”，但在现实中，为了加快推进土地经营权抵押贷款，经营权人会故意忽视一些必要的要求。例如，在土地流转过程中，有些合同没有包括对农民知情权的保障，出现土地经营权被抵押贷款而村集体或承包农户却不知情的情况，这无疑损害了承包农户的合法权益。另外，为了强调经营权的稳定性，“经营权主导型”产权配置模式主张经营主体同承包农户签订长期合同，使经营主体获得承包地的长期占有权、使用权和收益权，而承包户的承包权在合同期限内将失去意义。

经营权主体的权益难以维护。虽然2018年中央一号文件强调平等保护土地经营权，但现实中土地经营权仍然难以保障。在合同规则的约定和履行过程中，经营主体并不总是处于有利地位。即使已经制定了合同规则，承包农户仍然可以利用法律上产权不明确的漏洞侵害经营权。在“承包权主导型”模式下，农地产权的配置主要是按照承包农户的意愿进行的，这在一定程度上降低了流转风险，但不利于经营权的稳定。在一些地区的土地托管中，由于个别农户坚持自己的经营意愿而出现“插花地”现象，这不仅阻碍了农业规模化经营，也增加了土地托管服务商的经营成本。此外，一些农业补贴的方法，涉及承包户的经营主体，由于涉农补贴未能根据政策及时调整，加之一些区域农地流转并不规范，流转双方并未就此项内容达成协议甚至是避而不谈，因此，涉农补贴究竟该补贴给谁仍是一个亟待回答的问题。

承包农户与实际经营者关于农地补贴的相关问题发生了分歧，引发了诸多社会矛盾。现实情况是：由于承包农户处于比较有利的地位，农业补贴大多直接发放到承包农户手中，这违背了政策导向，不仅损害了经营主体的合法权益，也达不到政策目标。

二、产权实际配置中过度强化承包权和经营权，可能制约农地流转

随着承包权的强化，承包权的价值有望上升，这可能会制约农地流转。在农地流转的背景下，"三权分置"制度改革创造性地提出所有权、承包权与经营权分置并行的制度设计办法。但不可忽视的是，土地经营权并非独立存在，而是由原有的土地承包经营权派生而来的。因此，土地经营权的获取和处置必须征得原承包农户的同意。在丰富土地经营权权能的基础上，土地承包经营权的权能必然扩充，土地承包经营权的产权价值也会随着土地经营权产权价值的增加而增加。然而，由于承包权的过度强化，承包户在合同规则的谈判过程中比以往有了更多的优势。例如，由于担心土地经营权抵押后会失去土地，一些进城务工的农户更加倾向于选择短期合同将农地流转给相对熟悉的经营主体耕种。在遵守法律法规的前提下，农民有较大可能以低流转价格和短流转期限来获得较多的土地支配权。经营者若要取得长期固定承包地的经营权，则必须支付比短期流转高出许多的租金，这无疑会增加经营者的经营成本。另外，在实际的产权配置中，特别是以"承包权主导型"为代表的土地托管模式的出现，使农民在不转让土地的情况下，仍然可以充分利用自己的耕地，减少农户因就业和不愿意流转土地而抛荒土地的可能性。

在这样的背景下，农地更难集中到经营主体手中，这显然违背了"三权分置"制度改革的初衷。虽然强化土地经营权的主要目的是稳定经营主体的经营预期，但在具体的实施过程中，这一政策目标的实现形式也有可能会制约农地流转。

这是因为农地流转的基本逻辑起点是农村劳动力的非农就业，而农地流转合同的正式程度和期限又受制于农民非农就业的情况。在"经营权主导型"模式下，强化以经营权为主的产权配置，客观上剥夺了农户承包权的部分权利，这无疑会降低农民流转农地的积极性，从而制约农地流转。在产权公共域的限制下，通过签订长期合同来稳定土地经营权的行为，无疑会将绝大多数仍然强烈依赖农业的农民拒之门外。只有进城务工并获得稳定工作的农民才可能会愿意放弃长期的土地经营权。目前，一般的短期和非正式的土地流转合同也会阻碍经营权的进一步强化。在实际调研中，即使是农户和经营主体签订了长期流转合同，农地流

转租金也主要是一年一付。

总体上看，“三权分置”制度实施前，农村土地流转市场表现出明显的契约不稳定性。对于“三权分置”制度提出的“放活经营权”政策目标，特别是给予经营权抵押权，普通农民的回答是“不同意拿去抵押”。当被问到他们将采取什么措施来保护自己的承包权时，“不给经营权证”和“缩短租期”成为他们的主要回答。基于此，本书认为，由于产权的实际配置和产权公共域的影响，在现有的产权治理结构下，承包农户、经营主体等权利主体基于个人利益最大化原则做出的行为选择存在违背政策初衷的可能性。仅在法律和产权配置层面上强化承包权和经营权，可能会制约农地流转。在短期流转的情况下，双方权益得不到有效保障，最终抑制了农地流转市场的发育，制约了农地流转。

三、产权实际配置难以降低农地抵押交易成本，阻碍农村金融市场发育

抵押贷款作为市场交易的主要形式，活跃于生产、生活的各个领域，已成为企业融资的主要方式。然而，农地由于其自身的一些特有属性，不同于市场上其他商品，自然也不可能像其他商品一样进入市场进行抵押融资。由于实际农地产权配置方式的差异，农地抵押的交易成本仍然较高，阻碍了农村金融市场的发展。这主要体现在土地经营权抵押贷款和抵押物的有效处置两个方面。土地承包权与土地经营权的权利边界并不十分明确。虽然经营者可以利用土地经营权设定抵押，这可以理解为对普通承包农户合法权益的保护，但在这种情况下，土地经营权抵押的经济价值在土地承包权权利主体和土地经营权的权利主体之间存在着争夺现象。

根据相关法律法规，在现行农村土地家庭承包经营制度下，家庭所有成员都是承包土地的共有人，这意味着承包土地经营权的抵押需要承包农民全体家庭成员的同意。在农民非农化、兼业化的背景下，获得每个家庭成员的书面同意需要大量的人力物力，这无疑会增加实现土地经营权抵押的交易成本。另外，在实地调研过程中，我们也发现由于对政策内容认识的不足，承包农户担心自己的经济利益受损，承包农户普遍反对和抵触经营主体以土地经营权抵押融资，“不允许抵押贷款”已成为他们的共同反应，在农户层面，土地经营权抵押权能难以实现。在抵押人违约的情况下，土地经营权的处置除了受到土地流转市场发育的影响外，还受到一些其他的外部因素的制约。

在多重权利主体的争夺下，抵押权的最终配置状况以及承包农户对经营权的主张和维护，都会影响土地经营权的再流转，最终使土地经营权难以有效处置。此时，面对有限的土地经营权期限，金融机构可以选择自行耕种土地，通过农作物生产收回抵押贷款，维护自身合法权益。当然，金融机构也可以考虑通过再流转土地的方式获得土地经营权收益，但按照规定，"经营主体再流转土地经营权……须经承包农户或其委托代理人书面同意"，而承包农户作为土地承包者，对土地经营权的权利索取和权利运用的能力远超金融机构。此时，无论是哪种交易方式，金融机构都面临着较高的交易成本和交易风险，这些潜在的风险使金融机构在农地经营权抵押贷款时显得尤为慎重。因此，在"三权分置"制度的背景下，土地经营权的界定受到限制，土地经营权的稳定仍难以得到有效保障。通过丰富土地经营权的内涵，赋予土地经营权抵押权能来厘清土地承包经营权和土地经营权，从而促进农村金融市场发育，在缺乏有效机制保障的情况下是难以实现的。

第四节　农地产权实现选择集约束

从某种意义上说，农村土地流转在一定程度上意味着土地的商品化。然而，土地是一种特殊的商品。与一般商品相比，作为交易对象，农地进入市场具有不同于一般商品的特殊属性。

本节首先介绍土地作为特殊商品具有的属性，因为土地是特殊的商品，与其他一般商品相比较，在实现其社会价值和经济价值时，存在一定的局限性，主要表现为融资权实现的困难性和经营权流转的困难性。

一、土地的属性

（1）产权有限性。土地作为一种特殊商品，其特殊性首先表现在土地产权的有限性。一般来说，普通商品拥有简单、完全的产权属性，对产权主体的依附性也很明确。完整的土地产权是一组权利，是一个权利集合体。农村土地产权的内容包括农村土地所有权、农村土地使用权、农村土地收益权、农村土地处置权以及这些权能细分和组合。根据我国《宪法》第十条规定，"农村和城市郊区的土地，除由法律规定由国家所有的外，属于集体所有；宅基地和自留地、自留山也属于集体所有。”可见，我国农地的所有权属性是固化在集体的。十一届三中全会之后，家庭联产承包责任制的实现，实际上赋予了农民农村土地使用权和部分收益权，而农地流转政策实际上赋予了农民一定的农地处置权。我国农地产权的复杂性和局限性决定了农地流转的特殊性。一般来说，普通商品交换是指商品所有权的完全转移。农地作为一种商品交换，主要表现为使用权的转移，并且这种转移不仅受到土地自身性质的约束还受到国家政策的严格限制。

我国《土地管理法》总则规定，“任何单位和个人不得侵占、买卖或者以其他形式非法转让土地。土地使用权可以依法转让”。因此，农地所有权是不可转让的。当然，土地征收制度可以看作一个特例。然而，土地征收制度的实质是国家行政权力作用于农村集体产权。因此，土地征收本身不是商品交换，至少不是完全的商品交换。在这个时候，土地并不是一种纯粹的商品。可以看出，我国农村土地权利关系是经过历史变迁形成并纳入法律规定的，即农地所有权属于集体农民，承包权属于农民。

（2）区位固定性。土地作为一种商品，在流转过程中其位置是固定的，不能转移其空间位置，不具有流动性，具有明显的区域性和区位固定性。土地的区位固定性要求人们就地利用。

（3）质量异质性。由于土地的地质地貌、土壤、植被和水文等自然条件和气候条件差异较大，造成农业用地质量存在着巨大的自然差异。根据地租理论，土地质量和区位是形成级差地租Ⅰ的重要条件，土地的自然差异是土地级差生产力产生的基础。农用地的质量异质性不仅要求人们因地制宜地合理利用土地资源，确定合理的土地利用方式，同时影响着农地市场流转中供需双方的行为。

（4）功能二重性。一般商品的功能属性是单一的，要么是生活资料，要么是生产资料。《中国土地法大纲》第四条规定：“农用地是指直接用于农业生产的土地，包括耕地、林地、草地、农田水利用地、养殖水面等。”可见，农用地首先具有生产功能，属于生产资料范畴。然而，农用地对我国农民更多的是具有生活保障功能，也属于生活资料的范畴。

中国农用地的功能二重性是由中国的国情决定的。其一，中国人口众多，且大多数人生活在农村，如果不能保证粮食安全，就不能保证农村稳定，农村稳定是中国社会稳定的重要基石。其二，计划经济时期长期实行的重工抑农政策和工农“剪刀差”，导致城乡社会发展与城乡居民收入存在巨大反差。农民总体上并不富裕。许多地方的大多数农民仍然比较贫困。农业收入仍然是部分农户主要的甚至是唯一的生活来源。因此，对于大多数中国农民来说，土地仍然是“活命田”而不是“富裕田”，土地的生活保障功能是不能被取代的，土地的生活保障功能是维护农村社会稳定和农民基本生活的基础功能。

首先，农地是基本的生产资料，具有生产功能。土地是万物生存的基础，它有天然的生产能力。各种有用的矿物质和养分附着在一定深度的土壤中，为万物的生长发育提供了不可或缺的自然资源。土地自然资源和人力技术劳动相结合，可以生产各种农产品，为人类生存提供粮食和经济作物。其次，农地是农民的基本生活资料，具有社会保障功能。

二、土地市场的基本特征

由于农地是特殊的商品，有着与一般商品不同的特殊属性，这就决定了农地市场具有与一般商品市场不同的特征。一般而论，分析总结农地市场的基本特征，有利于我们更好地理解农地市场的运行规律。农地市场具有以下基本特征：

（1）市场范围的地域性。由于一般商品具有流动性，受市场供求关系的影响和价格水平的调节，区域性不明显。因此，一般商品市场往往随着人口的分布而自然分布，很容易形成全国统一的大市场。土地由于其质量异质性和区位的固定性，土地市场具有较强的区域性特征。它只能形成一个地方市场，但很难形成全国统一的市场。

（2）市场竞争的不完全性。各地土地交易价格水平相对独立，土地市场的不完全竞争特点，造成了土地市场的低效率运行。造成市场竞争不完全的主要原因有：一是土地供给滞后，并且供给缺乏弹性。首先，土地是一种资源类商品，土地的自然禀赋决定了土地不可再生、面积有限，容易影响供给的及时性，市场也容易陷入由于供给滞后造成的流动性不足；其次，由于土地资源的稀缺性，市场很容易出现短缺进而引起供给无弹性或缺乏弹性。二是市场参与者有限。市场的地域性决定了参与本地市场的往往本地人占绝大多数，没有普通商品市场的参与人强扩充性。三是市场信息不充分。目前，土地流转市场才刚刚起步，市场的主要参与者是农民。农户居住的分散性和其相对落后的自身禀赋限制了市场信息的丰富和传播。

（3）市场发展的特殊性。首先，农地是农业生产资料，具有生产功能。农地要素市场的发展将影响宏观经济的发展，涉及国家粮食安全。这就是国家坚持18亿亩耕地红线的重要原因。其次，农地是农民的生活资料，具有社会保障功能，农地要素市场的发展状况直接关系到城乡统筹大局，对城乡社会结构、城乡就业结构、城乡经济协调、城乡收入平衡都有直接或间接的影响。

三、“三权分置”背景下农村土地经营权抵押贷款的难点

（一）农村土地经营权抵押物价值问题

农村土地经营权面临抵押物价值的评估、确认以及抵押价值与农户发展资金需求不匹配问题。评估和确认农村土地经营权抵押物价值问题是农村土地经营抵押贷款的核心之一。其在评估和确认中主要面临以下问题：一是不同时期、不同地区、不同类型的土地承包经营权抵押物收入的巨大差异，使其价值和评估更加困难；二是农村土地承包经营权抵押物价值评估的确认涉及承包农户和经营主体两个群体，并不能简单采取逐一商议的方式；三是农村土地承包经营权抵押贷款还款来源主要是土地收益的问题，也需要在抵押物的价值评估和确认中加以考虑。

作为农民最重要的抵押财产，承包土地经营权本身的抵押价值相对较低，使承包土地经营权的抵押融资额难以满足农民发展资金的需要。一方面，单一农户拥有的土地承包经营权总量小，总价值较低，并且这一问题短期内无法解决；另一方面，承包土地的特殊性导致土地承包经营权单位价值偏低，提高承包经营权单位价值应纳入制度改革的目标。

农业“市场+自然”的双重风险特征提高了土地资本化折现率，土地价格与折现率成反比。在地租和贴现时间不变的前提下，贴现率的提高将导致土地价格的下降。农业经营“市场+自然”的双重风险使农业经营的风险大于一般投资项目，投资者就要求更高的回报率。因此，在土地承包经营权评估中也应提高贴现率。

（二）金融机构接受农地经营权抵押意愿不强

从自身利益的角度来看，金融机构不愿意接受农地经营权抵押贷款的原因主要有两个：一是获得的利润低于交易成本。传统农业是生产周期长、对自然资源依赖性强、抵御自然灾害能力弱的弱势产业。因此，银行对农户贷款的审核过程较为烦琐，交易成本较高。低利润、高成本的产品不符合营利性金融机构的经营目标。金融机构更愿意把时间和精力投入第二、第三产业等高利润贷款产品上，而不愿意接受农地经营权抵押贷款。二是农村土地经营权处置变现困难。当农民

经营不善、无法偿还到期贷款时，金融机构却很难处理作为抵押标的物的农地经营权。然而，农村土地经营权对农业经营者具有特殊的价值，而对其他非农业经营者则没有特殊价值。愿意支付购买农地经营权的目标客户范围较窄。此外，金融机构在接手农地经营权后，可能要承担经营权使用的租金，这进一步加重了金融机构的放贷负担。

（三）农村土地经营权抵押贷款中地方政府作用

政府在农村土地经营权抵押贷款中的作用主要有两个方面：一方面，土地经营权抵押贷款涉及抵押权权属审查、抵押人资格审查、权属期限、财政补贴、政策引导和规范等这些都需要地方政府的大力支持。土地承包经营权的抵押贷款，必须涉及抵押人是否存在权属争议，是否取得农村土地承包经营权的所有权证书，是否依法被查封、扣押、监管或受其他形式限制等问题需要地方政府给予审核公示和查询。然而，由于抵押人信用记录不系统和不完善，仅靠农村金融机构调查，成本往往过高且不全面，需要地方政府向农村金融机构提供关于农民和农业经营主体必要的信用信息和信用证明。另一方面，虽然农民土地经营权抵押贷款的运作模式是多样化的，但其本质仍然是"政府兜底"：从抵押权实现机制来看，挂牌交易受制于土地流转"薄市场"短期内难以有效发挥作用，银行之所以愿意放贷，根本原因在于政府财政的"兜底"。这种"政府兜底"的风险分担机制实际上扭曲了农民、银行和政府的行为激励。以"政府兜底"为基础的土地经营权抵押贷款不具有可持续性和普遍性、推广性，无法实现制度改革"普惠"的目标。

四、经营权流转中存在的困境

（一）土地流转中出现寻租行为

在农民进行土地流转这一经济行为时，农民对土地流转的"知情权"、对决策过程的"参与权"和对土地流转管理的"监督权"保护不力。这种保护不力主要是因为地方基层政府和行政组织基于自身利益诉求，在执行法律法规和政策规章过程中出现的"寻租"行为，这种偏离中央政府的施政理念最终导致损害农民权益的事情发生。例如，在土地流转过程中，村委会作为农民集体的代理人，将农民的土地权利牢牢控制在自己手中，村干部或地方政府干部往往擅自为农民做出决策，不走民主程序，导致农民丧失表达自己决策意愿的机会。这种现象反映了农村基层民主机制的不健全、基层管理混乱等导致侵害农民在土地流转中的正当权益。

（二）商业资本的盲目侵入，土地性质多变

商业资本进入农业领域取决于区域资源禀赋。土地作为农业生产资料，土地流转需要商业资本的注入。然而，在实际的运作过程中，资本以追求利润为目的，其自发性和盲目性的特点为商业资本的违规经营创造了条件。就自发性而言，地方政府并没有制订详细的土地流转计划。商业资本的进入是以市场为基础的。商业资本服务体系以土地流转平台和供需对接体系的形式存在。由于缺乏系统的服务原则和交易规则，商业资本进入市场很难体现市场的公平性和权威性。就盲目性而言，由于资本对利润的追求是一个前后相继的过程，较早进入土地流转的资本获得了利益，后面的市场资本便会盲目跟风，不断涌入，如果经营不善，就会引发资本撤资，最终导致土地流转变成一纸空谈。

（三）土地流转的矛盾突出，利益协调不均

农村土地流转的矛盾有两个方面：一方面，农民、企业和政府的利益冲突，主要集中在各自的利益上。农民和企业是唯一与土地流转直接相关的利益相关者。农民让渡土地使用权，获得土地流转收益。经营权人取得土地经营权利并支付土地流转费用。两者都是理性的市场主体，在利益协调上具有矛盾。另一方面，村民个人利益与农村整体利益的矛盾。

（四）土地流转后的社会保障功能缺失

农民的“土地情结”是有依据的。现实中，土地赋予农民各种功能，如生产功能、就业功能、社会保障功能及传承家业等一系列功能。当前，农村的社会保障体系覆盖范围较少，报销程序繁杂，保障体系不太健全。已有的养老保险、医疗保险与城市市民相比，其保障水平还有很大差距，在农民心中永远存在“不安”心理和对未来的迷茫，他们渴望国家能够提供具有稳定、调节、促进、互助及防控风险的社会保障服务。最为重要的是，农村社会保障缺少足够的资金来源，多靠政府财政转移支付，自身造血功能严重不足。在这种形势下，农民更不愿意进行土地流转，或者只签订一年一期的土地流转合同，即便已经实施的土地流转农民也不愿配合后续工作，使土地流转的本义严重扭曲，多半成为一种政治“走秀”，继而形成恶性循环。

第八章　增加农地权利束：农地“三权”实现的路径设计

农地“三权分置”要能顺利实现，必须以可行的政策路径为基础。从专业和分工的视角看，随着专业化水平的提升，分工越来越细，经济活动中的主体会越来越多。这样，就对产权的细化提出了新的需求。因此，要使农地“三权分置”能够顺利实现，增加权利束就成为必然抉择。

第一节　增加权利束是农地产权实现的产权路径

一、农村土地产权的历史特质

土地制度上的变革不是朝夕间的政策文件上的改动便可得以施行的。自然，对于土地制度这一兼具经济制度和多种功能的社会组织制度的改革进程的探讨也务必置于其绵长的历史制度底色背景之中①。

长久以来，关于世界农业类型的探讨，较为普遍且颇受推崇的法则是依据农业组织特征、技术特征和生产特征将世界农业区分为四类：以经营规模化、生产区域专业化、生产合作化为特征的美式现代化大农场；以滴灌与喷灌方式突出节水、以生物工程技术开发实现无公害且降低对农药和化肥依赖的以色列精细化设施农业模式；以集合农业生产、农产品的加工与流通、农业技术、农业机械化的推广和包括农业教育培训、信贷、保险等社会化服务的法式农业合作社模式和职业农民教育模式；以高劳动力投入和日常管护且人均耕地面积低下的东亚精耕细作小农经济模式。其他颇具代表的还有诸如高科技都市型的新加坡模式、社会生活功能型的德国模式和旅游环保型的英国模式等。

---

① 徐勇：《历史制度底色下世界土地改革进程与成效比较》，《社会科学研究》，2016 年第 4 期。

显然，由生产组织经营模式来探讨农业发展类型总是予以人无限发展模式的认同和借鉴效仿的热切企盼，然而当各国各地纷纷效仿农业发展进程中的典型经验时又总是会出现水土不服等各类地方适应性问题。究其根源，上述关于农业类型的分类只在其表象而未切至肌肤，只基于其最易于观察即可得出的生产经营方式而未从其内在的社会特征和所有制特征深入探讨其农业发展历程的演进。温铁军（2016）基于土地产权归属和经营规模将世界上的农业经营归为“盎格鲁—撒克逊模式”“莱茵模式”和“东亚模式”①。土地是农业生产中最基本的生产要素，“盎格鲁—撒克逊模式”的形成伴随着“野蛮资本主义”对原始大陆原住民的残暴入侵而使土地这一生产要素的规模化集中，以该模式为主要经营特征模式的地域也多集中于美洲和大洋洲等新大陆地块，除典型的美国外，加拿大、澳大利亚、巴西、阿根廷等国基于其殖民后的规模化土地特征而形成大农场农业。相较于美洲和非洲地区的人口殖入，殖民地宗主国的集中区域——欧洲情况就更为特殊。对外扩张以及“圈地运动”乡村地区人口的外溢使欧洲农村地区人地关系较为温和，形成以合作制为依托的中小农场，除去为了应对大农场农业规模化低价农产品的冲击而主打绿色牌强化绿色壁垒外，“莱茵模式”下的农村地区经济结构上以水果、畜牧等高产值行业为主。

对“盎格鲁—撒克逊模式”和“莱茵模式”一一梳理后，不经意间发现“人地关系”影响着土地产权的发展进程。我国是世界最大的原住民人口大国，是典型的以原住民精耕细作的“东亚模式”代表。正是长久以来土地的稀缺性使我国农村居民对土地有着人格化的追求和依恋。可以说，正是我国人多地少的土地资源分配特质，农村土地产权问题往往成为我国历朝历代更迭之中的关键议题。

二、权利束理论与农村土地产权的关联机制

霍菲尔德的权利分析理论是权利束理论的研讨起点，其核心理论包括权利和无权利、特权和义务、权力和无权力、豁免和责任在内的四对相互对立而又相互关联的概念，而后有学者将霍菲尔德的理论概述为产权所有者是享有权利、特权、权力和豁免等综合性权益的集合。德姆赛茨进一步提出“当市场上设定一种交易，两束权利的交换就会发生，而权利束往往就附着在有形的商品上”，菲吕

① 温铁军、张俊娜、罗士轩：《时空变换背景下的中国农业发展》，《中共浙江省委党校学报》，2016年第6期。

博腾认为任何物品的交换价格都取决于交换中所包含的权利束。因而，权利束是基于权利主体本身可以产生或伴随的不同利益的权利的集合[①]。马克思的土地产权权能理论进一步指出土地产权是由终极所有权及所有权衍生而来的占有权、使用权、处分权、收益权、出租权、转让权、抵押权等权能组成的权利束[②]。

产权的变革和界定是一个演进过程。回顾中华人民共和国成立以来我国土地政策的变革，其是颇为曲折的。从废除封建土地私有实现“耕者有其田”到人民公社“一大二公”确立土地集体所有制的农业社会主义改造，而后因集体体制产权主体和剩余权利定价机制的缺失，以及农业生产效率无法负担过高的监管成本进而衍生“大锅饭”生产低效的农业内卷化问题转而全国推行家庭联产承包制[③]。改革开放后城市工业化和乡镇工业的兴起吸纳了大量的非农就业人口，给缓解我国土地自古以来的破碎分散化问题带来了一丝转机，土地流转也作为农业规模化经营的关键路径提上议程，我国的土地政策因势利导发生着“分散—集中—分散—集中”的变化趋势。

然而，每一番政策变革的推行，在人们的需要和利益不断得到满足的同时，也时常伴随着由变革过程中政策制定的中庸或基于尚未成熟的进一步改革时机，相关政策总存在着一定的局限性。土地公有制背景下的土地集体所有所引出的产权残缺问题[④]是农地产权问题探讨的起点，而后开始就产权模糊问题展开界定[⑤]，并展开对土地承包和使用权的法律保障问题[⑥]进行探讨。进一步地，基于土地承包经营权由法律上界定的土地二元征用制度[⑦]且兼具债权属性和物权属性的“财产”标的，产权残缺带来的是缺乏明晰性的经营权、集体权属衍生的非排他性和不稳定性，由此使农地转让范围受到严格的限制[⑧]。

2014年，我国《关于全面深化农村改革　加快推进农业现代化的若干意见》创新性地将“承包经营权”分割开来实现了农地“三权分置”，整体改革围绕着

---

① 李胜兰、于凤瑞：《农民财产权收入的土地财产权结构新探——权利束的法经济学观点》，《广东商学院学报》，2011年第4期。

② 洪名勇：《论马克思的土地产权理论》，《经济学家》，1998年第1期。

③ 贺雪峰：《退出权、合作社与集体行动的逻辑》，《甘肃社会科学》，2006年第1期。

④ 郑风田：《我国现行土地制度的产权残缺与新型农地制度构想》，《管理世界》，1995年第4期。

⑤ 赵美玲：《我国现行农地制度的弊端和新农地制度研究》，《南开经济研究》，1998年第6期。

⑥ 张红宇：《中国农村土地产权政策：持续创新——对农地使用制度变革的重新评判》，《管理世界》，1998年第6期。

⑦ 李钢：《农地流转与农民权益保护的制度安排》，《财经科学》，2009年第3期。

⑧ 钱忠好：《农地承包经营权市场流转：理论与实证分析——基于农户层面的经济分析》，《经济研究》，2003年第2期。

“明确所有权，稳定承包权，放活经营权”的方向进行。本节谈及我国因其原住民为主且人多地少的农村人地关系特质使我国农民更关心土地问题。而自确立土地公有制以来，基于土地公有制条件下土地所有权缺乏转让可行性，强调农地产权具体内容的权利束理论便实现了与农地产权关系上的衔接。无疑，基于土地所有权、土地承包权和土地经营权三种权属分割的“三权分置”理论是我国农地改革中的特色性创举。而“三权分置”这一土地制度改革有赖于两大理论基础：其一，大陆法系独特的物权权能分离理论，即大陆法系认为所有人能将其持有的标的权能通过创设定限物权分离出去。而在我国的农地改革试验中，基于农村集体组织占有农地的所有权而通过对土地这一标的权力的剥离将土地使用权这一用益物权通过承包方式予以集体内成员。其二，我国农村居民享有的农地使用权是广义上的财产权，可以说，我国农地产权以土地使用权为基础。我国农地使用权不仅具有其自身基于土地可耕种的用益物权性质，还可以基于增加农地权利束将其认定为类似发挥了“部分所有权”的功能行使股权、担保物权、租赁权、发展权和复归权等权能。

三、农村土地权利束体系的构建

由于我国农民对土地实际获取的权利是某种“物权效力”的财产权，一方面基于农地所有权归集体而农民不具备对土地直接交易的流通性且土地使用权的可转让性也或多或少地受到一定意义上集体决策的影响，而土地物权有着残缺而不完整的物权效力；另一方面避开制度争论，基于农地“权利束”理论和市场价格机制作用下，土地使用权这一特殊财产权的细分使其跳脱出基于土地所有权这一物权基础后唯有土地使用权这一用益物权的限制，基于土地使用权财产权属性各个财产权主体的独立性和基于土地使用权归属与转化功能实现物权化的债权关系，使土地使用权从法理上同时拥有占有、使用、收益、处分权益，农户基于土地上的收益不仅可以来源于土地使用权的出租和入股，还可以来源于基于设定担保物权后利用土地这一“类似所有权”的抵押属性实现农业产业化、生产专业化和迂回化。

此外，农村土地的价值化配置是农村土地权利束体系构建的核心环节，强调农村土地作为一种资源而将其作为考量农村产业发展的一种要素进行权衡是在商品经济条件下推进农业经营规模化、生产迂回化的重要变迁机制。除此以外，作为生产要素的农村土地通过以资本要素的形式容纳进入并参与流通分配，可以为农民带来财产性收入进而实现收入多元化。可以预见，随着乡村振兴战略推进下农民收入水平逐渐提高，农村土地流转市场的规范和发展，土地这一长期以来基于其保障功能在保障农民基本生计和辅以实现城市经济危机“软着陆”的要素，终将以一种类似于财产的形式改善农村居民的收入结构。

农村土地通过交换机制的租金形式实现农民的可获得的财产性收入。随着城乡二元背景下农民工通过流入城市实现工资收入的大幅跃升且该增幅远远领先于因土地这一要素所获得的财产性收入，相较而言，土地的整体收益功能在家庭收入结构中反倒相对下降。然而，我国仍存在较大比例长期依赖于农地生产的农村人口，依赖土地增收、以土地使用价格或交换价值来实现共同富裕仍是长期依赖的路径。无疑，单纯依赖土地或者说第一产业实现收入的显著性提升，充分发挥并且保障土地这一生产要素的流动性是必要的。

第二节 增加权利束是农地产权实现的现实需求

一、破解土地破碎化困境，稳定农村土地承包关系的现实需求

如前所述，人多地少且地形错综复杂是长期掣肘我国农业生产发展的重要影响因素。近二十年来，我国农村户籍人口和农村就业人口均有所下降，农村户籍人口和农村就业人口分别由 2000 年的 8.08 亿人和 4.89 亿人下降至 2018 年的 5.64 亿人和 3.42 亿人，分别下降 30.23% 和 30.18%。同期（见图 8－1），得益于我国城镇化水平提升进程中农村劳动力转向城市寻求就业，乡村从业人均耕地面积和农村人均耕地面积有所上升，分别由 3.93 亩/人和 2.38 亩/人上升至 5.92 亩/人和 3.59 亩/人，上升幅度分别为 50.62% 和 50.73%。无疑，我国人均耕地面积相较世界平均水平有一定的差距且就乡村从业人均耕地面积和农村人均耕地面积而言存在着较为显著的缺口，而该缺口反映的是城乡二元结构下，城市因其收益更高的产业结构带来更高的收入和更多的资源投入，用于改善公共基础设施、深化对农村人口的虹吸效应而使农村人口向城市转移，以致乡村户籍人口和农业从业人口的持续减少。而基于我国特殊的城乡二元体制和尚未有有效经验处理集体农地产权退出机制情境下，增加权利束使因收入结构改善放弃第一产业土地的抛荒闲置和意图扩大土地经营面积而受益于土地要素的稀缺同时并存困境的解决得以实现。

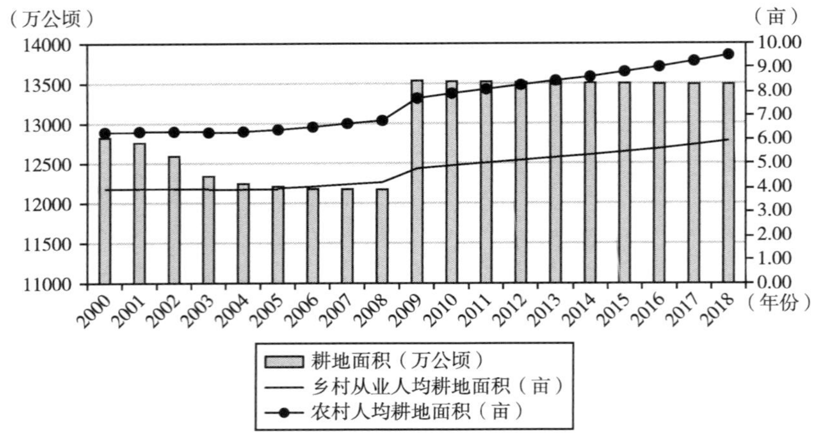

图 8－1　2000～2018 年全国耕地面积情况变动

资料来源：CSMAR 国泰安数据库。

通过增加农地权利束有利于坚持和完善我国基于土地公有制背景下农村土地集体所有的农村基本经营制度，通过对土地使用权这一用益物权的出租和入股实现土地承包关系的稳定，进而长期维护农民土地权益。同时，增加农地权利束使国家依法设立以求保护农地并维护农地承包关系稳定且长久不变得以实现。足以见得，通过增加农地权利束的方式、对土地使用权这一财产权的分离、设定用益物权和担保物权缓解因城乡二元结构背景下离土离乡后各种特殊情形造成的人地矛盾，在坚持稳定土地承包关系的基础上，优化土地资源的配置。

二、完善农村产业结构，推进农村集体股份制改革的现实需求

城市之间的联系是通过人流、商品流、资金流和信息流实现的，正是这些“流”连接区域间的经济和社会活动进而构成多层次、多元特征的空间经济系统①，而如今在广大农村地区普遍存在农民老龄化、农村“空心化”和农业兼业化的大环境之中完成脱贫攻坚这一特殊性、局部性和紧迫性的政策安排和更具综合性、整体性和长期性的乡村振兴战略选择的有效衔接任务，如何在避免产业同构化而出现“低位循环”困境前提下，通过促进城乡各类“流”的自由循环、发挥农村的资源禀赋优势成为探讨通往乡村振兴衔接路径的关键。而土地要素化

① 王红霞：《要素流动、空间集聚与城市互动发展的定量研究：——以长三角地区为例》，《上海经济研究》，2011 年第 12 期。

正是农业产业化、推进现代农业的关键要素。基于精选主流媒体关于44个第二批农村改革试验区改革经验相关新闻报道并利用中科院NLPIR汉语分词系统进行词频统计，不难发现，农村产业结构和农村集体股份制改革成为高频词汇，反映的正是现实中基于农地产权实现的迫切需求，如表8-1所示。

表8-1 农改试验区报道单词及组合词频统计

Word	Bigram	Weight	Frequency
农村	改革、产权、集体、金融、土地	134.07	915
改革	制度、农村、综合、权能、金融	149.75	767
土地	流转、承包、制度、资源、经营权	117.70	419
农业	生产、经营、发展、现代、新型	113.36	419
集体	资产、产权、组织、经营、深化	78.13	419
发展	产业、农业、改革、农村、经济	120.49	376
农民	专业、合作社、增收	113.40	362
服务	中心、平台、体系、金融、公共	88.07	296
合作社	专业、经济、供销、农民、信用	50.51	276
建设	用地、集体、乡村	82.06	266
经营	主体、模式、集体、承包、农业	63.85	265
产权	制度、交易、流转、抵押、集体	36.48	246
资产	集体、股份	64.32	240
金融	农村、普惠、机构、服务、改革	58.98	234
资金	农村、财政、专项、互助	76.97	224
制度	改革、产权、设计	31.87	218
贷款	抵押、担保	70.15	204
流转	土地、产权、经营权、交易	61.07	200

从农村的现实情况看，随着富余劳动力转移到城镇就业，各类合作社、农业产业化龙头企业等新型经营主体大量涌现，基于增加农地权利束条件下土地流转面积不断扩大，规模化、集约化经营水平不断提升，呈现“家庭承包，多元经营”的格局。农业产业化、水利化、机械化及科技进步等，都对完善农村生产关系提出新的要求。特别是近些年以贵州省六盘水市“资源变资产、资金变股金、农民变股东”的“三变改革”为内核的农村集体资产股份制改革，土地产权的土地使用权的入股成为其改革的先决条件。

三、践行乡村振兴战略，实现城乡融合发展的现实需求

二元经济不是工业、农业之间的二元，而是贸易部门和非贸易部门的二元①。过去，空间计量理论和主流学者基于贸易部门交换的商品为一般可易地消费商品得出交通便捷地区因运输成本优势而易于形成空间集聚。诚然，尽管随着城乡居民收入水平的提升，城乡居民消费已经由数量型向质量型转变、由温饱型向健康型转变②，但即使是承载着有机、绿色、生态的农产品消费仍需要将物流集散作为关键环节。然而，疫情期间爆发式增长的城市周边游、基于体验经济的社区支持农业模式、基于乡愁乡土生活向往精神寄托的短视频农村土创等城市居民新需求正是乡村振兴实施阶段所需关注的新兴增长点，“民宿”“美丽乡村”和“电子商务”也顺势成为改革试验区关键新词，福建省屏南县联合专业咨询公司突出资源禀赋优势基于“一镇一特色”理念打造古村落乡村旅游产品并通过突出“社群营造”的“乡村振兴领头雁计划”吸引并培育新农人。

反观农村需求，传统的流通体系的搞活关乎着我国基于内需消费“内循环”的流动性。而农村商品流通的活跃度取决于农村居民的收入水平，而农业长久以来靠天吃饭、收成受制于气候变化，农业保险需求自然成为乡村振兴的必要保障。同样的，分工是劳动专业化、专业多样化、生产迂回化和经济组织化的统一，乡村振兴阶段不管是农业生产、农产品加工业的变革，抑或是第三产业助推和三产融合发展的农村产业革命都离不开面向农村和农民的金融支持需求。在表 8－1 中，“合作社”和“金融”等词汇排位颇为亮眼，浙江省义乌市以“一会、一平台、三合作”推进生产、供销、信用“三位一体”以此打造农业服务综合平台。此外，区域协调发展的基本要求是实现基本公共服务均等化，在脱贫攻坚战略背景下，农村地区通过“五通”政策，交通等基础硬件设施得到极大的改变，“两不愁、三保障”目标下乡村义务教育和新型农村合作医疗实现全面覆盖。

按照马克思资本有机构成理论，中华人民共和国成立初期因为我国农业资本有机构成远远高于工业且面对西方发达国家封锁，工业化建设资金要素缺乏，而后有了利用工农产品“剪刀差”以农业支援工业、农村支援城市的发展道路。乡村振兴阶段，是城乡融合的阶段，更是工业反哺农业城乡要素自由流动的阶

① 向国成、谌亭颖、钟世虎、王雄英、江鑫：《分工、均势经济与共同富裕分工、均势经济与共同富裕》，《世界经济文汇》，2017 年第 5 期。

② 洪名勇：《贵州农村产业革命：理论与框架》，《贵州日报》，2019 年 5 月 18 日。

段。同地不同权的城乡二元土地制度代表的土地要素，因其作为农业生产最重要的生产资料和影响着基于土地之上农民最重要的资产——宅基地，成为影响城乡发展的第一要素。在表8-1中，农村改革试验区报道前三位的单词或双词均涉及土地和基于土地上的产权问题，相较于脱贫攻坚时代的脱贫低要求，乡村振兴理想愿景的高目标，如何基于公平地促进城乡间土地要素流动或整合的变革无疑是重中之重。

除去土地要素，资金、人力资源等要素也是研讨脱贫攻坚与乡村振兴衔接机制的关键。首先，从资金要素角度来看，相较脱贫攻坚的输血式扶贫资金来源，乡村振兴阶段更为强调资金源自造血型的普惠金融和基于盘活农村集体资产和资源的集体产权制度改革，反映的是经营主体由外生匹配转为内生自立的转变，表8-1中“集体”“资源”“股份”等词汇出现频次仅次于土地。发源于上海市闵行区等沿海发达区域、成形于贵州省六盘水市的“三变”改革，以盘活山林资产推行林权改革的福建经验和通过建设机构、信用、支付、保险、担保、村级服务组织等六大金融服务体系实现农村金融服务“均等化”的“田东经验”也在诸多农业改革试验区进行实践检验。其次，乡村振兴阶段人力资源最大的立足点并不是吸纳所有的人入村就业，而应基于其特色产业和生态环境优势重点吸纳外出务工失利的返乡者，农业科技人才，具有乡土情怀的教育、医疗、新兴媒体从业者等人群，而如何利用政策引导人力资源要素的流动也是现有农村改革试验少有涉及的领域。由上述基于市场需求和要素理论角度对乡村振兴发展进程的论述可以得知，无论是劳动专业化、专业多样化、生产迂回化和经济组织化，抑或是城乡间资金、人力、交易和医疗要素的流动都离不开基于增加农地权利束、基于土地使用权而衍生的各类用益物权的先决性基础作用。

第三节 农地产权实现的政策路径

一、统筹城乡发展

自刘易斯（1954）基于农业部门与非农业部门的二元就业结构下的人口转移进而提出非平衡性的城乡二元结构以来①，城乡关系开始作为独立的研究对象纳

---

① Arthur, Lewis W. Economic Development with Unlimited Supplies of Labor. *The Manchester School*, 22.2 (1954): 139-191.

入经济学研究体系，国外学术界也延展出基于城乡劳动力转移、以劳动边际生产率是否为零作为关键区分假设的古典主义思路和新古典主义思路，基于规模报酬递增假设推导而成、以集聚效应思维为代表的空间经济学思路和以亚当·斯密为代表的依据分工深化与市场成长理论作为解释逻辑等解构城乡二元经济的形成机制①，而后国内外学术界基于各城乡二元理论的形成机制围绕城乡关系发展方向和变革路径形成“阶段说”“冲突说”“依附说”和“现实说”四种较有影响力的理论②。从世界范围来看，乡村因其主导农业产业的弱质性往往在工业化中后期与城市地区产生较为显著的收入差距而引申出关于城乡问题的探讨。尽管我国工业化体系的开端和建成有着特殊化的成因，但学术界着手于城乡关系研究的缘由和沿革历程却也异曲同工。

马克思在《资本论》中基于分工、资本主义积累一般规律、生产力和生产关系内在矛盾运动规律理论将城乡关系概述为城乡分离、城乡对立和城乡融合三个阶段。从古典学派生产学说角度来看，我国早在明清近代化萌芽时期因纺织作坊出现雇佣条件下的生产交易分工便进入了城乡分离阶段；而中华人民共和国成立以来，我国统购统销政策、工农产品的价格“剪刀差”和数次农村接受城市剩余劳动力等体制原因固化了长久以来的城乡分离差距。而关于城乡分离和城乡对立的对接节点，马克思在《德意志意识形态》中提及造成城乡矛盾的深层根源是资本主义私有制下对他人劳动及成果的无偿占有，因为我国不存在资本主义私有制成分，但循着因经济政治资源过度集中于城市情形下，大量农村相对过剩人口因雇佣关系流入城市而步入对立阶段的思路，该节点在我国特殊化国情下势必满足三个条件：因家庭联产承包责任制变革而解放的内卷化劳动力、统购统销体系的解除后日常生计的保障以及城乡户籍关系体制松动后城乡大规模人员流动的可能性。同时，马克思也提出伴随生产力的高度发展，以工农结合和推进农业现代化以消除旧的社会分工实现城乡融合的可能性③，显然政策上锚定城乡融合这一目标推进城乡统筹发展是农地产权得以实现的政策依托。

二、突出政府第三方保障支持职能

脱贫攻坚时期，我国通过独具特色的对口帮扶、特惠定制的精准扶贫、特困

① 白永秀：《城乡二元结构的中国视角：形成、拓展、路径》，《学术月刊》，2012 年第 5 期。

② 胡必亮、马昂主：《城乡联系理论与中国的城乡联系》，《经济学家》，1993 年第 4 期。

③ 张晖：《马克思恩格斯城乡融合理论与我国城乡关系的演进路径》，《学术交流》，2018 年第 12 期。

群众帮扶的兜底等政策解决了千年贫困治理困境。但与此同时，脱贫攻坚的实施进程中也存在着临界贫困户处于扶贫政策真空、行政短期化的产业扶贫因同构化不能依托特色资源和激发内生动力实现差异化产业发展、过度福利依赖情况下内生动力不足等问题。而为求实现农地产权真正意义上发挥效能，更需要实现精准和普惠并重的利益平衡，更需要在坚持绿色发展路径下构建可持续产业长效发展机制，而上述两点要求政府从保姆式定位转向家教式定位，通过构建土地流转平台并利用普惠金融辅以满足融资需求，推行以农村社区、村民小组为单位的村民自治，湖北省秭归县、广东省清远市通过将治理重心下沉以村落为自治单元实现“基层党建、村民自治、政府服务”三个重心下移打造“幸福村落”，江苏省洪泽县以“五位一体”农田水利设施管理和运作新模式为农村公共资源维护提供治理经验。

此外，人民公社解体从理论上根源于未确定的剩余产权分配和过高的激励和监管成本。而放眼现代化的中国，如宗族等构成农民行动约束的软规则规范大都解体，农村人员的流动以及市场价值理念的入侵使农民越来越成为一个孤立的“经济人”。在乡村振兴阶段再提盘活集体资产和重视集体合作的当下，如何发挥政府的裁判作用缓解农村中的“搭便车”行为并处理好效率与公平的问题同样是实现土地产权必须关注的重点。

三、激活农村内生发展动力

相较于“城乡分离”和“城乡对立”两个阶段学术界的观点彼此保持着较高的一致性，由“城乡对立”转向“城乡融合”阶段的发展路径选择则充满着激烈的争论。白永秀和王颂吉（2013）认为城乡一体化进程中应解决农村生产要素分散问题[①]，消除要素城乡流通壁垒通过相对优势吸引要素为选择最佳区位而重新配置并集中，以推进农村现代市场经济建设[②③]。贺雪峰（2018）基于三产融合的低普适性提出乡村振兴的重点并非以资金投入实现乡村的产业化而应明确

---

① 白永秀、王颂吉：《城乡发展一体化的实质及其实现路径》，《复旦学报（社会科学版）》，2013 年第 4 期。

② 曾祥炎、向国成：《农村劳动力转移就业引导机制研究——以地级市为战略支点分析》，《湖南科技大学学报（社会科学版）》，2014 年第 2 期。

③ 王红霞：《现代化经济体系建设进程中的现代化城乡区域发展体系研究》，《上海经济研究》，2020 年第 7 期。

乡村的“入城失利者”的保障性兜底定位①，城乡间的平衡要靠发展城市让农村居民分享经济集聚成果②并通过推进城市化以加强城乡间的要素流动③。同时，诸多学者也分别从农村金融④、农业信息化⑤等角度提出强化资源回流反哺农村的机制建设。

上述城乡关系的争论看似是城乡融合进程中将乡村作为城市化的附属物还是同等主体的分歧，实则仍未出离乡村振兴战略的实施进程中所需依赖的主体问题。而不管从乡村产业基础农业具有公共物品属性、弱质性的特性角度，抑或是从中华人民共和国成立以来农村地区通过不平衡的要素资源配置为社会主义工业化建设所付出的贡献视角，学术界对土地流转、农村社会保障、普惠金融、城乡教育一体化、公共服务等乡村主体建设路径设计议题的关注早已用行动投票表明基于城乡平衡主体实现乡村振兴的发展趋向。随着我国农村战略由脱贫攻坚转向乡村振兴阶段，其依赖主体也理应从一味依赖引入输入型扶贫干部和企业逐渐向培育乡村精英并通过农村集体股份制改革壮大内生集体经济。

第四节　扩大农地产权实现的选择集

一、完善产权交易服务体系

（一）产权交易存在的问题

增加农地权利束，实现土地使用权的细分，以推进农村土地要素资源在要素市场的自由流通进一步实现农业产业的规模化经营是我国农村土地推行“三权分置”改革的根本目的。然而，以土地为中心产品的农村产权交易服务平台仍存在较大的“瓶颈”困境，农地产权交易平台在目前阶段仍难以发挥其应有的

① 贺雪峰：《关于实施乡村振兴战略的几个问题》，《南京农业大学学报（社会科学版）》，2018年第3期。

② 陆铭、陈钊：《在集聚中走向平衡：城乡和区域协调发展的“第三条道路”》，《世界经济》，2008年第8期。

③ 陈义国、徐骏：《中国城市化对城乡平衡增长的影响》，《经济理论与经济管理》，2016年第3期。

④ 鲁钊阳、冉光和、王建洪、孟坤：《城乡金融发展非均等化的形成机理及对策——基于自组织理论的分析》，《管理世界》，2012年第3期。

⑤ 孔繁涛、朱孟帅、韩书庆、刘佳佳、秦波、张建华：《国内外农业信息化比较研究》，《世界农业》，2016年第10期。

功效。目前，农地产权交易服务平台仍存在下述问题：

其一，农地产权交易平台的土地资源整合能力不足。我国人多地少且地形复杂的基本国情，且在上一轮土地分地时全国大部分地区基于公平原则实行远近搭配、肥瘦搭配的集体土地分配法则使土地划分更为破碎，土地在基层层面的整合挑战严峻。因为我国土地特殊的地情现状，国家也大力倡导各级地方政府通过加强各地间的技术合作和经验交流，共建共享基层土地资源整合经验以完善农地产权交易体系。然而，在各地推进基层农地产权交易进程中，各地因农地流转中的土地资源交易类型、各区域土地交易范畴、各平台操作的差异和各地政府系统适配等问题出现各类对接障碍、兼容障碍和执行障碍。

其二，基层农地产权交易体系构建中服务职能欠缺。基于土地资源清查工作繁重而艰巨的工作量，基层在构建农地产权流转平台的基础工作面临着较大的挑战。在推行农地确权进程中，不仅需要提供查询和办证等服务，更多的时间要为出现的界限纠纷进行调解，使基层工作人员在实现农地产权交易面临着业务混乱且为实现土地流转而运行成本过高和效率偏低兼具的困境。此外，农地流转平台仍未完善，该问题也间接引致农地流转平台中参与双方主体的不足。

其三，农地产权交易市场运营呈现交易乏力、配套不足的困境。土地是一种特殊的商品，正如我们日常的商品购入流程一般。在购入商品的前期，需要一系列关于交易商品的属性、功效等商品特质的交易咨询服务。此外，农地产权交易是一系列配套完备的综合性交易服务体系，土地交易又不同于一般的普通商品，需要政府或者第三方作为中介，介入其中提供农地产权交易代办委托服务、土地资产价值评估服务等。此外，土地交易往往伴随着土地规模化、专业化生产，而对于我国目前普遍小农的国情，资金和保险的配套成为其中的关键配套措施。同样的，仍是基于我国目前普遍小农且土地破碎化严重的现状，单纯地从市场经济效益角度来加以考虑，必然是成本高代价的。除了低效率的问题之外，土地问题作为农民生根立命的关键问题受到农民群众更多的关注。因而，当市场上出现需要农民去依托各类第三方配套服务时会面临更多的关于农民对自身收益保障性、稳定性和安全性的考虑。然而，在当前我国第三方配套服务体系缺乏、市场机制仍需要进一步完善且面临国外资本冲击的大背景下，以政府为主导的第三方配套服务体系的缺位仍是我们长期需要持续关注的问题。

（二）完善产权交易服务体系的方法

第一，基于现代技术对农地的实际边界问题进行确定并完成确权颁证工作是实现资源整合的首要前提任务。同时，基层之间应该加强关于农地流转问题和农地平台建设问题的经验交流，通过优势互补资源互进，促进实现农地流转信息的自由传递、合理的价格认定，公允的资产评估和跨地域、跨群体之间农地产权资源的相互整合。第二，地方政府应该细化土地确权的各项细则，规范土地确权中的各项事项，以避免各类潜在的农地冲突。此外，对于构建农地产权平台的各项工作服务人员而言，应该建立相应合理的工作安排机制，使各类的职能更专业化，使通过更加专业的农地平台的交易机制服务于农地流转，通过职能分工明确以降低交易成本。利用信息技术建立农地经营权流转交易和管理信息网络平台，推动确权登记，并对经营业主的经营状况和资质等进行客观的评估，为政府支农财政项目、金融部门贷款等提供现实的依据。健全以农村土地价值评估、信用担保、产权交易、纠纷调解、金融服务、法律咨询为一体的农地流转交易服务平台，收集、核实、发布农地流转信息，引导落实相关政策，并提供担保、金融、法律咨询等服务。第三，构建全方位全覆盖的交易中介机构是农地产权实现的保障。金融机构是农地产权交易中最关键的职能部门，因此金融支持一定要实现全覆盖的普惠性交易，使农民或者潜在农地的转入方能够有充分的资金，使农业产业化、生产规模化、生产迂回化得以实现。实现金融普惠性的全覆盖，离不开土地评估部门的规范化、合理化的评估，如何构建一条从收集土地资源、核实土地信息、土地估值模型的常态化评估规范是当前构建第三方交易保障服务必不可少的环节。

二、构建可持续产业发展长效机制

（一）构建可持续产业发展长效机制存在问题

城乡基于分工，即贸易与非贸易部门的差异使城乡收入和公共基础服务产生了异化，而基于当前城乡的消费需求和生产要素流动的新变化，农村地区通过产业路径来实现城乡收入的平衡是维护农地产权交易体系的物质基础。目前，我国农村地区在构建可持续化的产业发展长效机制面前仍存在下述问题：

其一，受制于我国长期小农的现实困境，尽管在脱贫攻坚时期，在引入了大量的外来企业后，我国的新型农业经营主体已经有了长足的发展，但是目前我国农村的新型经济主体仍面临着大而不强，或者收益过度依赖于政策，或者更多依赖于外向型企业的援助等现实困境。这些基于政策性援助或者外来帮扶干部发展壮大的新型农业经营主体在市场经济的大潮中，仍面临着市场需求不足、规模扩张中资金缺乏以及创新理念缺乏等相应问题。尽管这些问题在互联网模式的发展下得到了一定的改善，但是缺乏品牌力、缺乏智力融合的新型经营农业经营主体，在互联网大潮中更难以立足。无疑，新型经营主体在政策支持下得到了一定的发展，但有名无实，实际运营能力不甚理想。

其二，增加农地权利束这种方式，使我国的土地营收模式摆脱了依赖土地使用权和土地经营权入股的单一模式，使其可以通过抵押等多种渠道来扩充经营规模，使我国土地的增值收益机制得到了一定的改善。虽然我国多地在农地规模化经营的问题上探索一条以基层政府为中介牵头，以集体为核心，以农民为专业化劳动力和以公司解决资金、生产、销售、供应等一系列问题的合作组织模式，农民的营收模式也从过去单一的依赖土地生产所得的收入转向综合性的以股利分红、流转土地租金、土地劳作收入等综合性收入体系，但依赖外向型企业的援助，使较少的收益留存在乡土地区，而且大多数的合作实现了“先富”，而未起到“先富带后富”的预期，并没有形成乡村社会足够紧密的合作链条，对农民的实际利益没有起到根本性的维护。

其三，农村的产业缺乏可持续性。精准扶贫阶段，各地政府为了实现快速脱贫均以经济作物替代粮食作物，并确立了单一的经济作物发展模式。各地区为了追求单位种植面积的收益最大化，均进行了近似的产业或者种植作物的规划布局，而一些规划中并未结合当地的特色，或者在当地同省份形成同质化布局使各县市之间形成恶性竞争。此外，引入产业中缺乏一定的长远科学规划和科技人才的支持，产业的可持续性或成必然困境或者发展模式停留在第一产业。而第一产业因其低附加值，并不能带给农民高额收益，实现真正意义上的乡村振兴。

其四，“三权分置”使土地流转有进一步的成效，但在一定意义上使基于集体所有制的集体对土地的控制力有所下降，使农民在规划土地时更少会考虑集体的同意决定。而农户通过主观或者基于个体利益角度对土地进行安排，或者在一定意义上是妨碍了公共利益的实现，或者说更难以实现农田水利交通等基础设施的构建。同时，因为集体对土地的控制力减少，如果乡村在进行整村规划产业布局时，势必会面临一些基于村民内部不同意见所造成的决策成本，而此势必会加深村民或者村集体通过产业化路径实现乡村振兴的进程。

（二）构建可持续产业发展机制的措施

基于土地流转实现农业经营的规模化，以规模化实现乡村振兴是增加农地权利束、是实现农地产权的重要目标。由于我国地处东亚、以原住民为主，因而产生人多地少，且加之我国复杂的山地形成的土地破碎化会带来的农业生产低效率、低产值的现实困境，我国的乡村在发展路径选择上，更加应该基于地方特色，并形成与周边邻近地区或邻近省份，予以一定的特色化差异而实现长久的产业可持续性，通过可持续性的产业规划以减少乡村布局建设中的建设成本，减少运营中的机会成本和沉淀成本，促进乡村集体资产的有效利用和实现集体资产盘活，进一步实现产业活村、产业兴旺。

而具体而言，应由过去脱贫攻坚进程中过度依赖外来企业而转向依赖于乡村内部的内生性新型经营主体，促进乡村能人或乡村精英群体的壮大，进而带动乡村内部产业结构的优化和升级。加强乡村地缘之间的优势互补，并在物流运输和销售体系上形成优势互补、资源互用，加强合作共赢、壮大产业链条。此外，人才是乡村振兴的关键因素，乡村振兴进程中基层政策应该突出生态资源和环境，并进一步改善教育和基础医疗等公共服务设施用以缓解引入乡村人才后对居住环境和生活设施、家庭起居方面的顾虑，同时，对于乡村内部的人才，应该予以一定的职业教育培训，提升其在农地规模化经营后的运营管理能力，并加强寻求外部智囊，加强与地方高校的深度合作，以科技全方位地提升产业的竞争力。

在宏观层面上，政府应该推进农村产业结构调整，通过促进第一、第二、第三产业的综合性融合发展增加第二、第三产业的高附加值利润，实质意义上提升农村的综合收益，但是在推进第二、第三产业的发展进程中，一定要基于当地的实践和资源禀赋，不可盲目地不基于理性分析和可行性分析，便做出相应的规划安排。除此以外，加强与周边城镇的深度合作，在一定程度上可以借鉴社区支持农业模式，通过加强社区与农村的合作沟通，以需求端和供给端的深度联合提升农产品的需求力和竞争力，推进现代都市农业的发展。最后基于我国人口老龄化的现状，可在生态环境优越的农村地区，布局一定的养老产业、康养产业，以国内经济大趋势观念构建产业体系。

三、推进农村土地抵押融资

（一）推进农村土地抵押融资的困境

正如前所言，增加农地权利束改变了过去土地使用权作为土地所有权的物权法定原则下的用益物权，我国农民对土地或者说在土地上的利用的增值收益只能依靠对土地所有权所产生的出租和入股形式。而通过增加农地权利束，将土地使用权视为一项财产权益，基于土地使用权财产权益的性质而可以将其分离出多种综合性权益。而乡村振兴的当下基准路径是基于土地规模化、生产专业化和迂回化，以规模实现经济效益。那么在规模化量产的大背景下，土地抵押融资也就成为其关键一项维护农地产权实现的可行路径。但受制于我国农民所实际享有的土地权益，这一残缺的物权属性，要以农地来撬动资本，要以农地资源来盘活农村集体资产势必会面临巨大的阻碍，而当下主要面临的困境主要有以下几点：

其一，除去我国是世界上最大的原住民生产国和人多地少的困境，并由于我国确权登记仍未实现完成，或者仍面临着诸多因为地界划分上而面临的冲突，我国在构建农地交易平台面临着土地资源的整合问题。此外，由于我国农地流转平台的辅助支持平台迟迟未达到相应的效能，农地的评估仍面临着缺乏构建合理化、规范化的体系建设，农地流转交易平台的供方市场的建设土地抵押物变现困难和估值的不确定性而面临诸多困难。农地流转交易平台的供方困难，也使需求方市场面临着空缺，农地的交易价值难以与实际价值相匹配，农地交易的市场信息也出现不匹配现象、不对称现象。然而，第一产业农业仍是一项前期投入高、收益见效慢、经营风险颇大的产业，在我国保险制度仍未完善的当下，投资农业仍面临着较大的经营风险，再加上农地抵押中农地抵押物变现力度极差，如果出现了亏损，银行部门则难以启用其他相关手续来对农地进行处置，因而金融部门也不愿在农地抵押方面做出较大让利。

其二，正如前所述，农地产权的价值评估体系的构建是实现农地产权平台合理流动性的先决条件。然而受制于我国土地面积幅员广阔、各地收入水平不一、各地土地条件、地质地形条件、交通条件等诸多要素的差异化，我国农村地区很难制定统一的土地标准，考虑到各种民族因素、地方因素、文化因素等各种条件，也很难依据某几项要素制定相应的模型。此外，引入何种机构对农地的价值进行估值才能使农地流转双方得以信服，也是在制定农地价格评估时所面临的重要挑战，如何构建具有公信力、高效执行且公允的价值体系，是实现农地产权进程中面临的最大困境。

其三，我国大部分地区受季风的影响，雨热同期本是不可多得的卓越的农业经营条件。然而我国也是一个多自然灾害的国家，夏天洪涝灾害，秋冬易出现霜冻、霜降、冰雹等各类灾害。在我国农业设施相对比例较少，大多数农地经营者仍以靠天吃饭，在此大背景下农业始终是一个面临诸多自然风险的产业，收益受到各种不确定性的影响。而我国农业保险起步较晚，因为我国土地破碎化问题而投保前期交易成本巨高，在我国农业保险品种单一、保障额低下、投保机制不成熟和理赔机制不完善的情况下，农业保险收益微薄且多为亏损。

其四，农村的信用体系的匮乏是推进农村金融和普惠金融所面临的重大“瓶颈”。金融机构在一定意义上仍属于企业，在对客户进行抵押贷款认证时，仍需要关注客户的偿付能力。而在我国土地公有制条件下，农民的房地产和土地难以作为抵押使用，且农户往往没有固定的工资收入，偿付能力较低，使金融机构不愿意对农民下拨信贷额度。而如果撬动农村金融，农户在向商业银行进行抵押贷款时需要拥有充足的信誉，如何盘活农村集体资产、使基于集体土地的房屋建筑也赋予一定的价值以实现农民的征信是当前所需关注的重要问题。

（二）推进农村土地抵押融资的方法

多维度来强化农地产权交易中的金融融资保障机制，是土地产权交易的重要基础。而推进农地融资保障体系需要在以下方面加以努力：第一，筹备好土地投资融资的基本工作，依据乡村的实际情况，对村民的各类包含诸如收入、具体财产偿付能力、教育水平等多维指标数据进行收集整合，构建乡村的信用指标体系数据库，依据一定的标准可以适当放宽要求来对村民进行信用评估，并就每一等级的评估制定相应的信贷标准和规则。第二，在一定程度上可以放宽基层农村金融信贷机构的设立要求，但一定要在保障机制和风险管控上予以关注。在金融机构设立中，一定要关注农村金融机构的多维营收水平，这不仅可以基于农地产权抵押，对于符合一定条件和偿付能力的贷款方可以适当将农村集体闲置资产、闲置设备以及基于土地上的房屋抵押，探索以政策性为主的土地金融机制、商业公司为辅的土地金融机构和以合作形式为主资金融入方的新型合作形式主体的职能互补和完善。第三，建立健全相应的土地贷款融资政策，并通过予以一定的信贷利率优惠和免息政策，鼓励和激活农村信贷，增强农户贷款意愿，做活农村金融市场。在风险分担方面需要做到：第一，一定要警惕城市资本对乡村资本的蚕食，在优先级上做到对乡村内生资本信贷优惠的优先放款，从源头上激活乡村卫生资本的活力，使乡村振兴的收益回归乡村；第二，对放宽要求设立的农村金融信贷的机构，一定要加强监督管理，基于政策设定的乡村融资机构，其在条件上可能低于原有的商业银行，该类公司在资产评估业绩汇报应做更为详尽的说明，使乡村金融机构避免因业务扩张而出现不合理的决策，获得更为长足的可持续性发展；第三，充分吸收借鉴西方发达国家在农业保险上所作出的努力，并且在农业保险注入一定的政策补贴，不断优化农业保险的品种和理赔赔付机制，使农民逐渐对农业保险有所依赖，并且认识到短期农业保险投入对其保障作用，使农业在推广规模化后能够分散农业经营风险，特别是减少农业受灾祸的损失。

四、探索承包地有偿退出机制

（一）探索承包地有偿退出机制的障碍

完善构建产权交易平台后，为构建可持续产业发展长效机制形成了先决基础条件，并且在土地抵押融资方面形成了辅助性效应，农地产权实现最后一个问题便是农地承包后的退出机制问题。我国农村人口仍处于一定的高位，在当前农村人口的庞大基数下，农村土地的平均数量仍显得不足，而城乡结合阶段，进入城市的部分农村人在城市安家落脚，通过探索一条承包地的有偿退出机制，可以让入城者获得一部分资金在城市获取更高品质的生活，而对于农村居民，有更多的土地去实现规模化经营。然而在推进承包地有偿退出的进程中，我国仍存在下述障碍：

其一，基于我国土地公有制集体所有的现状，我国农民实际拥有的土地物权是残缺的，探索土地承包退出机制，实际探索的是关于农民所拥有的土地承包权的退出而非土地所有权，土地承包权作为土地所有权下的用益物权，关于该用益物权的交易是否符合法律机理，而且基于那些自愿退出土地承包权的群体，他们的集体成员资格又该如何确定？

其二，在对承包地有偿退出的探索中，实际问题却更为复杂，探讨承包地有偿退出，不仅是探讨关于土地承包权自愿退出的、基于土地承包权的价格制定问题的探讨，更为广阔的是基于集体成员资格所享受的集体资产的股权分配和基于农村户籍所享受到的相关的农村公共服务权益问题。

其三，自然承包地退出后资金上的补偿问题也是一大障碍，当土地承包人自愿退出后，该土地的实际配置必然是重新回到农村集体，但由农民自愿退出承包地后的补偿款又该由谁偿付，势必会出现不少的争论。对于村集体的民众而言，因为退出土地承包户后本村居民实际能够从该居民退出承包所获得的权益甚微，不管是由村居民集体筹资或由村集体出资均未得到村民不同意见。而如果需要依靠政府对该笔资金加以支持，则在政策制定上至少会面临重大困难。

其四，承包地退出后入城农户后续保障机制不健全。在农村实践中确实有一大批人因为在通过学历的改进和依赖个人能力，在城市中获得了固定的社会保障体系，但仍有一大部分群众是因为外出就业或个体经营而从经济条件上实现了在城市得以长远居住的能力。而承包地有偿退出机制，在更大意义上可能是依赖这一批在外务工独立经营人群的退出，而这一部分人群在退出承包地后他们在土地上住房、社会保障、医疗和教育上又该享受怎样的福利待遇？是否集体应该保留他们所作为农村居民所享受的权益？而关于公共服务社等社会保障层面的顾虑，正是这一部分群众不愿意退出土地承包的最大障碍。

（二）探索承包地有偿退出机制的方法

在探索农村承包地有偿退出机制的进程中，渐进式改革并逐渐探索是我们需要秉持的基准基调和政策实施方法。首先，务必从土地的法律角色上予以承包地有偿退出，予以合理的法律解释，并从法律层面梳理，承包地有偿退出后，到利用该部分土地进行土地流转并实现农业规模化的合理法律路径解释；其次，基于我国仍存在较多争议的城乡二元体制及其二元体制背景下福利享受的差异，对于自愿承包地退出的退出户务必在公共福利体系上给予他们莫大的支持，不仅要考虑他们在城市中足以立足的情况下解决他们医疗教育和公共福利相关举措，更要考虑当他们在城市中不以足以立足或面临较大困境时，如何仍保有一条退路。因此，制定承包地有偿退出的具体细则是更为艰巨的任务，不仅需要从退出的限制条件、程序、流程和手续以及资金的补偿和保障、退出后公共福利的改变等各个层面细化规则，且充分考虑各种极端情况下的解决对策作为一项可持续化政策予以推行。完善土地承包地推出后合理的资金补偿机制，探索出一条中央和地方政府、村集体与企业合作支付补偿金的方式，并通过政府村集体企业合作的这种模式，在一定程度上就可以明确承包地退出后使用用途的选择问题。

第九章 政策建议：破解农地“三权分置”及其实现的可行措施

为推进农地“三权分置”改革落到实处，我们从促进农地“三权分置”和促进农地产权实现两个方面提出相应的对策建议。

第一节 促进农地“三权分置”的政策建议

一、完善法律法规，为“三权分置”推进提供法律保障

随着我国农地制度的深入推进，当前农地“三权分置”政策实施过程中出现的许多问题都涉及了法律问题，习近平在谈论改革与法律的关系时，指出改革需要有法可依，但也不能因为现行法律的规定不敢逾越，那样改革将无法推行。农地产权“三权分置”改革，在一定程度上缺乏相关法律法规的支持，难以有效保障农地改革的实施。推动农地“三权分置”制度的顺利进行需要对现有的法律法规进行完善，根据土地的所有权、承包权以及经营权的权利属性，清晰界定农地“三权”的权能边界，明确三种权利主体享有的权利以及应该承担的义务。“三权分置”下农地的承包经营权分为承办权和经营权，其都具有物权的属性，故都有流转的需求，现有的法律无法保障两个权利的流转需求，因此需要对现有的法律进行修订，制定更加合理流转规则，使农地承包权、经营权流转有法可依，形成规范的“两权”交易程序，充分保证“两权”流转的合法性。农地经营权抵押是“三权分置”制度改革的重要方面，允许农地经营权的抵押贷款有助于解决农业经营中的资金短缺问题，从而促进农地经济效能的充分发挥，但是现行的法律在一定程度上严重制约了农地经营权抵押政策的实施，所以必须对现有的法律法规进行调整和修改，以保障农地经营权抵押措施的顺利实施，为其提供法律保护。

二、完善配套机制，为“三权分置”推进提供指导与规范

法律发挥着规范人民行为、稳定社会秩序的作用，但是法律由于其滞后性的存在，导致其不能及时对人民生活实践中出现的问题进行指导与调整。由于政策较为灵活，可以及时应对一下农地产权制度改革中的突发情况，因此完善相应的政策配套机制，有助于农地“三权分置”政策的顺利实施。当前我国所制定的有关农地“三权分置”改革的政策主要集中于宏观层面，缺乏可以指导实际工作的具体可行政策，现有的政策难以发挥应有的效益。农地“三权分置”政策的实施不仅是理论问题，更是一个实践问题。一项政策的执行，需要实践与理论相结合，实践是理论的来源和基础，只有通过实践，理论才能更加完善，通过对“三权分置”政策实施过程中凸显的问题及时修正，对现有的政策进行调整，就构建切实有效的农地“三权分置”的配套机制，建立完善的土地承包权、经营权流转机制以及农地经营权抵押机制，促进“三权分置”政策的有序实施。

第一，建立健全农地承包权与经营权分离后合理的流转机制。首先，确定生产者具有土地承包经营权，明确权利归属，稳定土地承包关系，从而推进“两权”分离后经营权与承包权的功能划分，清晰界定两者差异，同时结合现实情况为两者制定合理的流转机制。对于土地经营权的流转，要支持和鼓励经营权向非农户的新型经营主体流转，旨在引进新型农业生产技术、管理技术，提高农业生产效率，推动我国农业转向机械化、规模化、专业化生产，提高经营者和承包户的经济收益。对于土地承包权的流转，要在坚持农村集体土地的所有权不变的条件下进行土地承包权的流转，并且不得以任何具有侵犯所有权的方式进行流转。在流转过程中要充分尊重农民的意愿，将选择权交给农民，坚持农民权利不受损的原则。

第二，建立有效实现经营权的抵押权能的配套机制。为实现经营权的抵押，必须建立有效的配套机制，从制度上保证实现经营权抵押的可能性。首先，在扎实做好确权登记颁证工作的基础上，明确权利归属，为经营权的抵押奠定基础；其次，建立切实可行的评估机制，为有效评估抵押资产、维护经营者的利益提供有利的条件；最后，政府要发挥一定的监管作用，避免在土地经营权发挥抵押性时，被恶意兼并，损害农民的利益。

三、完善基层政府职能作用，为“三权分置”推进提供执行基础

基层政府作为“三权分置”政策的引导者、执行者，如何发挥职能作用直接关系到区域内农地“三权分置”能否顺利进行，关系到我国农地产权制度改革是否能取得应有的效果。

首先，加大基层政府组成人员结构的优化。政府的人员组成结构、业务水平等直接影响着政府履行职能的效果，当前我国大多数基层政府人员组织混乱，分工不明确，缺乏统一的领导，工作人员素质相对较低、服务群众的意识较差、缺乏主动学习的积极性、对于农地“三权分置”政策认识不足，严重影响到我国农地“三权分置”制度的实施效果。通过对现有基层政府内部人员的结构优化，引进专业人才，加强教育培训，提升工作人员素质，明确人员分工，确保事事有人管。通过提升基层政府人员配置，促进“三权分置”政策的有序实施。

其次，因地适宜开展工作。基层政府在开展农地“三权分置”时，要在有关法律法规的基础上，结合本地的实际情况推动农地“三权分置”政策的实施，在工作开展中要确保土地质量和安全，保障农民的合法权益不受损。

最后，加大监督力度。针对“三权分置”政策实行过程中出现的问题，及时进行解决。农村土地产权涉及多方利益，农地产权的利益分配和权责归属在具体执行时容易产生许多矛盾，在“三权分置”制度实施过程中存在流程不规范、收益分配不合理的现象，导致了各权利主体间矛盾尖锐。基层政府在“三权分置”政策的实施过程中，要加大监督力度，对产生的矛盾纠纷要及时化解，维护农村社会稳定。

四、加强法制教育与政策宣传，为“三权分置”推进提供群众基础

长期以来，由于政府对于农地产权制度以及相关法律法规的宣传教育工作存在严重不足，导致农民对于农地的产权制度安排、法律法规以及相关政策的认知严重缺乏，对我国农地“三权分置”政策的实施产生了巨大的阻碍，导致在实际工作中发生了许多矛盾纠纷。甚至部分地区的农民对于什么是“三权分置”，权利分别属于谁都不清楚，更不清楚这些权利有什么收益，应该如何保护这些权益。因此，提升农民对于产权制度的认知和“三权分置”政策的了解就显得尤

为重要，需要强化农地产权制度的宣传以及对于法律法规的普及教育。

重视农地政策的宣传，通过开展普法宣传栏、组成各种形式的宣讲团、进行线下的政策与法律宣传，针对农民所关心的与自身利益相关的法律法规以及政策进行教育与宣传，让农民能够全面地了解国家所赋予的土地产权的各项权利，树立对于法律和契约精神的敬畏，消除农民对于新政策的疑虑，更好地促进农地“三权分置”制度的实施。充分利用新媒体平台，加强对于农地“三权分置”政策的宣传。随着科学技术的不断推进，互联网发展速度迅猛，新型社交方式逐步兴起，当前对于政策的宣传要充分利用微信公众号、微博等新媒体平台，通过线上线下的同步宣传，将农地“三权分置”政策宣传融入农民的日常生活中，这有助于提升农民对于农地政策的了解和执行，为政策的实行形成良好的群众基础。

第二节　促进农地产权实现的政策建议

一、完善农地产权权能，实现权利主体间的利益平衡

农村土地承包权与经营权分离之后，许多学者担心出现经营权吞噬所有权与承包权、承包权与经营权“两全角力，一权虚化”的局面，这种担忧不无道理。但从社会发展的角度来看，经营权的市场化，对于农村经济的发展和农村土地的盘活能够产生更大的效用，这也是实现承包权与经营权分离的目的所在。而承包权则直接体现为一种成员权的性质，在确保农户的集体经济组织成员地位以及农村社会保障方面的作用更加明显。随着农村社会的发展，土地的社会保障功能势必逐渐减弱，直接表现为承包权的主要权能弱化，这种弱化并非经营权权能的逐渐强势所导致，其根源在于社会发展的必然推动。因此，实现承包权与经营权主体间的利益平衡，关键在于对承包权权能的完善。

在“三权分置”制度设计下，赋予承包权更多权能，包括承包地维持权、分离对价请求权、征地补偿获取权、继承权、退出权、农地利用监督权等。在农村土地承包权与经营权分离之后，承包权主体仍然享有作为集体经济组织成员获得承包地的权利，同时可获得承包地经营权转让的经济收益，在经营权主体进行经营的过程中对其行为进行监督。在承包权的社会保障功能逐渐弱化的同时，土地作为生产要素的财产属性日渐增强。肯定承包权的继承权，有利于丰富承包权

权能，在此基础上保护农民财产权利的实现，同时也有利于保障经营权主体的权益，在承包人去世后，承包地上的经营权并未消失，而是继续限制承包地的继承人，由此保障经营权主体的权益得以继续维持，促进经营权的流转与放活。在坚持承包权主体自愿的前提下，实现承包权的退出权，承包权主体有权选择退出集体经济组织，进入城镇生活，实现自身市民化。承包权退出权的实现，能够优化农村劳动力结构，合理配置农村土地资源，实现农业的集约化和规模化经营，推动农村的和谐与发展，逐步破除城乡二元体制，与城镇化建设接轨。

二、完善配套机制，构建合理的土地经营权抵押制度

农村土地经营权的可抵押性，是农村土地承包权与经营权分离之后经营权的一项重要权能。实现经营权的抵押，需要建立完善的经营权抵押机制。首先，开展农村土地经营权的确权工作。对农村土地经营权进行确权颁证，确定土地经营权的主体、经营土地范围、期限，作为经营权主体的权利象征和义务依据，为经营权的抵押奠定基础。其次，建立专业的经营权价值评估机构。抵押的前提是抵押物价值的可计量性，农村土地经营权作为一项土地权利，其计量存在一定的困难。需要通过专业手段，对经营权的价值进行可靠的计量，包括土地本身的价值计量，即土壤肥力、土壤成分、盐碱程度等方面进行综合的技术评估和定价；也包括当地环境对土地收益的影响，即当地的气候条件、降水量等；还包括对土地适宜种植的农作物近 10 年的产量收益分析等。最后，确定经营权抵押偿还顺序。经营权作为次生性用益物权，具有物权的占有、使用、受益和处分权能，在经营权抵押后需要偿还时，应将其各项权能的偿还顺序确定为收益权、使用权、占有权和处分权。在经营权抵押主体难以偿还抵押的金额时，金融机构优先收取农村土地经营权上的地上附着物的收益权，如不能抵偿，再依次取得经营权的使用权、占有权和处分权，这在一定程度上能够缓解经营权的变现困难，缓解抵押困境。

三、制定合理政策，明晰农地承包权继承制度

完善土地承包权继承制度法律法规。当前我国法律虽然对土地经营权的继承问题进行了规定，但是为了保护农地的社会保障作用、农地稳定发展以及维护农村社会稳定，我国立法机关对农地承包权的继承问题采取了回避态度，仍未对农

地的承包权继承问题进行规定。但是随着社会的不断进步，农地所起到的社会保障功能逐渐衰减，农地所具有的财产性日益增强，对于农地承包权继承的需求日益增加。以立法形式针对农地承包权继承问题进行明确规定有助于农地经营权的流转，以及保障农地权利的长久稳定，还可以在农地产权制度执行过程中有法可依，减少因司法混乱所产生的产权纠纷，保护农地产权主体的合法权益。

明确继承权权利主体。按照立法规定，土地归集体所有，作为农户有权利承包土地，所以这里面必须厘清集体、农户概念的内涵。如前所述，将农地承包权的主体规定为农户成员具有理论和现实上的合理性。2007 年《物权法》提出“土地承包经营权人”的概念，这种称谓极为专业和精准地定义了农地承包权利主体。恰如王利明先生所说，《物权法》确定的这一概念，不但全面囊括各种权利主体，同时使该部法律具备了更强的包容性。从立法用语上可以看出，农地承包主体从“农户”到“人”的转变。由户至人这一概念的转变，同时说明我国法律制度由组织向个体身份的转变，其属于民法私法特性的表现。此外，从社会学角度来讲，个体不像农户一样合并和分散频繁，具有更强的稳定性。农地承包权权利主体为个人，因此其继承权权利主体同样应为个人，有利于土地承包经营权流转，发挥农地权利的价值，促进现代化农业的发展。赋予新型农业经营主体继受主体的法律地位通过立法把承包经营权继受主体限制于农户间，新型农业经营主体是农地事实上的利用者，其拥有的仅仅为租赁性权益。这使外部债权人要承担极大风险，必然是大大地阻碍了资本朝农业方面转移，无益于新型农业主体成长。因此，这类新型主体必然是进入新时代之后农业经营的最重要的主体，赋予改革开放以后发展起来的经营实体继受主体定位，涵盖了农业大户、农业产业龙头企业等，是推动农业现代化的必由之路。

明确农地承包权为继承权客体。继承权客体为遗产。我国《继承法》第 3 条指出，所谓遗产的定义为自然人死后所遗留的合法财产。据此可知，遗产具备四大特点：其一，具备时间特定性质，一定是个人死亡后所遗留财产。承包权继承出现于承包权人死亡后，承包权人在生前享有直接的占有、使用承包地并对土地进行收益等各项权利，其将土地承包权如何处理均不发生继承，只有在承包权人死亡时，才会发生继承，因此农地承包权继承满足在时间方面的特定性质。其二，涵盖财产与财产性权利。农地承包权属于一类用益物权，而这类物权自身具备对于物的占有使用收益的排他性权利，上述对于财产使用价值是用益物权财产性价值的表现，逐渐转变为物权的农地承包权毫无疑问具备了财产性权利特点。作为农民借助承包地开展生产，或是进行流转，或是因为征收获得补偿等方式取得金钱收益，皆能表明这一权利所具有的财产性。另外，不可以当作遗产加以继承的权利义务里面涵盖了同被继承人人身无法分割的人身权。从当前中国农村集体经济来说，尽管不能改变承包权在初始获取阶段所具备的人身属性，可是还没有上升至同人身无法分割的层次。“三权分置”之下，作为承包权人能够把自身所拥有的承包与经营等权利分别流转给别人，假如出现了分置，作为承包权人已然丧失了初始获取这一权利的人身专属特性，改变了这类无法分割的人身性。在“三权分置”以前，作为承包经营权一旦转让出去后，这类人身专属性也不复存在。其三，遗产应当是合法的。土地承包权毫无疑问获得立法承认，具备了合法性。其四，存在限定特性，也就是遗产属于被继承人所遗留的个人财产，其在之前所占有或是使用的归属他人之财产并不可以继承。前面已阐述了，在“三权分置”背景之下，作为承包权主体本质上为个人，所以承包权人死亡后所留的权利，也是他的个人财产，可以进行继承。综上所述，土地承包权无论从时间、权利性质抑或是合法性等方面来分析，皆可视为遗产来进行继承。

四、充分尊重农民的农地产权诉求，保障农民的合法权益

农民作为农地产权制度改革中的直接参与主体和受益主体，一项土地政策可以得到有效的执行及取得应有的效果的前提条件就是农民的有效参与和认同，只有充分保障农民的利益，农地制度改革才能有效执行，因此，在农地产权制度改革的过程中要始终充分尊重和正确引导农民的产权诉求。在实际的执行过程中，农民对于产权的诉求多种多样、十分杂乱，农民对于产权的诉求多与其自身的利益相关，与其自身的意志有着很强的相关性。当农民的土地产权丧失之后，农民会从自身的角度出发，认为自己应该得到什么样的补偿，在没有得到之后就会引发一定的纠纷，从而派生出某种权能。故在农地产权制度改革过程中应当充分考虑农民对于产权的诉求，其诉求在一定程度上可以促进产权体系的完善。当前，我国农地产权制度体系中的法律法规还有许多不足，在改革过程中要在现有法律法规的基础上充分尊重农民对于农地产权的诉求，协调好各方利益，根据实际情况，对于相关法律进行调整，以促进农地产权制度相关法律法规的完善。

参考文献

[1] 阿尔钦:《产权经济原理》,西南财经大学出版社 2005 年版。

[2] 安海燕、洪名勇、钱文荣:《农地产权抵押贷款的三种典型模式及其自我履约研究》,《华中农业大学学报(社会科学版)》,2016 年第 4 期。

[3] 安海燕、洪名勇:《农户和农业主体对土地承包经营权抵押贷款政策的态度》,《西北农林科技大学学报(社会科学版)》,2016 年第 2 期。

[4] 白永秀、王颂吉:《城乡发展一体化的实质及其实现路径》,《复旦学报(社会科学版)》,2013 年第 4 期。

[5] 白永秀:《城乡二元结构的中国视角:形成、拓展、路径》,《学术月刊》,2012 年第 5 期。

[6] 鲍威斯、谢宁:《分类数据分析的统计方法》,社会科学文献出版社 2009 年版。

[7] 蔡立东、姜楠:《承包权与经营权分置的法构造》,《法学研究》,2015 年第 3 期。

[8] 蔡立东、姜楠:《农地“三权分置”的法实现》,《中国社会科学》,2017 年第 5 期。

[9] 蔡志荣:《农村土地流转方式综述》,《湖北农业科学》,2010 年第 5 期。

[10] 曹锦清:《黄河边的中国》,上海文艺出版社 2013 年版。

[11] 曾祥炎、向国成:《农村劳动力转移就业引导机制研究——以地级市为战略支点分析》,《湖南科技大学学报(社会科学版)》,2014 年第 2 期。

[12] 陈剑波:《农地制度:所有权问题还是委托——代理问题?》,《经济研究》,2006 年第 7 期。

[13] 陈江涛、吕建秋:《基于知识图谱的我国农技推广的研究现状及热点分析》,《科技管理研究》,2018 年第 4 期。

[14] 陈石清:《农村土地“三权分置”的实施目标与路径探讨》,《法制博

览》，2019 年第 13 期。

[15] 陈锡文：《关于农村土地制度改革的两点思考》，《经济研究》，2014 年第 1 期。

[16] 陈小君：《土地改革之“三权分置”入法及其实现障碍的解除——评〈农村土地承包法修正案〉》，《学术月刊》，2019 年第 1 期。

[17] 陈淼、阮敏、强昌文：《股份合作制土地流转中农村集体成员权的保障》，《安徽农业科学》，2010 年第 2 期。

[18] 陈义国、徐骏：《中国城市化对城乡平衡增长的影响》，《经济理论与经济管理》，2016 年第 3 期。

[19] 陈中：《土地合作经营是“三权分置”的有效探索——湖南省宁乡县大成桥镇鹊山村土地股份合作社实践与启示》，《农村经营管理》，2016 年第 6 期。

[20] 程久苗：《农地流转中村集体的角色定位与“三权”权能完善》，《农业经济问题》，2020 年第 4 期。

[21] 仇童伟：《土地确权如何影响农民的产权安全感知？——基于土地产权历史情景的分析》，《南京农业大学学报（社会科学版）》，2017 年第 4 期。

[22] 崔腾飞：《农村土地“三权分置”改革的难点在哪》，《人民论坛》，2018 年第 36 期。

[23] 道格拉斯·诺斯：《制度、制度变迁与经济绩效》，格致出版社 2008 年版。

[24] 德姆塞茨：《所有权、控制与企业——论经济活动的组织》（第一卷），经济科学出版社 1999 年版。

[25] 邓小平：《邓小平文选》，人民出版社 1986 年版。

[26] 第十届全国人民代表大会常务委员会第十九次会议：《关于废止〈中华人民共和国农业税条例〉的决定》，2005 年 12 月 29 日。

[27] 丁关良、阮韦波：《农村集体土地产权“三权分置”论驳析——以土地承包经营权流转中“保留（土地）承包权、转移土地经营权（土地使用权）”观点为例》，《山东农业大学学报（社会科学版）》，2009 年第 4 期。

[28] 丁关良：《土地承包经营权上设定土地经营权的若干问题思考和质疑》，《天津商业大学学报》，2019 年第 3 期。

[29] 丁涛：《农户土地承包经营权流转意愿研究——基于 Logistic 模型的实证分析》，《经济问题》，2020 年第 4 期。

[30] 丁文:《论“三权分置”中的土地经营权》,《清华法学》,2018年第1期。

[31] 窦祥铭:《产权视角下中国农村土地制度变迁的实证分析——以皖西北太和县为考察对象》,《农村经济》,2013年第3期。

[32] 杜润生:《当代中国的农业合作社》(上),当代中国出版社2002年版。

[33] 杜润生:《杜润生自述:中国农村体制变革重大决策纪实》,人民出版社2005年版。

[34] 恩格斯:《马克思恩格斯选集》人民出版社1955年版。

[35] 方江涛:《农村集体建设用地配置模式及利益相关者行为探索》,《社会科学家》,2016年第3期。

[36] 房绍坤:《承包地“三权分置”的法律表达与实效考察》,中国人民大学出版社2018年版。

[37] 冯双生、张桂文:《中国农村土地承包经营权流转障碍及破解路径——基于农地产权制度视角》,《广西社会科学》,2016年第2期。

[38] 冯玉华、张文方:《论农村土地的“三权分置”》,《经济纵横》,1992年第9期。

[39] 高康楠、王志成、王玉坤、赵博熙、陈帆:《河北省农村土地流转现实困境及解决措施》,《农家参谋》,2018年第4期。

[40] 高强、宋洪远:《农村土地承包经营权退出机制研究》,《南京农业大学学报(社会科学版)》,2017年第4期。

[41] 高圣平、刘守英:《土地权利制度创新:从〈土地管理法〉修改的视角》,《经济社会体制比较》,2010年第3期。

[42] 高圣平:《论农村土地权利结构的重构——以〈农村土地承包法〉的修改为中心》,《法学》,2018年第2期。

[43] 高圣平:《农地“三权分置”改革与民法典物权编编纂——兼评〈民法典各分编(草案)〉物权编》,《华东政法大学学报》,2019年第22期。

[44] 高圣平:《新型农业经营体系下农地产权结构的法律逻辑》,《法学研究》,2014第4期。

[45] 管洪彦、孔祥智:《“三权分置”中的承包权边界与立法表达》,《改革》,2017年第12期。

[46] 管洪彦、孔祥智:《农村土地“三权分置”的政策内涵与表达思路》,

《江汉论坛》，2017 年第 4 期。

［47］管洪彦、孔祥智：《农地“三权分置”典型模式的改革启示与未来展望》，《经济体制改革》，2018 年第 6 期。

［48］广东省人民政府：《广东省集体建设用地使用权流转办法》，2005 年 6 月 23 日。

［49］郭铖：《农业共营制效率及其利益相关者筛选、激励机制——基于崇州市的经验分析》，《湖南农业大学学报（社会科学版）》，2017 年第 6 期。

［50］郭军华、倪明、李帮义：《基于三阶段 DEA 模型的农业生产率研究》，《数量经济技术经济研究》，2010 年第 12 期。

［51］国家发展和改革委员会，《关于 2018 年国民经济和社会发展计划执行情况与 2019 年国民经济和社会发展计划草案的报告》，2019 年 3 月 5 日。

［52］国务院办公厅：《关于积极稳妥推进户籍管理制度改革的通知》，2011 年 2 月 26 日。

［53］韩俊：《中国农村土地制度建设三题》，《管理世界》，1999 年第 3 期。

［54］韩松：《论集体所有权的主体形式》，《法制与社会发展》，2002 年第 5 期。

［55］韩长赋：《“三权分置”改革是重大制度创新》，《人民日报》，2014 年 12 月 22 日。

［56］韩长赋：《土地“三权分置”是中国农村改革的又一次重大创新》，《光明日报》，2016 年 1 月 26 日。

［57］韩长赋：《再谈“三权”分置》，《农村工作通讯》，2017 年第 23 期。

［58］韩长赋：《中国农村土地制度改革》，《农业经济问题》，2019 年第 1 期。

［59］韩长赋：《中国农村土地制度改革的历史变迁与创新实践》，《农村，农业，农民》（B 版），2019 年第 1 期。

［60］何立、罗帅：《农地产权“两权分离”到“三权分离”——基于新制度经济学视角的解读》，《农村经济》，2015 年第 5 期。

［61］贺雪峰：《关于实施乡村振兴战略的几个问题》，《南京农业大学学报（社会科学版）》，2018 年第 3 期。

［62］贺雪峰：《退出权、合作社与集体行动的逻辑》，《甘肃社会科学》，2006 年第 1 期。

［63］宏寿：《新型城镇化下农村土地法律制度适应性变革——以“三权分置”为视角》，《湖南警察学院学报》，2017 年第 1 期。

[64] 洪名勇、何玉凤:《论“领头羊”在农户农地流转中的带动作用》,《江西社会科学》,2020 年第 6 期。

[65] 洪名勇、郑丽楠:《农地流转中农民权益损害——基于巴泽尔产权理论的经济分析》,《河北经贸大学学报》,2019 年第 1 期。

[66] 洪名勇:《农地“三权分置”何以落地》,《社会科学报》,2019 年第 2 期。

[67] 洪名勇:《城乡二元土地制度:逻辑起点、演进与未来改革》,《经济研究参考》,2018 年第 3 期。

[68] 洪名勇:《贵州农村产业革命:理论与框架》,《贵州日报》,2019 年 5 月 18 日。

[69] 洪名勇:《贵州农村土地承包经营制度改革的基本线索》,《贵州日报》,2019 年 1 月 27 日。

[70] 洪名勇:《贵州农村土地承包经营制度改革和贡献》,《贵州日报》,2018 年 12 月 11 日。

[71] 洪名勇:《空间、声誉与农地流转契约选择研究》,《江西财经大学学报》,2018 年第 5 期。

[72] 洪名勇:《论马克思的土地产权理论》,《经济学家》,1998 年第 1 期。

[73] 洪名勇:《农地产权何以落地》,《社会科学报》,2019 年 7 月 18 日。

[74] 洪名勇:《信任、空间距离与农地流转契约选择研究》,《江西财经大学学报》,2017 年第 1 期。

[75] 洪名勇:《知识经济挑战传统理论》,《财经科学》,1998 年第 5 期。

[76] 洪名勇:《制度锚点、制度认知与农地制度实施》,《吉首大学学报(社会科学版)》,2016 年第 1 期。

[77] 洪名勇:《中国农地产权制度变迁:一个马克思的分析模型》,《经济学家》,2012 年第 7 期。

[78] 胡必亮、马昂主:《城乡联系理论与中国的城乡联系》,《经济学家》,1993 年第 4 期。

[79] 胡春阳、刘秉镰、廖信林:《中国区域协调发展政策的研究热点及前沿动态——基于 CiteSpace 可视化知识图谱的分析》,《华南师范大学学报(社会科学版)》,2017 年第 5 期。

[80] 胡历芳:《中国农村土地资本化中“三权”的权能及边界》,《农村经济》,2020 年第 5 期。

[81] 胡新艳，罗必良，王晓海，吕佳：《农户土地产权行为能力对农地流转的影响——基于中国26个省份农户调查分析》，《财贸研究》，2013年第5期。

[82] 胡振光：《农村集体产权股份合作制改革的逻辑、进程及意义——基于广东省佛山市南海区的案例分析》，《安徽理工大学学报（社会科学版）》，2018年第5期。

[83] 黄建中：《农地“三权分置”法律实施机制理论与实践》，中国法制出版社2017年版。

[84] 黄健雄、郭泽喆：《“三权分置”改革回顾、研究综述及立法展望——以农村集体土地权利体系的分层解构为视角》，《农业经济问题》，2020年第5期。

[85] 黄少安：《论产权制度的成本与效率》，《深圳大学学报（人文社会科学版）》，1994年第2期。

[86] 黄胜开：《论农村土地流转与程序正义》，《江西师范大学学报（哲学社会科学版）》，2016年第4期。

[87] 黄贤金、尼克·哈瑞柯、鲁尔特·卢本曲福田：《中国农村土地市场运行机理分析》，《江海学刊》，2001年第2期。

[88] 黄祖辉、傅夏仙：《农地股份合作制：土地使用权流转中的制度创新》，《浙江社会科学》，2001年第5期。

[89] 黄祖辉、黄宝连、顾益康、王丽娟：《成都市城乡统筹发展中的农村土地产权流转制度创新研究》，《中国土地科学》，2012年第1期。

[90] 冀县卿、钱忠好：《改革30年中国农地产权结构变迁：产权视角的分析》，《南京社会科学》，2010年第10期。

[91] 冀县卿、钱忠好：《中国农地产权制度改革40年——变迁分析及其启示》，《农业技术经济》，2019年第1期。

[92] 冀县卿、钱忠好：《中国农业增长的源泉：基于农地产权结构视角的分析》，《管理世界》，2010年第11期。

[93] 江帆：《农村征地补偿费分配管理中存在的问题及法律对策》，《农村经济》，2006年第8期。

[94] 蒋省三：《刘守英，土地资本化与农村工业化——广东省佛山市南海经济发展调查》，《管理世界》，2003年第11期。

[95] 经济学消息报编：《诺贝尔经济学奖得主专访录——评说中国经济与经济学发展》，中国计划出版社1995年版。

[96] 鞠成伟：《改革开放以来中国乡民土地权利的体制塑造》，《华东政法大学学报》，2018 年第 6 期。

[97] 康宝林：《规模化种粮的好模式——对太原市清徐县东木庄村“代耕代种”模式的思考》，《农村工作通讯》，2013 年第 21 期。

[98] 科斯：《财产权利与制度变迁》，上海三联书店、上海人民出版社 1994 年版。

[99] 科斯：《财产权利与制度变迁——产权学派与新制度学派译文集》，上海人民出版社 2004 年版。

[100] 孔繁涛、朱孟帅、韩书庆、刘佳佳、秦波、张建华：《国内外农业信息化比较研究》，《世界农业》，2016 年第 10 期。

[101] 孔祥智、涂圣伟、史冰清：《中国农村改革 30 年：历程、经验和前景展望》，《教学与研究》，2008 年第 9 期。

[102] 孔祥智：《“三权分置”的重点是强化经营权》，《中国特色社会主义研究》，2017 年第 3 期。

[103] 李斌、汤秋芬：《从“迷茫性脱嵌”到“分化性嵌入”：社会工作助推失地农民就业的研究》，《湖南大学学报（社会科学版）》，2018 年第 6 期。

[104] 李成民、苏洋、刘健：《“三权分置”背景下农户土地流转现状、困境及对策建议——以南疆阿瓦提县为例》，《农村经济与科技》，2019 年第 30 期。

[105] 李钢：《农地流转与农民权益保护的制度安排》，《财经科学》，2009 年第 3 期。

[106] 李佳倬：《我国耕地保护法律制度研究》，西南大学，2014 年。

[107] 李景荣、姜美善、米运生：《农地确权对农户的信贷效应——基于全国 9 省农户大规模调查》，《调研世界》，2018 年第 10 期。

[108] 李敏飞：《试论农地优化配置的制度性因素——以新制度经济学为视角》，《福建论坛（人文社会科学版）》，2012 年第 1 期。

[109] 李宁、何兴邦、王舒娟：《地权结构细分视角下中国农地产权制度变迁与改革：一个分析框架的构建》，《中国农村观察》，2017 年第 2 期。

[110] 李宁、陈利根、龙开胜：《农村宅基地产权制度研究——不完全产权与主体行为关系的分析视角》，《公共管理学报》，2014 年第 11 期。

[111] 李宁、陈利根：《农地产权结构细分与市场发展的关系研究——以“两田制”为例的理论阐释》，《南京社会科学》，2016 年第 4 期。

[112] 李宁、何兴邦、王舒娟：《地权结构细分视角下中国农地产权制度变

迁与改革：一个分析框架的构建》，《中国农村观察》，2017 年第 2 期。

［113］李宁、谢存旭：《转型期农地产权绩效之谜的一个简要考察：模糊产权的视角》，《中国农业大学学报（社会科学版）》，2015 年第 32 期。

［114］李宁、张然、仇童伟、王舒娟：《农地产权变迁中的结构细分与“三权分置”改革》，《经济学家》，2017 年第 1 期。

［115］李平菊、寇浩宁：《“三权分置”下的征地补偿费分配问题研究》，《中州学刊》，2017 年第 9 期。

［116］李胜兰、于凤瑞：《农民财产权收入的土地财产权结构新探——权利束的法经济学观点》，《广东商学院学报》，2011 年第 4 期。

［117］李燕凌：《县乡政府农村公共产品供给政策演变及其效果——基于中央“一号文件”的政策回顾》，《农业经济问题》，2014 年第 11 期。

［118］李怡：《农村土地流转的效率评价与思考——以广东珠三角为例》，《农村经济》，2014 年第 7 期。

［119］李珍珍、封进：《教育对健康的影响——基于上海家庭调查数据的研究》，《中国劳动经济学》，2006 年第 4 期。

［120］梁红卫：《基于农民专业合作社的农地规模经营模式探讨》，《经济纵横》，2010 年第 4 期。

［121］廖洪乐：《农地“两权”分离和“三权”分置的经济学与法学逻辑》，《南京农业大学学报（社会科学版）》，2020 年第 5 期。

［122］列宁：《列宁全集》（第 1 卷），人民出版社 1972 年版。

［123］列宁：《列宁全集》（第 29 卷），人民出版社 1990 年版。

［124］林坚、郑慧清：《“反租倒包”——一种新型的土地流转制度》，《经济论坛》，2002 年第 24 期。

［125］林建伟、刘伟平：《农村土地经营权抵押贷款的实践与启示——以福建省漳浦县为例》，《中共福建省委党校学报》，2014 年第 10 期。

［126］林毅夫、胡庄君：《中国家庭承包责任制改革：农民的制度选择》，《北京大学学报（哲学社会科学版）》，1988 年第 4 期。

［127］林毅夫：《制度、技术与中国农业发展》，上海三联书店、上海人民出版社 1994 年版。

［128］刘光阳：《CiteSpace 国内应用的传播轨迹——基于 2006—2015 年跨库数据的统计与可视化分析》，《图书情报知识》，2017 年第 2 期。

［129］刘广栋、程久苗：《1949 年以来中国农村土地制度变迁的理论和实

践》，《中国农村观察》，2007 年第 2 期。

[130] 刘国恩、William H. Dow、傅正泓、John Akin：《中国的健康人力资本与收入增长》，《经济学（季刊）》，2004 年第 4 期。

[131] 刘记飞、刘兰杰、葛秋萍：《国内知识转移研究的文献计量分析》，《情报科学》，2013 年第 9 期。

[132] 刘俊杰：《农村土地产权制度改革对农民收入的影响——来自山东枣庄的初步证据》，《农业经济问题》，2015 年第 6 期。

[133] 刘守英、熊雪锋、龙婷玉：《集体所有制下的农地权利分割与演变》，《中国人民大学学报》，2019 年第 1 期。

[134] 刘守英：《以“三权分置”重构农地权利体系》，《农村经营管理》，2016 年第 11 期。

[135] 刘守英：《中国农地制度的合约结构与产权残缺》，《中国农村经济》，1993 年第 2 期。

[136] 刘文君：《吉林省农村土地产权的现实困境与制度创新》，吉林大学，2016 年。

[137] 刘晓宇、张林秀：《农村土地产权稳定性与劳动力转移关系分析》，《中国农村经济》，2008 年第 2 期。

[138] 刘一明、罗必良、郑燕丽：《产权认知、行为能力与农地流转签约行为——基于全国 890 个农户的抽样调查》，《华中农业大学学报（社会科学版）》，2013 年第 5 期。

[139] 刘屹轩、闵剑、刘忆：《“三权分置”下农地经营权抵押融资风险辨识与评价——基于结构方程模型的实证研究》，《宏观经济研究》，2019 年第 1 期。

[140] 刘易斯：《二元经济论》，北京经济学院出版社 1989 年版。

[141] 刘禹宏、杨凯越：《中国农地制度之纷争：“三权分置”的权利关系、法理冲突及其解决途径》，《安徽师范大学学报（人文社会科学版）》，2020 年第 48 期。

[142] 刘征峰：《农地“三权分置”改革的私法逻辑》，《西北农林科技大学学报（社会科学版）》，2015 年第 5 期。

[143] 龙卫球：《民法典物权编“三权分置”的体制抉择与物权协同架构模式——基于新型协同财产权理论的分析视角》，《东方法学》，2020 年第 4 期。

[144] 鲁钊阳、冉光和、王建洪、孟坤：《城乡金融发展非均等化的形成机

理及对策——基于自组织理论的分析》，《管理世界》，2012 年第 3 期。

[145] 陆铭、陈钊：《在集聚中走向平衡：城乡和区域协调发展的“第三条道路”》，《世界经济》，2008 年第 8 期。

[146] 罗必良、胡新艳：《农业经营方式转型：已有试验及努力方向》，《农村经济》，2016 年第 1 期。

[147] 罗必良、郑燕丽：《农户的行为能力与农地流转——基于广东农户问卷的实证分析》，《学术研究》，2012 年第 1 期。

[148] 罗必良：《科斯定理：反思与拓展——兼论中国农地流转制度改革与选择》，《经济研究》，2018 年第 52 期。

[149] 罗必良：《农地产权模糊化：一个概念性框架及其解释》，《学术研究》，2011 年第 12 期。

[150] 吕益民：《论我国土地产权制度的改革》，《经济研究》，1992 年第 12 期。

[151] 马克思、恩格斯：《马克思恩格斯选集》（第 1 卷），人民出版社 1995 年版。

[152] 马克思、恩格斯：《马克思恩格斯选集》（第 3 卷），人民出版社 1995 年版。

[153] 马克思：《马克思恩格斯全集》（第 46 卷上），人民出版社 1979 年版。

[154] 马克思：《马克思恩格斯选集》，人民出版社 1972 年版。

[155] 马克思：《资本论》（第 1 卷），人民出版社 1972 年版。

[156] 米运生、罗必良、徐俊丽：《坚持、落实、完善：中国农地集体所有权的变革逻辑——演变、现状与展望》，《经济学家》，2020 年第 1 期。

[157] 米运生、廖祥乐、吴怡：《农业转型升级、信贷可得性与农户融资渠道正规化：基于农地流转的背景》，《华中农业大学学报（社会科学版）》，2018 年第 4 期。

[158] 钮文新：《40 年 40 个瞬间　1978 年 11 月 24 日　家庭联产承包》，《中国经济周刊》，2018 年第 5 期。

[159] 农业部、国家发展改革委、财政部：《关于加快发展农业生产性服务业的指导意见》，2017 年 8 月 23 日。

[160] 农业部：《农村土地承包经营权流转管理办法》，2005 年 1 月 29 日。

[161] 农业部办公厅、民政部办公厅、中国保监会办公厅：《关于农村改革

试验区新增试验任务的批复》，2016年8月18日。

[162] 农业部农村经济研究中心当代农业史研究室：《中国土地改革研究》，中国农业出版社2000年版。

[163] 诺斯、托马斯：《庄园制度的兴起和衰落：一个理论模型》，北京大学出版社1971年版。

[164] 潘小军：《城乡一体化进程中农地产权改革的发展与创新》，《软科学》，2007年第6期。

[165] 彭富明：《土地股份合作制：农村土地流转模式的重大突破》，《特区经济》，2009年第6期。

[166] 彭开丽、宋艳华、陈燕、唐睿：《“三权分置”背景下农户土地流转意愿的影响因素分析——基于湖北省645份农户的调研》，《湖北农业科学》，2019年第3期。

[167] 彭小辉、史清华：《农业政策变化的发生机理：基于多重制度逻辑视角——以农村税费改革为例》，《中国软科学》，2016年第6期。

[168] 皮婷婷、郑逸芳、许佳贤：《国内农地制度研究的文献计量与可视化分析——基于1998—2019年中国知网CSSCI数据库》，《世界农业》，2020年第4期。

[169] 钱龙、高强、陈会广：《论宅基地“三权分置”的权属特征及目标指向——兼与承包地“三权分置”比较》，《农村经济》，2020年第1期。

[170] 钱忠好：《复合所有制：我国农地市场建设的基本思路》，《经济研究参考》，1999年第25期。

[171] 钱忠好：《农村土地承包经营权产权残缺与市场流转困境：理论与政策分析》，《管理世界》，2002年第6期。

[172] 钱忠好：《农地承包经营权市场流转：理论与实证分析——基于农户层面的经济分析》，《经济研究》，2003年第2期。

[173] 钱忠好：《中国农地保护：理论与政策分析》，《管理世界》，2003年第10期。

[174] 邱水清、康就升：《建立农村土地流转新模式——以承包土地租金入股发展适度规模经营》，《南方农村》，2008年第1期。

[175] 邱旭：《贫困地区基于农民专业合作社的土地流转模式及选择——以贵州、四川、甘肃三省为例》，《山西农业科学》，2014年第9期。

[176] 阮娴静：《研发组织战略背景下合作伙伴与创新绩效关系研究》，《技

术经济与管理研究》，2018 年第 11 期。

［177］邵彦敏：《中国农地制度变迁的历史考察与启示》，《理论学刊》，2005 年第 10 期。

［178］申红卫：《社会保障视角下陕北农地经营权流转探析》，《西安财经学院学报》，2015 年第 1 期。

［179］沈守愚：《论设立农地发展权的理论基础和重要意义》，《中国土地科学》，1998 年第 1 期。

［180］石冠彬、魏沁怡、单平基、吴昭军、肖俊：《民法典（草案）物权编修改笔谈》，《法治研究》，2020 年第 1 期。

［181］史蕾：《从“两权分置”到“三权分置”：农地产权制度演变的逻辑》，《学习与实践》，2017 年第 6 期。

［182］苏国衡：《家庭承包责任制的伟大生命力》，《北京社会科学》，1986 年第 2 期。

［183］苏荣芳：《贵州农村“三变”改革的背景分析》，《现代化农业》，2018 年第 12 期。

［184］孙德超、周媛媛：《农村土地“三权”分置面临的现实困境、政策供给体系及其保障措施》，《经济问题》，2020 年第 1 期。

［185］孙国峰：《我国农地制度安排与经济系统演进过程中的原始积累问题》，甘肃民族出版社 2005 年版。

［186］孙宪忠：《中国物权法总论》，法律出版社 2014 年版。

［187］孙月蓉：《完善农村土地产权制度的思考》，《生产力研究》，2012 年第 4 期。

［188］田则林、余义之、杨世友：《“三权分置”：农地代营——完善土地承包制、促进土地流转的新途径》，《中国农村经济》，1990 年第 2 期。

［189］汪吉庶、胡赛全、于晓虹：《土地流转纠纷中的承包地互换机制：来自浙江 C 县经验的启示》，《中国土地科学》，2014 年第 12 期。

［190］汪险生、郭忠兴：《虚置还是稳固：农村土地集体所有制的嬗变——基于权利分置的视角》，《经济学家》，2017 年第 5 期。

［191］王丹：《宅基地“三权分置”的现实困境与实现机制》，《哈尔滨师范大学社会科学学报》，2019 年第 10 期。

［192］王佃利、王铮：《国外公共价值理论研究的知识图谱、研究热点与拓展空间——基于 SSCI（1998—2018）的可视化分析》，《中国行政管理》，2019

年第6期。

[193] 王海娟、胡守庚:《农村土地“三权分置”改革的两难困境与出路》,《武汉大学学报(哲学社会科学版)》,2019年第72期。

[194] 王红婵:《农地流转中的政府主导作用探析》,《福建论坛(人文社会科学版)》,2012年第5期。

[195] 王红霞:《现代化经济体系建设进程中的现代化城乡区域发展体系研究》,《上海经济研究》,2020年第7期。

[196] 王红霞:《要素流动、空间集聚与城市互动发展的定量研究:——以长三角地区为例》,《上海经济研究》,2011年第12期。

[197] 王建泽:《民法总则》,北京大学出版社2009年版。

[198] 王珏、范静:《农地经营权担保有效性与借款人还款表现——一个基于“资产主导型”农地经营权抵押贷款的证据》,《农业技术经济》,2019年第10期。

[199] 王坤、王京安、陈天明、汤月:《国内外技术机会研究的脉络、流派与趋势》,《南京工业大学学报(社会科学版)》,2019年第2期。

[200] 王珊、洪名勇、吴昭洋、何玉凤:《不同农地经营权流转方式的空间依赖性分析》,《中国土地科学》,2018年第8期。

[201] 王铁雄:《农村承包地“三权分置”制度入典研究》,《河北法学》,2020年第38期。

[202] 王廷勇、杨遂全:《承包经营权再分离的继承问题研究》,《农村经济》,2017年第1期。

[203] 王小斌、郑学迁、邓彪权:《农村土地股份合作制对农户收入的影响研究——基于江门市实证分析》,《山东农业大学学报(社会科学版)》,2016年第3期。

[204] 王新国、陈晓峰:《从顺城村的实践看“三权分置”》,《湖北社会科学》,1990年第10期。

[205] 王兴稳、钱忠好:《教育能促进农地承包经营权流转吗——基于江苏、湖北、广西、黑龙江4省1120户农户的调查数据》,《农业技术经济》,2015年第1期。

[206] 王雪琪、曹铁毅、邹伟:《地方政府干预农地流转对生产效率的影响——基于水稻种植户的分析》,《中国人口·资源与环境》,2018年第9期。

[207] 王亚楠、纪月清、徐志刚、钟甫宁:《有偿VS无偿:产权风险下农

地附加价值与农户转包方式选择》，《管理世界》，2015 年第 11 期。

［208］王亚新：《“四化同步”下的农村土地经营模式探索——基于广东湛江的实践》，《经济地理》，2015 年第 8 期。

［209］王永平、周丕东：《农村产权制度改革的创新探索——基于六盘水市农村“三变”改革实践的调研》，《农业经济问题》，2018 年第 1 期。

［210］王兆林、杨庆媛：《农户兼业行为对其耕地流转方式影响分析——基于重庆市 1096 户农户的调查》，《中国土地科学》，2013 年第 8 期。

［211］韦福：《农村土地承包经营权抵押三个法律问题的思考》，《农村经济》，2012 年第 6 期。

［212］魏波：《对我国农村土地所有权制度改革的思考》，《广西大学学报（哲学社会科学版）》，2009 年第 31 期。

［213］魏鲁彬：《农村土地所有权共享的理论逻辑——从“两权分置”到“三权分置”》，《财经科学》，2018 年第 4 期。

［214］温锐、范博：《近百年来小农户经济理论与实践探索的共识与前沿——“小农·农户与中国现代化”学术研讨简论》，《中国农村经济》，2013 年第 10 期。

［215］温世扬、梅维佳：《土地承包经营权主体制度的困境与出路》，《江西社会科学》，2018 年第 7 期。

［216］温铁军、张俊娜、罗士轩：《时空变换背景下的中国农业发展》，《中共浙江省委党校学报》，2016 年第 6 期。

［217］文庭孝、刘晓英：《基于引文分析的我国研究者信息获取能力评价研究》，《图书与情报》，2011 年第 6 期。

［218］吴光芸、万洋：《中国农村土地流转政策变迁的制度逻辑——基于历史制度主义的分析》，《青海社会科学》，2019 年第 1 期。

［219］吴海峰：《积极探索解决农地细碎化经营的有效途径研究——河南省民权县农地“互换并块”模式的调查与思考》，《开发研究》，2013 年第 6 期。

［220］吴玲玲、郑兴明：《乡村振兴战略下农村土地“三权分置”改革的困境与路径——基于马克思土地产权理论的视角》，《长春理工大学学报（社会科学版）》，2020 年第 33 期。

［221］吴越：《地方政府在农村土地流转中的角色、问题及法律规制——成都、重庆统筹城乡综合配套改革试验区实证研究》，《甘肃社会科学》，2009 年第 2 期。

［222］ 西奥多·舒尔茨：《改造传统农业》，商务印书馆2006年版。

［223］ 习近平：《决胜全面建成小康社会 夺取新时代中国特色社会主义伟大胜利》，《人民日报》，2017年10月28日。

［224］ 习近平：《论坚持全面深化改革》，中央文献出版社2018年版。

［225］ 习近平：《在参加十三届全国人大二次会议河南代表团审议时讲话》，《人民日报》，2019年3月8日。

［226］ 席景奇：《地方政府在农村集体土地流转中的角色分析》，《兰州大学学报（社会科学版）》，2013年第5期。

［227］ 夏恩君、宋剑锋：《开放式创新研究的演化路径和热点领域分析——基于科学知识图谱视角》，《科研管理》，2015年第7期。

［228］ 向国成、谌亭颖、钟世虎、王雄英、江鑫：《分工、均势经济与共同富裕分工、均势经济与共同富裕分工、均势经济与共同富裕》，《世界经济文汇》，2017年第5期。

［229］ 项继权：《集体经济背景下的乡村治理——南街、向高和方家泉村村治实证研究》，华中师范大学出版社2002年版。

［230］ 肖鹏：《土地经营权入股的合伙模式研究》，《中国土地科学》，2017年第5期。

［231］ 肖卫东、梁春梅：《农村土地“三权分置”的内涵、基本要义及权利关系》，《中国农村经济》，2016年第11期。

［232］ 肖屹、钱忠好：《交易费用、产权公共域与农地征用中农民土地权益侵害》，《农业经济问题》，2005年第9期。

［233］ 谢琳、钟文晶、罗必良：《“农业共营制”：理论逻辑、实践价值与拓展空间——基于崇州实践的思考》，《农村经济》，2014年第11期。

［234］ 新华社：《习近平就做好耕地保护和农村土地流转工作作出重要指示》，2015年5月26日。

［235］ 徐谷明：《农村土地改革的“湄潭试验”》，《贵州民族报》，2015年8月28日。

［236］ 徐小飞：《防止土地“被”流转》，《经济日报》，2014年1月10日。

［237］ 徐迎迎、魏瑞斌：《基于研究主题的文献计量三大定律的实证分析——以“开放存取”为例》，《情报科学》，2015年第11期。

［238］ 徐勇：《历史制度底色下世界土地改革进程与成效比较》，《社会科学研究》，2016年第4期。

[239] 徐勇:《土地流转与乡村治理》,社会科学文献出版社 2010 年版。

[240] 许恒周、郭玉燕、石淑芹:《农民分化对农户农地流转意愿的影响分析——基于结构方程模型的估计》,《中国土地科学》,2012 年第 8 期。

[241] 许恒周、郭忠兴:《农村土地流转影响因素的理论与实证研究——基于农民阶层分化与产权偏好的视角》,《中国人口·资源与环境》,2011 年第 3 期。

[242] 许恒周、刘源:《我国农地确权研究的热点分析与演化路径——基于 CiteSpace 的知识图谱分析》,《干旱区资源与环境》,2020 年第 2 期。

[243] 许庆、尹荣梁、章辉:《规模经济、规模报酬与农业适度规模经营——基于我国粮食生产的实证研究》,《经济研究》,2011 年第 3 期。

[244] 闫文、刘建、汤倩:《中国农村土地产权制度演化的路径研究》,《商业时代》,2013 年第 3 期。

[245] 严小龙:《农村承包地“三权”分置研究述评》,《湖南社会科学》,2018 年第 3 期。

[246] 阎庆民:《农村土地产权抵质押创新的实现路径》,中国经济出版社 2015 年版。

[247] 杨宏力:《新一轮农村土地确权存在的问题及政策优化——基于山东省五市七镇的经验研究》,《山东大学学报(哲学社会科学版)》,2018 年第 3 期。

[248] 杨继瑞:《“三权分置”:我国农村集体土地产权制度创新的探析》,《经济学家》,2018 年第 11 期。

[249] 杨静、路思:《回眸与展望:国内档案信息化理论发展现状与特征分析——基于国内核心期刊的文献计量研究》,《档案学通讯》,2014 年第 6 期。

[250] 杨璐璐:《乡村振兴视野的新型职业农民培育:浙省个案》,《改革》,2018 年第 2 期。

[251] 杨婷、代长珍:《重庆市农村土地流转中的主体障碍因素分析——基于古溪镇的实证研究》,《改革与开放》,2009 年第 7 期。

[252] 杨依山、王新军:《三个利益主体博弈下的农地产权选择》,《东岳论丛》,2013 年第 34 期。

[253] 杨照东、任义科、杜海峰:《确权、多种补偿与农民工退出农村意愿》,《中国农村观察》,2019 年第 2 期。

[254] 叶华:《“三权分置”的改革思路与农地微观制度安排》,《社会科学家》,1998 年第 2 期。

[255] 叶剑平、蒋妍、丰雷:《中国农村土地流转市场的调查研究——基于2005年17省调查的分析和建议》,《中国农村观察》,2006年第4期。

[256] 尹亚军:《通过合同的治理——克服农地流转困境的助推策略》,《社会科学研究》,2019年第6期。

[257] 游和远、吴次芳、鲍海君:《农地流转、非农就业与农地转出户福利——来自黔浙鲁农户的证据》,《农业经济问题》,2013年第3期。

[258] 于海龙、张振:《土地托管的形成机制、适用条件与风险规避:山东例证》,《改革》,2018年第4期。

[259] 余暄烨:《农村土地流转模式的缺陷及对策分析》,《求实》,2013年第12期。

[260] 庾莉萍:《从“命根子”到“弃如敝屣”——探讨我国土地撂荒问题及解决办法》,《资源与人居环境》,2008年第15期。

[261] 袁震:《论集体土地所有权与土地承包经营权之间的冲突与协调》,《河北法学》,2010年第9期。

[262] 詹和平、张林秀:《家庭保障、劳动力结构与农户土地流转——基于江苏省142户农户的实证研究》,《长江流域资源与环境》,2009年第7期。

[263] 张广辉、方达:《农村土地“三权分置”与新型农业经营主体培育》,《经济学家》,2018年第2期。

[264] 张红宇、刘玫、王晖:《农村土地使用制度变迁:阶段性、多样性与政策调整(二)》,《农业经济问题》,2002年第3期。

[265] 张红宇:《中国农村土地产权政策:持续创新——对农地使用制度变革的重新评判》,《管理世界》,1998年第6期。

[266] 张红宇:《准确把握农地“三权分置”办法的深刻内涵》,《农村经济》,2017年第8期。

[267] 张晖:《马克思 恩格斯城乡融合理论与我国城乡关系的演进路径》,《学术交流》,2018年第12期。

[268] 张慧琴:《集体土地所有权的缺陷及完善对策》,《内蒙古农业科技》,2008年第1期。

[269] 张建雷、席莹:《关系嵌入与合约治理——理解小农户与新型农业经营主体关系的一个视角》,《南京农业大学学报(社会科学版)》,2019年第2期。

[270] 张克俊:《农村土地“三权分置”制度的实施难题与破解路径》,《中州学刊》,2016年第11期。

［271］张龙耀、王梦珺、刘俊杰：《农民土地承包经营权抵押融资改革分析》，《农业经济问题》，2015 年第 2 期。

［272］张露、张俊飚、童庆蒙、郭晴：《农业碳排放研究进展：基于 CiteSpace 的文献计量分析》，《科技管理研究》，2015 年第 21 期。

［273］张苗、兰梦婷、陈银蓉、袁凯华：《国外土地利用与碳排放知识图谱分析——基于 CiteSpace 软件的计量分析》，《中国土地科学》，2017 年第 3 期。

［274］张五常：《佃农理论》，商务印书馆 2000 年版。

［275］赵美玲：《我国现行农地制度的弊端和新农地制度研究》，《南开经济研究》，1998 年第 6 期。

［276］赵之枫：《城市化背景下农村宅基地有偿使用和转让制度初探》，《农业经济问题》，2001 年第 1 期。

［277］赵紫玉、徐梦洁、於海美：《构建我国农地产权“三权分置”模式——现行农地产权制度改革的设想》，《国土资源科技管理》，2006 年第 6 期。

［278］郑风田、普莫喆：我国粮食储备主体结构及其优化研究》，《价格理论与实践》，2016 年第 9 期。

［279］郑风田：《我国现行土地制度的产权残缺与新型农地制度构想》，《管理世界》，1995 年第 4 期。

［280］郑淋议、张丽婧、洪名勇：《小农经济研究述评：几个重大问题辨析》，《西北农林科技大学学报（社会科学版）》，2019 年第 3 期。

［281］郑有贵、李成贵：《一号文件与中国农村改革》，安徽人民出版社 2008 年版。

［282］郑有贵：《10 次中共中央全会通过的农业决议与当代中国“三农”政策演变》，《当代中国史研究》，2001 年第 5 期。

［283］中共六盘水市委员会、六盘水市政府：《关于资源变资产、资金变股金、农民变股东的指导意见》，2015 年 8 月 23 日。

［284］中共十八届三中全会：《中共中央关于全面深化改革若干重大问题的决定》，2013 年 11 月 15 日。

［285］中共十八届五中全会：《中共中央关于制定国民经济和社会发展第十三个五年规划的建议》，2015 年 11 月 3 日。

［286］中共十七届三中全会：《中共中央关于推进农村改革发展若干重大问题的决定》，2008 年 10 月 12 日。

[287] 中共十三届八中全会:《中共中央关于进一步加强农业和农村工作的决定》,1991年11月29日。

[288] 中共十四届三中全会:《中共中央关于建立社会主义市场经济体制若干问题的决定》,1993年11月14日。

[289] 中共十五届三中全会:《中共中央关于农业和农村工作若干重大问题的决定》,1998年11月4日。

[290] 中共十五届五中全会:《中共中央关于制定国民经济和社会发展第十个五年计划的建议》,2000年10月11日。

[291] 中共十一届三中全会:《加快农业发展若干问题的决策(草案)》,1978年12月22日。

[292] 中共十一届三中全会:《农村人民公社工作条例》,1978年12月22日。

[293] 中共十一届四中全会:《中共中央关于加快农业发展若干问题的决定》,1979年9月25日。

[294] 中共中央、国务院:《关于当前农业和农村经济发展的若干政策措施》,1993年11月5日。

[295] 中共中央、国务院:《关于做好1999年农村和农业工作的意见》,1999年1月9日。

[296] 中共中央:《关于进一步加强和完善农业生产责任制的几个问题》,1980年9月27日。

[297] 中共中央:《中共中央关于做好农户承包地使用权流转工作的通知》,2001年12月30日。

[298] 中共中央办公厅、国务院办公厅:《关于农村土地征收、集体经营性建设用地入市、宅基地制度改革试点工作的意见》,2014年12月2日。

[299] 中共中央办公厅、国务院办公厅:《关于完善农村土地所有权 承包权 经营权分置办法的意见》,2016年10月30日。

[300] 中共中央办公厅、国务院办公厅:《关于进一步稳定和完善农村土地承包关系的通知》,1997年8月27日。

[301] 中共中央办公厅、国务院办公厅:《关于引导农村土地经营权有序流转 发展农业适度规模经营的意见》,2014年11月20日。

[302] 中共中央办公厅、国务院办公厅:《深化农村改革综合性实施方案》,2015年11月2日。

[303] 中华人民共和国农业农村部：《关于政协十三届全国委员会第一次会议第3282号（农业水利类281号）提案答复的函》，2018年8月23日。

[304] 中华人民共和国中央人民政府：《中央一号文件，1982～1986，2004～2020》。

[305] 中央农村工作领导小组办公室：《乡村振兴战略规划（2018～2022年）》，2018年10月20日。

[306] 钟林、唐小我：《农地流转交易的市场均衡分析》，《中国管理科学》，2009年第4期。

[307] 钟文晶、罗必良：《禀赋效应、产权强度与农地流转抑制——基于广东省的实证分析》，《农业经济问题》，2013年第3期。

[308] 钟晓萍、于晓华、唐忠：《地权的阶级属性与农地"三权分置"：一个制度演化的分析框架》，《农业经济问题》，2020年第7期。

[309] 周敏、雷国平、匡兵：《信息不对称下的农地流转"柠檬"市场困境——以黑龙江省西城村例证》，《华中农业大学学报（社会科学版）》，2017年第4期。

[310] 周其仁：《农村土地改革从湄潭出发》，《中国乡村发现》，2012年第4期。

[311] 周其仁：《中国农村改革：国家和所有权关系的变化（上）——一个经济制度变迁史的回顾》，《管理世界》，1995年第3期。

[312] 周曰礼：《中共安徽省委"六条"出台前后》，《江淮文史》，2008年第6期。

[313] 朱继胜：《农地"三权分置"的意旨和路径——以土地承包经营权嬗变为视角》，《广西社会科学》，2018年第5期。

[314] 朱守银：《中国农村改革试验区概览》，《中国农村经济》，1992年第11期。

[315] 朱文珏、罗必良：《行为能力、要素匹配与规模农户生成——基于全国农户抽样调查的实证分析》，《学术研究》，2016年第8期。

[316] 朱文珏、罗必良：《劳动力转移、性别差异与农地流转及合约选择》，《中国人口·资源与环境》，2020年第1期。

[317] 邹宝玲、仇童伟、罗必良、李尚蒲：《农地福利保障如何影响农地转出——基于制度保障与社区保障调节效应的分析》，《上海财经大学学报》，2017年第3期。

[318] 邹秀清:《农民收入多元化与农地产权偏好：约束与动态选择——理论框架与来自赣、苏、桂三省578份农户问卷调查的经验》,《经济问题》,2007年第1期。

[319] Arthur, Lewis W. Economic development with unlimited supplies of labor [J]. The Manchester School 22. 2, 1954: 139 – 191.

[320] Bogaerts, Theo, Williamson, Ian P., Fendel, Elfriede M. The role of land administration in the accession of Central European countries to the European Union Land Use Policy. 2002, Volume 19 (1) – Jan 1.

[321] Denys Nizalov, Suzanne Thornsbury, Scott Loveridge, Mollie Woods, Olha Zadorozhna. Security of property rights and transition in land use [J]. Journal of Comparative Economics. 2016 (1).

[322] Douglas C Macmillan. An economic case for land reform [J]. Land Use Policy. 2000 (1).

[323] Dwayne Benjamin, Loren Brandt. Land, Factor Markets, and Inequality in Rural China: Historical Evidence [J]. Explorations in Economic History. 1997 (4).

[324] Kelemework F, Erkosa T, Tesfaye T, et al. On – farm demonstration of improved durum wheat varieties under enhanced drainage on vertisols in the Central Highlands of Ethiopia [C] // Eleventh Regional Wheat Workshop for Eastern & Central Africa. 2000.

[325] SJ Mushkin. Health as an investment, the Journal of Political Economy, 70: 129 – 157.

[326] Thurston, R. C., Kubzansky, L. D., Kawachi, I., Berkman, L. F. Is the Association between Socioeconomic Position and Coronary Heart Disease Stronger in Women than in Men? American Journal of Epidemiology, 2005 (1): 57—65.

[327] Whittle, Jitney. Development of agrarian capitalism, Land and Labour in Norfolk. 1440 – 1580 [M]. Oxford Press, 2000.

后　记

对不同财产而言，产权的重要性是不言而喻的，随着专业化和分工的演进，产权的分割越来越细。从改革开放40多年农村经济发展的格局来看，初期在保留农村集体所有权的前提下，将农地的承包权与经营权等产权赋予了农民家庭，由农村家庭行使。这一产权安排将农业剩余索取权和控制权赋予农民家庭，给予农民家庭非常大的产权激励。同时，这一产权安排不仅与农村家庭能够克服个人利自主义带来的监督成本高昂有关，而且还能够有效节约不同个人之间大量的协商成本。但随着城乡经济的双向开放和市场化水平的不断提高，以及农业经济的国际化水平提升，农业生产的专业化程度越来越高，分工也越来越细，斯密定理开始失效。在农业生产过程中，农民家庭在继续成为农业生产主体的同时，也产生新的生产主体，例如家庭农场、农业专业合作、农业企业也加入生产过程。一些与农业生产与经营相关的主体，在农业生产经营的分工过程中，可能参与了农业生产经营的某个环节，例如，较早出现的种子公司专门为农民家庭提供优良种子；烟草公司除提供优良的种子之外，还负责烟草销售等等。后来农机公司负责农业生产某个环节的专业服务，如一些农机公司负责耕地服务、一些农机公司负责收割服务等。就农业种植环节来讲，农民家庭由于其自身条件的限制，很难按照现代市场的要求组织适度规模的生产与经营，也不具备进行标准化、规范化生产的知识及相关条件。正是在这一背景下，具有专业化知识及能够整合有关资源的新型农业经营主体，如农业企业或者农业专业合作就从过去参与农业生产的某个环节，变成了从农民家庭流转土地来直接从事农业生产。这一巨大变化，必然对土地承包权与土地经营权均赋予农民家庭的产权安排提出了新挑战。即新型经营主体为什么要全力进行农业生产与经营？其动力机制何在？即农地集体所有、农民家庭享有承包权与经营权两种产权的制度安排不能激励新型经营主体更好地从事农业生产经营，即缺乏产权激励。正是在这一背景之下，习近平总书记提出将农地经营权从农民家庭分割出来，将农地经营权赋予除承包家庭之外的其他经营主体，形成农地所有权归集体、农地承包权还归承包农户，而将农地经营权配置给新的经营主体，从而形成农地所有权、承包权与经营权"三权分置"的新型农地产权制度安排。在全国文化名家暨"四个一批人才"项目"产权制度、农地流转与农民收益权益保护的路径研究"、国家自然科学基金项目"农地流转空间及形成机制研究"（71673065）、校社科基金项目"农地'三权分置'与实现路径研究"（GDT2017001）的资助下，我们对农地"三权分置"及实现路径进行了系统研究。参与研究的专著撰写的研究生有高笑歌、徐立、娄磊、苏翠、李富鸿、龙娇。可以说，呈现在大家面前的是一项集体研究的成果，其中存在的疏漏应由本人负责，与他们无关。

洪名勇

2020 年 11 月于花溪河畔